Vidas desiguales

Mujeres, relaciones de género y educación en el Perú

Vidas desiguales

Mujeres, relaciones de género y educación en el Perú

Sandra Carrillo y Ricardo Cuenca (editores)

IEP
INSTITUTO DE
ESTUDIOS
PERUANOS

Serie *Estudios sobre Desigualdad*, 11

Horacio Urteaga 694, Lima 11
Telf.: (51-1) 332-6194
Correo-e: <librería@iep.org.pe>
URL: <www.iep.org.pe>

ISBN: 978-9972-51-696-2
ISSN: 2224-7424

Primera edición: Lima, junio de 2018
Tiraje: 600 ejemplares

Corrección de texto:	Sara Mateos
Diseño editorial:	Erick Ragas
Diagramación de interiores:	Silvana Lizarbe
Cuidado de edición:	Odín del Pozo

Hecho el depósito le gal en la Biblioteca Nacional del Perú: 2018-08555

Registro del proyecto editorial la Biblioteca Nacional del Perú: 31501131800576

BIBLIOTECA NACIONAL DEL PERÚ
Centro Bibliográfico Nacional

371.822
V

Vidas desiguales: mujeres, relaciones de género y educación en el Perú / Sandra Carrillo y Ricardo Cuenca, editores.-- 1a ed.-- Lima: Instituto de Estudios Peruanos, 2018 (Lima: Litho & Arte).
228 p.: diagrs.; 23 cm.-- (Estudios sobre desigualdad; 11)

Incluye bibliografías.
D. L. 2018-08555
ISBN 978-9972-51-696-2

1. Mujeres - Educación - Perú - Ensayos, conferencias, etc. 2. Discriminación en la educación - Perú 3. Igualdad en la educación - Perú 4. Mujeres en la educación - Perú I. Carrillo, Sandra, editora II. Cuenca, Ricardo, 1968-, editor III. Instituto de Estudios Peruanos (Lima) IV. Serie

BNP: 2018-281

Contenido

Introducción

Entre 1997 y 1998, la filósofa Martha Nussbaum visitó la India para investigar la vida de las mujeres, en un país que se caracteriza por sus profundas desigualdades sociales. En ese tipo de contexto, sostiene la autora, las mujeres no son fines en sí mismo sino instrumentos para que otros logren sus fines. Y es que Nussbaum no solo confirmó la idea de que la vida de las mujeres en la India (como en muchos otros lugares) es desigual, sino que estas desigualdades sociales y políticas les otorgan capacidades humanas también desiguales, que les impedirán el desarrollo de sus propias capacidades. Más aún, el desarrollo en su caso será aún más difícil, en tanto esas vidas desiguales tienen además correspondencia con una situación de pobreza (Nussbaum 2001).

En una situación como esta, difícil e injusta, la educación aparece como una oportunidad para buscar revertir destinos que, por cuestiones culturales o simples formas de discriminación, parecen inevitables. A partir de la descripción de las vidas de Vasanti y Jayamma, dos mujeres indias de orígenes distintos pero de condiciones semejantes, Nussbaum argumenta que la educación puede mejorar la vida de las mujeres en varios sentidos. Así, a la vez que es un potente instrumento para poder cumplir valiosas funciones en la sociedad, es un camino para romper con los viejos imaginarios que han colocado a las mujeres en una situación de inferioridad con respecto a los hombres. Particularmente, la educación quebraría con dicho encarcelamiento (in)voluntario que se produc, muchas veces, en nombre de la cultura. Con una validez incuestionable, Martha Nussbaum se pregunta insistentemente: ¿a cuánta heterogeneidad estamos dispuestos a renunciar en nombre del desarrollo de las personas?

Por su parte, el Perú reconoce que la igualdad entre mujeres y hombres es un principio jurídico universal que hace referencia a los derechos y responsabilidades que como seres humanos tienen todas las personas. Ello supone ofrecer las mismas condiciones, trato y oportunidades sin distinción de clase, sexo, edad, creencias, etnia o cultura.[1] El currículo nacional vigente recoge este principio y agrega además que lo "femenino" o "masculino", si bien se basan en una diferencia biológica-sexual, son también nociones que se van construyendo en las interacciones diarias. Señala además que "Algunos de estos roles asignados, sin embargo, se traducen en desigualdades que afectan los derechos de las personas".[2]

Como sociedad, vivimos actualmente un escenario de resistencia y oposición política y social a incluir los temas de género en la política pública en general y, en particular, en el currículo nacional. Ello nos hace reflexionar sobre la necesidad de consolidar una cultura política que reconozca y valore la diversidad como un aspecto fundamental para el sostenimiento de nuestra democracia (Stojnic y Carrillo 2017).

Así, el libro que aquí se presenta pretende ser un insumo para la reflexión y el debate de cómo las mujeres peruanas continúan experimentando desigualdades en los distintos espacios y trayectorias educativos. El texto incluye artículos que van desde una perspectiva histórica que visibiliza la lucha que significó para las mujeres peruanas acceder a la educación, hasta el análisis de las desigualdades que aún hoy se reflejan en las prácticas cotidianas de la escuela y en las oportunidades que tienen las mujeres según su origen y condición social.

En estos artículos se presentan situaciones concretas que nos cuestionan como sociedad en cuanto a consolidar "[...] la democracia como una forma de convivencia social, que se sostenga en el reconocimiento de la diversidad en términos de derechos, libertades, dignidad y poder, con el objetivo de construir un país más inclusivo y más justo para todas y todos" (Stojnic y Carrillo 2017).

La educación es, a pesar de todos los problemas actuales y los futuros desafíos, uno de los caminos que millones de mujeres han transitado de manera persistente en los últimos tiempos. Por tal motivo, creemos firmemente que puede ser ese instrumento que, de ser pertinente, permite transformar la vida de las mujeres y, por ende, consolidar nuestra democracia.

Este volumen está compuesto por siete artículos que problematizan la situación de las mujeres y de las relaciones de género, tanto en la educación como en el sistema educativo. Al referirnos a los problemas de las mujeres y a las desigual-

---

1. Mayor información en: <https://www.mimp.gob.pe/files/planes/planig_2012_2017.pdf>.

2. Mayor información en: <http://www.minedu.gob.pe/curriculo/pdf/curriculo-nacional-2017.pdf>.

dades de género en estas dos dimensiones educativas, lo hacemos pensando en los asuntos teleológicos del "hecho" de educarse (Peters 1977), así como en la participación de las mujeres en el propio sistema educativo.

Bajo esta perspectiva, aún si se ha logrado superar algunas de las principales barreras iniciales, tales como el acceso y permanencia de las mujeres en el sistema de educación, e incluso si se ha llegado a reconocer en cierto grado las diferencias, persisten problemas en los que se pone en evidencia las llamadas "desigualdades horizontales". En ese marco, destacan los estudios de María Emma Mannarelli y Fanni Muñoz sobre la lucha que representó para las mujeres estudiar en la universidad a fines del siglo XIX; el artículo de Sandra Carrillo acerca de las docentes universitarias y el acceso al gobierno universitario; la investigación sobre las maestras exitosas de Jorge Aragón y Natalia González; y el estudio de Magrith Mena que analiza las tracciones en la representación de las relaciones de género en los materiales curriculares del Ministerio de Educación.

Por otro lado, los artículos de este libro deben ser también entendidos en el marco de las desigualdades sociales, aquellas que no solo se expresan en el plano económico sino también en el cultural, a través del grado de reconocimiento de los individuos y de participación ciudadana, correspondiente al plano político. En ese sentido, el artículo de Eliza Pflucker y Rocío Muñoz, así como el de Ricardo Cuenca y Luciana Reátegui, muestran que las desigualdades se hacen cada vez más complejas, menos previsibles, más horizontales, más territoriales. Por un lado, pueden ser horizontales y dar cuenta de adhesiones basadas en el género, la etnicidad o la clase social; por otro, pueden ser territoriales y aludir a la pertenencia a un territorio.

María Emma Mannarelli se acerca a la experiencia femenina y a la sociedad de la segunda mitad del siglo XIX (1874-1908) para configurar lo que significaron las primeras mujeres en la universidad peruana. La autora trata de reconstruir, revisando artículos de la época, las actitudes que las mujeres adoptaron para sortear los obstáculos, así como la naturaleza de los vínculos en los que estaban inscritas. Las protagonistas que presenta encontraron en la palabra escrita un vehículo crucial para emerger y ensanchar las dimensiones de lo público y para que sus interacciones personales y colectivas cobraran nuevos sentidos. En el artículo se identifican algunas características que ayudan a explicar las reacciones de los grupos que se sentían amenazados por la incursión de las mujeres en el espacio público, y se explora la noción de permiso, como el poder de decisión sobre las aspiraciones de las mujeres que los hombres tenían en sus manos.

Por otro lado, Fanni Muñoz indaga sobre la historia de Margarita Práxedes Muñoz, la primera mujer bachiller en Artes y Ciencias de la Universidad Mayor de San Marcos (1890). Su experiencia pertenece a una tradición de mujeres ilustradas de la segunda mitad del siglo XIX que lucharon por sus derechos —entre ellos, el acceso a la educación superior—, así como por expresar sus ideas sobre el ideal de la nación que se quería forjar y el papel que le correspondía a la mujer en esta sociedad. El itinerario de vida presentado muestra los retos que afrontaron las primeras mujeres que ingresaron a la universidad, y lo que significó enfrentar prejuicios sociales y sortear la violencia simbólica de un ambiente de estudios masculino que subalternizaba a la mujer. La historia relata, además, el rechazo a que las mujeres ingresaran al mundo laboral, una vez concluidos sus estudios, porque no era bien visto que una mujer trabajase en profesiones que eran consideradas solo de hombres.

No obstante, problemas más estructurales persisten y se reproducen. Si bien hoy en día la mujer ha conquistado el derecho a la educación superior, y poco a poco ha ganado un espacio en la vida académica y laboral, las mujeres profesionales en el Perú no llegan a tener las mismas oportunidades que los hombres. Así, el estudio de Sandra Carrillo sobre las mujeres en el gobierno universitario demuestra que las docentes universitarias peruanas tienen más dificultades que sus pares hombres para ocupar cargos de poder en sus instituciones. El artículo en mención plantea que para romper el "techo de cristal" en la carrera académica universitaria, no basta con mejorar el acceso de las mujeres a niveles más altos de educación (más grados y títulos), sino que de manera consciente se les debe abrir espacios de profesionalización y de participación en las instancias de poder de las universidades, para que esa "otra mitad de la población" no permanezca invisibilizada.

En esta misma línea, el artículo de Jorge Aragón y Natalia González indaga sobre las maestras en las escuelas primarias del Perú de hoy, en donde se configura un escenario diferente porque los cambios sociales han repercutido en el mundo educativo y laboral y el ejercicio docente se ha profesionalizado de manera significativa. El estudio identifica a maestras exitosas —de escuelas que mostraron mejoras en las evaluaciones censales de estudiantes entre el 2011 y 2013—, averigua cómo han enfrentado los cambios más recientes y significativos en su profesión, y describe quiénes son estas maestras, cuáles son su principales características sociodemográficas, socioeconómicas y culturales, cuál es su trayectoria profesional y qué piensan de su tarea, de los estudiantes y de sus aprendizajes.

Así, como señala Magrith Mena en palabras de Fraser (2000), en el sector educativo peruano se han logrado importantes avances en el ámbito de la justicia material, pero bastante menos en el de la justicia simbólica o de reconocimiento: las brechas de género en acceso, culminación y permanencia en el sistema educativo se han reducido significativamente en las últimas décadas; pero las brechas en las prácticas cotidianas de aula y de los demás espacios escolares, y en la implementación del currículo oficial y del oculto, aún no son atendidas frontal y articuladamente por las políticas públicas. El artículo de Mena busca dar cuenta de las tracciones en las representaciones de las relaciones de género en los materiales curriculares del Ministerio de Educación, analizando las *Rutas del aprendizaje* publicadas en el 2015.

La otra cara de la desigualdad es la falta de representación y del debido reconocimiento a ciertos grupos históricamente excluidos del desarrollo de una sociedad, aquello que Frances Stewart denomina desigualdades horizontales (Stewart 2008). Stewart diferencia este tipo de desigualdades, entre grupos de personas culturalmente definidos o construidos, de las desigualdades verticales, entre individuos de una sociedad. Así, las desigualdades horizontales son la evidencia de grupos aparentemente iguales que son desiguales. Al respecto, el artículo de Eliza Pflucker y Rocío Muñoz, así como el de Ricardo Cuenca y Luciana Reátegui, ilustran cómo persisten grupos de mujeres sistemáticamente excluidos de la educación y, de alguna manera, de la sociedad.

Pflucker y Muñoz escriben sobre las mujeres afroperuanas y la educación en el Perú. Las autoras tratan de identificar los avances en el ejercicio de derechos e inclusión de las afrodescendientes, desde su condición de esclavas hasta el concepto contemporáneo de ciudadanas. Se plantea que con dicha población se tiene aún una agenda pendiente como país, debido a la exclusión y discriminación que vive. Por lo mismo, se destaca la necesidad de que el sector educativo establezca políticas específicas para este grupo, así como acciones afirmativas, considerando la participación de las organizaciones de afrodescendientes en todo el proceso de gestión pública.

Cuenca y Reátegui ahondan en las trayectorias educativas de las mujeres indígenas, y argumentan que si bien hoy en día ha aumentado su acceso al sistema educativo, existen desigualdades entre ellas, específicamente, entre las indígenas y las no indígenas. No se trata de una sino de varias brechas de desigualdad las que afectan a las mujeres indígenas, unas brechas que además van redefiniéndose a través de las diversas etapas de su trayectoria educativa. Las diferencias sustentadas en el artículo a partir de la etnicidad, son explicadas principalmente por la pertenencia de las mujeres indígenas a zonas rurales y por sus condiciones de pobreza. Por lo mismo, los autores sostienen que se necesita prestar especial atención a las condiciones de interseccionalidad de las desigualdades que perjudican a las mujeres indígenas y desarrollar políticas públicas diferenciadas, en particular en el ámbito educativo.

El texto ha sido organizado de la siguiente manera. Los dos primeros artículos, escritos por Mannarelli y Muñoz, ofrecen una perspectiva histórica de la educación de las mujeres en el Perú. Luego se presenta cómo se entiende el enfoque de género y la profesión de las mujeres en la educación básica a través de los artículos de Mena y Aragón y González. Finalmente, los artículos de Carrillo, Pflucker y Muñoz, y Cuenca y Reátegui, se ocupan de mostrar formas distintas (pero concretas) de desigualdades en las trayectorias educativas y laborales entre hombres y mujeres, y también entre mujeres.

Estudios como los que conforman esta publicación nos hacen pensar, más de un siglo después, si seguimos en una misma situación con respecto a las mujeres, aunque el escenario sea diferente. Si bien se han dado avances en el acceso a la educación de las mujeres y se han logrado conquistar espacios, las desigualdades persisten, tanto en un ámbito simbólico como de oportunidades. Tales desigualdades de género se han naturalizado tanto, que a veces cobran formas sofisticadas que hacen difícil identificarlas (Bourdieu 2008). Ello plantea la necesidad de evidenciar las desigualdades y desequilibrios producidos culturalmente entre las mujeres y los hombres, y entre las propias mujeres. Los esfuerzos por identificar y revertir privilegios, oportunidades, ventajas, posiciones y recursos han sido insuficientes. Se requiere mayor fuerza y determinación para transformar y construir una ciudadanía que aporte a una sociedad democrática, con igualdad de derechos y oportunidades para todas y todos, más aún si estamos a unos años de celebrar el bicentenario de nuestra vida republicana. Esperamos que esta compilación de artículos contribuya al debate y a la reflexión.

Bibliografía

BOURDIEU, Pierre

2008 *Homo academicus*. Buenos Aires: Siglo XXI Editores.

FRASER, Nancy

2000 "¿De la redistribución al reconocimiento? Dilemas de la justicia en la era 'postsocialista'". *New Left Review*, 0: 126-155.

NUSSBAUM, Martha

2001 *Las mujeres y el desarrollo humano*. Barcelona: Herder.

PETERS, Richard

1977 *Filosofía de la educación*. Ciudad de México: Fondo de Cultura Económica.

Stojnic, Lars y Sandra Carrillo
2017 "Reconocimiento positivo de la diversidad y sostenibilidad democrática ¿Aporta la experiencia educativa formal?". *Revista Argumentos*, 1 (11): 25-30.

Stewart, Frances
2008 "Horizontal inequalities and conflict: An introduction and some hypotheses". En Frances Stewart (ed.). *Horizontal inequalities and conflict: Understanding group violence in multiethnic societies* (pp. 3-24). Oxford: Centre for Research on Inequality, Human Security and Ethnicity.

Las mujeres en la universidad (1874-1908):

permisos y sexos confundidos[1]

María Emma Mannarelli

Introducción

Para entender el significado de las primeras mujeres que estudiaron en la universidad en el Perú, necesitamos acercamos a la experiencia femenina misma y a ciertos aspectos de la sociedad de la época que explican su configuración. Consideramos importante reconstruir sus actitudes para sortear los escollos que encontraron, así como la naturaleza de los vínculos en los que estaban inscritas y de los que crearon en sus afanes. Pensamos que la palabra escrita constituyó un vehículo —de ambivalencia sin duda— para que las mujeres emergieran como tales y ensancharan a través de ella las dimensiones de lo público, y para que sus interacciones personales y colectivas cobraran nuevos sentidos. Notamos también que la gravitación del parentesco en las instancias de gobierno y la instalación de su racionalidad simbólica y material en ellas obstruían los pedidos de su sexo. Unida al peso de la sangre, solo una leve separación entre persona y cargo público marcaba la vida pública y privada de la gente de la época. Así que hombres de Estado y funcionarios no estaban lejos de sus intereses particulares ni domésticos. Tales características ayudan a explicar las reacciones de los grupos que se sentían

---

1. Las ideas que se desarrollan en este artículo se enmarcan en una investigación de mayor envergadura, que venimos desarrollando con Fanni Muñoz, sobre las mujeres y la construcción del espacio público durante la "República Prometida" (1823-1928). Este proyecto de investigación ganó el Concurso de Proyectos de Investigación convocado por la Dirección General de Investigación de la Pontificia Universidad Católica del Perú en el año 2015.

amenazados por la incursión del "sexo débil y bello", cuando no sucio y perturbador, en el espacio público, en lo cual también nos detenemos; lo mismo que en la noción de permiso, ese poder de decisión sobre sus aspiraciones que los hombres tenían en sus manos. Estos componentes se ilustran en Trinidad María Enríquez (Cusco, 1846-1891) hacia los años setenta y ochenta del siglo XIX y los argumentos esgrimidos en contra de su demanda. Sin embargo, su historia ha llamado a otras a las que ahora hemos atendido, o más bien diría, rozado, pero son señales de la complejidad de lo vivido y de las posibilidades de entenderlo.

Existen trabajos que informan acerca de qué mujeres estudiaron en qué facultades en el periodo que va de la posguerra con Chile a 1920, aproximadamente (Díaz 2007, Mannarelli 1999, Maticorena 2001, Pamo-Reyna 2007). Estamos en condiciones de ubicar a aquellas que ingresaron, con el ineludible permiso, antes de 1908,[2] y las que se vieron libres de dicha autorización y se graduaron después de esa fecha. Pero lo vivido por las estudiantes resultará incomprensible sin identificar los contrastes entre cada una de sus experiencias y los cambios del entorno cultural que vivieron y buscaron transformar. En este recorrido puede apreciarse la dificultad que estas tenían, por ejemplo, para seguir la educación secundaria, que era un requisito para el ingreso a la universidad. Así, las coordenadas en las que se inserta la relación entre aquellas y la universidad, están definidas por la historia de la educación; de las relaciones entre los sexos; de la naturaleza de lo público y del mundo privado; de la palabra escrita y a través de ella de sus intercambios. Por último, es importante tener en cuenta que era un pequeño grupo el que accedía a la palabra escrita y a la escuela, con un trasfondo rural marcado sobre todo por relaciones serviles que se proyectaban incólumes con relación a la vida urbana.

Conocemos de esas mujeres, aunque esperan ser estudiadas, sus tesis que son discretos pero expresivos textos. Contamos con algunas referencias sobre sus contribuciones y logros profesionales; con claves de lo que podrían haber sido las dificultades para que esas universitarias siguieran ampliando su horizonte vital. Encontramos mucho menos sobre la forma en que estas vivieron la experiencia de las aulas, cómo se sintieron, cómo fueron percibidas y tratadas. Nos enfrentamos a un rasgo típico de las mujeres como parte de la población sujeta a la subordina-

---

2. Matriculadas en Ciencias: Margarita Práxedes Muñoz, 1888; Laura Esther Rodríguez Dulanto y Eudocia Pauta, 1892; Herminia Gonzales Espinar, Valeria Von Westernhagen Rumann, 1898; Leopoldina Gaviño, 1906; Cristina Patrón y Terry, 1908. En Letras: Esther Festini de Ramos Ocampo, 1898; María Luisa Molinares, 1901; María Elvira Rodríguez Lorente y Julia Amanda Iglesias, 1903; Leonor Ynchaustegui, Dorila Isolina Soto y Feliza Faura Bedoya, 1907; Augusta Ugarte y Mercedes Patrón y Terry, 1908. Véase Mannarelli (2009-2010).

ción: han dejado una cantidad considerablemente menor de testimonios directos y explícitos que los hombres en general.[3] Sin embargo, intentamos aquí agrupar fragmentos que nos desafían a entender una mayor porción del paisaje social del que fueron parte.

Primer (o) intento. La tenacidad de Trinidad María Enríquez

Cuando nos acercamos a la historia de Trinidad Enríquez, notamos que sus afanes coinciden con los de la sociedad cusqueña por salir del marasmo en el que permaneciera sumida durante las décadas de vida independiente. Hacia los años setenta del siglo XIX, se podía encontrar señales de cambio en los claustros de la Universidad Nacional de San Antonio Abad del Cusco, y ciertas transformaciones de la ciudad misma parecían augurar la modernidad: la gente tenía a su alcance más publicaciones que leer y temas sobre los que escribir; podía visitar el museo o acudir a una nueva biblioteca. Las tesis sustentadas en la Facultad de Jurisprudencia del Cusco, llevaban a la luz pública argumentos a favor de la secularización de la sociedad, de la educación de las mujeres, de la igualdad de estas con respecto a los hombres. A partir de 1870, ahí se discutían las ideas liberales y federalistas; se ventilaba la pertinencia del matrimonio civil, el pacifismo, la soberanía popular y la abolición de la pena de muerte.[4] En esa ciudad se publicaba la primera revista jurídica del interior del país (Ramos y Baigorria 2005: 31). No obstante, la ciudad conservaba características tradicionales, se superponían los oficios y la diferenciación de funciones era bastante baja. Todo parecía ocurrir en los entornos domésticos, y la reclusión, sobre todo femenina, seguía siendo una característica del recinto urbano. La servidumbre era esencial a los vínculos, y la crueldad contra los animales estaba naturalizada. Para Trinidad Enríquez, que

---

3. Esta es una constatación unánime entre aquellos que tratan de entender la historia de las mujeres y de las relaciones de género, especialmente entre los que buscan responder preguntas concernientes a la propia manera de darle significado a sus vidas. Michelle Perrot (2009), además, se refiere a cómo las mujeres mismas, dadas las circunstancias de su existencia, tienden a destruir sus huellas. Por otro lado, el contraste entre testimonios producidos por hombres y mujeres es extremadamente evidente en estudios como el de John Boswell (1993); casi nada elaborado por las mujeres en su exhaustiva búsqueda sobre las relaciones amorosas y sexuales entre personas del mismo sexo desde la Antigüedad hasta los siglos XIII y XIV en la Europa occidental cristiana.

4. Véase Ramos y Baigorria (2005). El trabajo de estos autores ha facilitado de modo considerable el escribir este artículo, tanto por sus recomendaciones conceptuales como por incluir como apéndices valiosos documentos de respuesta a la demanda de Trinidad M. Enríquez de convertirse en abogada, en los cuales nos hemos apoyado, como consta a lo largo de este texto.

ansiaba ver teatro y participar en clubes literarios, transitar por paseos y calles iluminadas, la ciudad lucía desolada.[5]

En todas las ciudades del Perú, país eminentemente rural, sea dicho, la universidad estaba lejos del horizonte femenino y del sistema educativo al cual se acercaba un pequeño grupo; esto se hacía palmario porque las mujeres no disponían de educación secundaria. Sin embargo, llegaban a ciudades como Lima y Cusco noticias sobre aquellas que en otros países del mundo ingresaban al ámbito público y empezaban a cursar la educación superior.[6] Las universitarias de los Estados Unidos y las que debutaban en la arena pública en la Argentina, por ejemplo, eran parte del modelo y sueños de mujeres como Trinidad Enríquez, y de los desvelos de más de un patriarca. Entre los grupos letrados, por lo menos, estas habían empezado a discutir sobre la importancia de la educación para su sexo y a escribir sobre sus efectos en sus vidas, en la organización de la sociedad, en el futuro de la patria; y es probable que más de una se imaginara estudiando en la universidad en el Perú decimonónico. Trinidad Enríquez en el Cusco fue la primera peruana en tomar la decisión; habría de recorrer un sinuoso camino.

Por su línea materna, Trinidad se vinculaba a la burocracia colonial, lo mismo que a la nobleza inca. Su familia se encontraba entre los terratenientes ligados a la discreta actividad mercantil del sur andino, especialmente al comercio de hojas

---

5. Gracias a la generosidad de Carolina Ortiz y de Horacio Cagni, he podido consultar la versión completa digitalizada de *El Recreo. Semanario de Literatura, Ciencias, Artes y Educación* (Cusco, 1876-1877), fundado por Clorinda Matto de Turner, fundamental para entender las posturas y los sentimientos de Trinidad M. Enríquez en especial, y las relaciones entre la palabra escrita y la cultura pública en general.

6. Para un panorama general de la situación de las mujeres en la universidad en otros países del continente, tenemos que en México, en 1901, tres mujeres —dos doctoras, Matilde Montoya (1887) y Columba Rivera (1900), y una abogada, Victoria Sandoval de Zarco (1898)— se habían titulado en las escuelas nacionales, y el censo del año anterior registró un total de solo dos abogadas y cuatro médicas en ejercicio. En la misma época, había más de 800 abogados y más de 500 médicos en el distrito federal. Para 1910, tres mujeres más se habían graduado como médicas cirujanas, y hacia fines de la revolución, cinco recibieron ese título profesional. Clementina Batalla Torres presentó el examen profesional de la carrera de leyes en el año de 1920 (Cano 2012: 15). El ingreso de la primera mujer a la Universidad de Chile fue en 1881, cuatro años después de la firma del decreto que le permitía realizar estudios superiores. Eloísa Díaz Insunza entró en 1881 a la carrera de medicina y en 1887 obtendría su título de médica cirujana. Junto con ella, Ernestina Pérez Barahona también consiguió su título el mismo año. Solo en 1892 se tituló de abogada Matilde Throup, convirtiéndose en la tercera mujer chilena profesional. En 1919, Justicia Acuña Mena conseguía su título de ingeniera (Sánchez Manríquez 2006). En Argentina, Cecilia Grierson se convirtió en la primera mujer profesional, médica cirujana, en 1889, a quien se le sumó Elvira Rawson tres años más tarde. La primera mujer brasileña en titularse de una carrera universitaria en Brasil fue Rita Lobato Velho Lopes, quien se graduó de médica en 1887, luego de que en 1879 el gobierno brasileño decidiera abrir las puertas de las universidades a las mujeres.

de coca; creció en una ciudad donde la abogacía era la profesión preferida de sus grupos dominantes, revestía un prestigio considerable, aunque la carrera distase mucho de ser exigente. Cierto manejo de la legislación y algunas amistades en los tribunales alisaban el terreno para todos los que se internaban en el mundo de los juicios y las escrituras concernientes al patrimonio (véase Glave 1997). Cuando el Cusco parecía salir de su letargo al inicio de la segunda mitad del siglo XIX, Cecilia Ladrón de Guevara, madre de Trinidad Enríquez y de otras dos jóvenes, está enfrascada en intrincadas disputas legales; no necesitaba de permiso alguno para comprometerse en contratos de compra y venta de predios urbanos y rurales, para alquilarlos o hipotecarlos, pues no se había casado con los hombres con quienes había mantenido vínculos sentimentales. Cuando esta muere en 1869, Trinidad tenía más o menos 23 años. Pero se sentía en orfandad y carente, condiciones que, según ella, le habrían impedido una educación aceptable. ¿Qué sostenía ese sentimiento? Conoció a su padre, y era mayor cuando murió su madre; no había elegido el matrimonio. Propiamente pobre no era, pero no había nacido dentro del matrimonio. ¿Haría esta condición que se sintiera expuesta y sin protección?[7]

Sin embargo, es inevitable asociar su opción profesional con los avatares en los que Trinidad Enríquez misma se vio envuelta a propósito de la herencia materna y en los que se involucraron diversos apoderados, y hombres en general, con capacidad de moverse hábilmente entre juzgados y notarios.[8] Los tribunales parecen haberla absorbido durante los años que siguieron a la pérdida de su madre, hasta que a fines de 1873 inicia las gestiones para convertirse en estudiante de jurisprudencia.

El enjambre que tuvo que superar para librarse de deudas y proteger sus bienes hace pensar que le disgustó sentirse en manos de hombres que se movían con soltura entre togados y escribanos, y que además ejercían influencia sobre autoridades públicas y patriarcas domésticos. Pero su apuesta por convertirse en abogada está también vinculada a otras circunstancias que tienen que ver con la escuela y la palabra escrita, y por ende, con redes extradomésticas donde emergían los vínculos entre las mujeres, más allá del parentesco.

---

7. No está de más preguntarse cuánto de la condición de ilegítima de Trinidad pesó en la negativa de las autoridades para cuestionar su derecho a graduarse de abogada, aunque no encontramos alusión a las condiciones de su nacimiento durante el tedioso pero significativo debate sobre su demanda.

8. Para los detalles de los procedimientos legales, véase Glave (1997).

Trinidad Enríquez está familiarizada con la lectura, los testimonios sobre ella así lo indican; sus biógrafos afirman que leyó en francés a Rousseau y a Comte. Para las mujeres, la biblioteca familiar fue descubrir las posibilidades del saber y las ideas avanzadas del siglo XIX: Mercedes Cabello tuvo una experiencia similar (Pinto 2003), y María Jesús Alvarado le debía a su madre su iniciación en la lectura y el conocimiento (Zegarra 2016); Dora Mayer también encontró en su madre una maestra, aunque rígida y hasta compulsiva (Mannarelli 2013). Trinidad crece en ambientes estimulantes y en compañía sofisticada, aunque dentro de casa (Ramos y Baigorria 2005: 38). Pero, así como no le faltaba un confesor que aprovechaba su condición para apropiarse de libros antiguos y valiosos, también tuvo un tutor masón, José Teodosio Rozas, que estaría más tarde, como ella, entre los colaboradores de *El Recreo,* publicación local fundada y dirigida por Clorinda Matto de Turner en 1876. Su hermana, María Ángela Enríquez de Vega, considerada una pedagoga indigenista, publica en ese semanario una crítica al reclutamiento forzado, lo que dice también de un entorno motivador.

Pero Trinidad no solo se nutría de un ambiente familiar favorable, sino que no estuvo del todo sola en ese batallar. Cuando en 1873 inicia el pedido de autorización para empezar su formación de abogada, dos alumnas del Colegio Superior, Rosa Jáuregui y Sofía Latorre, la acompañan en la petición. Sus nombres no se han perdido, pero ignoramos sus historias, y es posible que las disuadieran, no solo los obstáculos que presentaron las autoridades cusqueñas a la petición de Trinidad, sino el escarnio público al que se exponían cuando resistían cumplir con los mandatos del código de honor, es decir, con el encierro. A Trinidad Enríquez "La opinión pública la maltrató" (Ramos y Baigorria 2005: 39). El rector se opone a su solicitud; el impacto de un rechazo público en el ánimo femenino no debe haber sido fácil de enfrentar.

Trinidad asoció de forma explícita su deseo de ser abogada al derecho de sus congéneres a una educación igualitaria y a una crítica al sometimiento al que los hombres las obligaban. Para ella, el hombre era altanero y erguido; era el que tomaba las decisiones "por su cultivada inteligencia y su fuerza". Los hábitos y la ley sancionaban su tutela sobre las mujeres, lo que le parecía a Trinidad una "desigualdad indigna".[9] Sus empeños tuvieron pues que ver con una postura crítica ante la forma de ser hombre y de ejercer la autoridad.

9. "Al bello sexo de Lima", *El Semanario del Pacífico,* 19 de octubre 1878, n.° 71 (cit. en Ramos y Baigorria 2005: 7).

El Colegio Educandas del Cusco había sido fundado por Simón Bolívar en 1825 y puesto a funcionar por el entonces prefecto de ese departamento, Agustín Gamarra, en 1827.[10] No obstante, desde su fundación pasó por ciclos de agudas depresiones y auges inseguros. Ahí estudió Trinidad, hasta que agotó sus posibilidades de aprendizaje. Estuvo en aquel colegio en 1853 a los ocho años, y a los once tenía a su cargo el curso de geografía, hasta los doce, cuando deja Educandas. Clorinda Matto fue otra de las pupilas (Hintze 2001: 363). Cuando tenía aproximadamente 25 años, inaugura en su casa el Colegio Superior para Señoritas. Con autorización oficial enseña y aprende lo que luego le sirve para aprobar los exámenes de la Universidad de San Antonio Abad del Cusco con el fin de convalidar su formación correspondiente a la secundaria. El colegio para niñas y jóvenes que fundara —que según algunos comentarios de la época reunía a niñas huérfanas de escasos recursos—, no abandonaba del todo su naturaleza doméstica, pese a sus aspiraciones formativas en diversas materias que no tenían una relación unívoca con los quehaceres hogareños. La mayoría de liceos y colegios para adolescentes y jóvenes muchachas funcionaban en las casas,[11] y este es un punto muy importante: casi todas las que incursionaron en la educación universitaria estuvieron involucradas en la promoción de la formación de las jóvenes que no encontraban un espacio en el pobre abanico de opciones laborales de la época. Era una forma de conseguir algo de dinero, de autonomía y de darle sentido a sus vidas. Y Trinidad Enríquez estaba en esas búsquedas. Hubo, pues, una estrecha relación entre los espacios fundados por mujeres para educar a las de su sexo y la experiencia universitaria femenina.

Vale precisar que el Estado propiamente dicho estaba al margen de la promoción de la educación secundaria femenina. En la segunda mitad del siglo XIX coexistían en el Perú colegios dirigidos por congregaciones religiosas, así como por laicas; al lado de estos figuraban también los liceos y los institutos.[12] Las escuelas

10. Hace mucha falta un estudio del Colegio Educandas del Cusco, así como de la forma en que el pensamiento ilustrado adoptó de la historia moderna esta propuesta para la educación de mujeres, que implicaba, entre otras cosas, la cercanía a una orden religiosa y el internado de las niñas y jóvenes. Cabe recordar que Simón Bolívar fue partidario tanto de la educación femenina como de su secularización, acorde con la fundación de los países nacientes.

11. El Liceo Grau, fundado y dirigido por Esther Festini en 1886, que ingresó y se graduó en letras en la universidad, fue el primero en tener un lugar concebido como tal, años después de su creación.

12. Esta diversidad de formatos existentes para la educación femenina que fuera más allá de la escuela de primeras letras o la obligatoria y supuestamente gratuita primaria, responde en buena parte a la inconsistencia del Estado en cuanto a sus políticas educativas. Los sucesivos cambios por los que estas pasaban afectaron de modo más marcado la educación de aquellas, por razones que hace falta estudiar con más dedicación.

normales para mujeres en el Perú, pese a reiteradas inauguraciones y a las airadas proclamas sobre su pertinencia, languidecían inexorablemente, y las maestras se improvisaban en aquellos espacios forjados por sus congéneres.[13] Los colegios confesionales que funcionaban entonces fueron duramente observados por escritoras vanguardistas, como Teresa González de Fanning y Mercedes Cabello, cuyas críticas estuvieron sustentadas en fundaciones de instituciones educativas donde eran laicas las que formaban a las jóvenes, que a su vez solían entrenarse en una pedagogía informal.

Trinidad Enríquez, también en su casa, organiza una escuela nocturna para obreros que dice de su relación con la Sociedad de Artesanos y de su amistad con Francisco Gonzáles, próspero carpintero, que está presente como diputado por Cusco en las legislaturas de 1878 y 1879. También forma ahí una biblioteca. El empeño femenino transforma entonces lo doméstico en un lugar para la emergencia del sujeto. El Colegio Superior para señoritas funcionó aproximadamente tres años, pero su fundación ofendió a los grupos conservadores de la ciudad, y debido a su presión fue cerrado luego de ser apedreado en diversas ocasiones, sobre todo en las clásicas asonadas con que se daba término al tradicional Lunes Santo cusqueño (Gutiérrez 2005). Un recinto educativo para niñas y jóvenes dirigido por alguien como Trinidad Enríquez era un blanco demasiado provocador para grupos enardecidos por el celo religioso.

Sin embargo, era un momento propicio para las mujeres inconformes. El civilismo en el poder desde 1872 pretendió impulsar no solo la educación doméstica sino aquella que consiguiera la autonomía económica de las mujeres. En los mismos claustros universitarios se defendía la postura que promovía la educación femenina y se discutía la naturaleza del matrimonio. Los miembros de la élite letrada exponían sus ideas sobre las mujeres y sus nuevas aspiraciones; se ponían en cuestión algunos de los preceptos que recortaban sus derechos. En 1873, Nicanor Cano, por ejemplo, en su tesis para graduarse de bachiller en Jurisprudencia en la Universidad de San Antonio Abad del Cusco, discutía la igualdad entre hombres y mujeres: "La igualdad fundamental de la especie humana implica la igualdad de derechos entre el varón y la mujer" (Ramos y Baigorria 2005: 49, Villanueva Urteaga 1963); en setiembre de 1874, Mariano D. Cárdenas se graduaba de bachiller y licenciado en Jurisprudencia sosteniendo que "Siendo iguales los espí-

13. La historia de la formación de preceptoras en el Perú parece ser la de su reiterada frustración, y espera ser escrita. Por lo pronto, parece estar asociada a la negligencia del Estado con respecto a invertir recursos en las mujeres, acompañada de una tendencia pronunciada a cederle a la Iglesia la labor formativa. Sin duda tiene que ver con la indiferencia de las élites ante lo que implicaba la invención de una moral laica, y su comodidad con la alianza con los grupos clericales.

ritus en sus facultades mentales, la instrucción en sus tres grados debe suministrase a todos; en su virtud, las Universidades también deben estar abiertas para todos sin distinción de sexo" (Villanueva Urteaga 1963). Como señalan Ramos y Baigorria, el estudiante insistió en la importancia del tema cuando el mismo día se graduaba de doctor con la tesis "Según el Derecho Natural el matrimonio puede disolverse por mutuo disenso de los cónyuges" (Villanueva Urteaga 1963). El Reglamento de Instrucción aprobado en 1876 sancionaría dicha igualdad: la educación primaria se convertía en obligatoria para todos los habitantes del país, más allá de su distinción de sexo (Aljovín y Velázquez 2014).

La palabra escrita, en medio de todo

El 3 de octubre de 1874, el gobierno, durante el mandato de José Pardo, autoriza a Trinidad Enríquez a ingresar a cualquier universidad de la República; antes tuvo que aprobar los exámenes para acreditar sus estudios de cuarto y quinto de secundaria que había cursado en el colegio que fundara y que no contaba con valor oficial.[14] En 1875, cuando Trinidad escribe su solicitud para que se convaliden sus estudios universitarios, tiene 29 años; su tono es el de una autoridad. Advierte que el gobierno la declaró expedita para matricularse en cualquier facultad de jurisprudencia de la nación. En la medida en que la secundaria era un requisito para cursar estudios universitarios, les recuerda que los cursos de media los concluyó en "el establecimiento de instrucción media que con autorización competente dirigí en esta ciudad". La solicitud apelaba al supremo decreto de 13 de noviembre de 1861 para que asignaran los días precisos y "que el resultado de cada examen se siente en el correspondiente libro de actuaciones".[15] Este pedido alude a la relevancia que tenía en este proceso el registro escrito de la experiencia, que contrastaba con la palabra oral en la que se basaba normalmente el trato doméstico. En abril de 1875 aprobó, durante diez noches consecutivas, materias como religión, lenguas latinas, griega, francesa e inglesa, geografía e historia, matemáticas, elementos de ciencias naturales y de filosofía, literatura, castellano y artes de ornato, e ingresó a la Facultad de Jurisprudencia de la San Antonio Abad.

---

14. La educación secundaria pública, en la que el requisito de ser legítimo no se esgrimía formalmente, solo tuvo lugar a finales de los años veinte. Esto podría explicar parte de una demanda femenina poco significativa por la educación superior.

15. Cornejo Bouroncle 1949, cit. en Ramos y Baigorria 2005: 51. "Expedientillo de convalidación de estudios y examen de ingreso (1875), cit. en Ramos y Baigorria 2005: 100-101.

No sabemos qué tan regular fue su asistencia una vez en la universidad, tampoco si la de los hombres lo era; cursó los primeros años de letras y asistió a los tres de jurisprudencia (Ramos y Baigorria 2005: 52). Pero sí pasó por la experiencia de sentarse en las bancas del aula, de compartir con los hombres, ella sola, físicamente un lugar con los hombres: "Llevaba una libreta donde apuntaba la lección del catedrático del curso, que después en su casa la desarrollaba íntegramente con trozos pertinentes tomados de su biblioteca".[16] Concluyó sus estudios y consiguió el grado de bachiller en Jurisprudencia, no así el de abogada; de este derecho carecían entonces las de su género. Además, no es seguro que tomara el examen de bachillerato para graduarse, no se encuentra rastros de su tesis (Ramos y Baigorria 2005: 56). Aunque no es posible apoyarse en más evidencias, se afirmaba en *El Perú Ilustrado* que, en plena guerra, en 1881, Piérola le ofreció autorizarla para graduarse de abogada. Trinidad lo rechazó mientras no se hiciera extensivo a todas las mujeres,[17] gesto que convertía el favor personal que connotaba el permiso en exigencia de un derecho para las de su sexo.

En 1876, Trinidad Enríquez era columnista de *El Recreo* y en el segundo número Clorinda Matto le confió su sección "Mosaico". Parece que mientras estudia jurisprudencia usa esa tribuna periodística para denunciar el mal funcionamiento de las escuelas y la universidad en su ciudad; el letargo de sus Consejos, el sopor de los encargados del bien público. Siente que está en un rincón abandonado del mundo, un espacio público oscuro y sucio. Le parecen salvajes las corridas de toros; no hay arte ni teatro, y las mal ejecutadas marciales retretas es la única música que escucha. Se desanima ante las modestas damas de modesto traje y la mística de las procesiones. Así como deploraba un Cusco opaco y bárbaro, se regocijaba ante los rituales públicos que le devolvían la confianza en el porvenir de la república, como en el caso de la apertura del año escolar del Colegio Universitario que había congregado a mucha gente "[...] de todas las clases de la sociedad; cual si se tratara de una asamblea popular en la que todos querían tomar parte [...] reunión verdaderamente republicana nos hacía latir el corazón".[18] Desde la prensa ausculta el entorno y comenta lo público. El rector, el claustro de doctores, la Sociedad de Artesanos, la juventud, el bello sexo, el pueblo, "todos tomando un asiento en

16. "Trinidad María Enríquez", Universidad del Cusco, *Seminario de Investigaciones Históricas, Revista Universitaria Órgano de la Universidad Nacional del Cuzco*, año XVIII, segunda época, 31 de diciembre de 1929, vol. II: 349-360 (cit. en Ramos y Baigorria 2005: 54).

17. Anónimo, "Trinidad M. Enríquez", *El Perú Ilustrado. Semanario para las Familias*, año 5, sem. 1, sábado 11 de julio de 1891, n.° 218: 211 (cit. en Ramos y Baigorria 2005: 71).

18. *El Recreo*, 18 de febrero de 1876, n.° 3: 24.

el templo de la ciencia".[19] Para Trinidad Enríquez, la república era la conjunción de todas las clases, la participación de los diferentes en un espacio común.

El 18 de febrero de 1876, la aspirante a abogada ofrece una visión desangelada del Cusco. Lamentaba la aridez de acontecimientos de la semana; el no tener noticia alguna que ofrecer que no fueran los tan conocidos "temas de conversación" o "[...] de la vida privada, sabrosa conversación de la gente ruin i menguada, con sus inseparables compañeras calumnia, maledicencia, chisme; y sus inseparable causales envidia, venganza u odio; como que acaso alguna vez habréis tenido la fatalidad de ser el blanco de sus cobardes tiros".[20] La descripción de las actitudes de la gente de la ciudad, además de ofrecer un cuadro de la atmósfera de la época, invita a pensar en lo que podría ser la cultura emocional y cómo tales inclinaciones podían convertirse en formas de control social y estilos de ser que asfixiaban a una mujer como Trinidad.

A estos comentarios, Trinidad Enríquez agregó novedades sobre las mujeres y la universidad, especialmente en Estados Unidos y Rusia. El estímulo que recibía a través de las publicaciones que traían noticias sobre otras como ella aliviaba el aburrimiento que le producía el Cusco: "Ya saben mi bellísimas lectoras que la crónica del Cuzco anda más pobre que las arcas nacionales, y que por consiguiente nada notable puedo trasmitirles: en cambio, les daré algunas noticas tomadas de diarios extranjeros; ya que este es el recurso de todo cronista que ve vacía su cartera de apuntes".[21] Sus artículos periodísticos en *El Recreo* los marca el interés en promover los lugares públicos de los que el Cusco carecía, las mujeres sentían que eso era muy importante. "Quizás ninguna ciudad del Perú está más desprovista de lugares de paseo como el Cuzco, donde diariamente se hace sentir la necesidad de un lugar de recreo".[22]

Trinidad Enríquez estaba informada de lo que ocurría en Argentina, de los logros de sus congéneres en las aulas y de su presencia en el espacio público en general. A través de la imprenta y de semanarios como *El Recreo* difundía, por ejemplo, lo ocurrido con María Eugenia Echenique: "acontecimiento tan notable para nuestro sexo" que tuvo lugar en el Club Social de Córdova en la que la mencionada conferencista consignaba como parte de la historia nacional la libertad

19. Ibíd.

20. Ibíd., p. 16.

21. *El Recreo*, 15 de octubre de 1876, n.° 18: 182.

22. Ibíd.

civil, la política y la religiosa.[23] La periodista cusqueña reproducía el ambiente del evento, sobre todo cuando el talento y la solidaridad femenina —que Trinidad extrañaba, aunque no le faltara la de Matto, la de otras cusqueñas (aunque no todas) y la de algunas mujeres en Lima—, se inscribían en la historia nacional de la Argentina: "¡Qué poder tiene la mujer ocupando la tribuna! ¡Qué magia i encanto tiene su palabra, i cómo cautiva con sus exquisitos modales!".[24] La señorita Echenique era la honra de su sexo en el mundo de la inteligencia; "[...] lo dejo a consideración de cada una de nosotras; que sin duda verá con entuciasmo [sic] que la regeneración de la mujer no es ya una utopía, como se ha pretendido hacernos comprender; y que nuestras hermanas, las repúblicas de América, acaso trabajan más que nosotras, siéndonos, un poderoso estímulo".[25]

A través de la prensa local, Trinidad Enríquez elabora sus propias opiniones y va configurando posturas políticas. Se pronuncia contra la censura, por la libertad de imprenta y por el libre pensamiento. En febrero de 1876 sigue encargada de la sección "Mosaico", y esa vez comenta las ideas liberales y las disertaciones en la Facultad de Jurisprudencia, como la del bachiller Mauricio Luna, "La censura previa y la responsabilidad [sic] atacan la libertad de la imprenta". También escribe a propósito de la publicación en *El Inca* de "La religión de los libres pensadores": el libre pensador se rige por las leyes de su ser, su templo es su conciencia, su culto la virtud, su altar la justicia, su dogma la caridad, sus mandamientos el bien y la fraternidad; tiene por patria el universo y por bandera la igualdad y la libertad.[26] Al Cusco llegaban lo mismo noticias de Lima, que Trinidad divulgaba desde la tribuna que Clorinda Matto le ofrecía; ante algunas se entusiasmaba de forma especial. Por ejemplo, *El Obrero* publicaba en Lima que la sociedad "Colaboradores de la Instrucción" había ofrecido a la Sociedad de Beneficencia enseñar gratuitamente en la escuela de la "O" antes de que su dirección fuera delegada a una orden religiosa. "Unánime ha sido la manifestación de los pueblos de Lima y Callao contra estos institutores", y reproducía entre comillas el siguiente texto:

> Gracias a ellos se evitará el escándalo de ver entregada la juventud, en manos de los Jesuitas, gastando para ello el dinero de la nación. Los socios "Colaboradores de la Instrucción", cuyas ideas avanzadas e infatigable laboriosidad por el adelanto

---

23. *El Recreo*, 28 de febrero de 1876, n.° 3: 24.

24. Ibíd.

25. Ibíd.

26. Ibíd.

> de la juventud son bien conocidas, han frustrado hábilmente el plan de los ultramontanos, de tal manera que estos no tienen ya como insistir en su desacertada pretensión.[27]

La postura crítica de Trinidad Enríquez la hizo vulnerable. En una sociedad donde las relaciones de parentesco dejaban poco lugar para la disidencia, como mujer estuvo expuesta a las tensiones de las fratrías locales. Sus posiciones anticlericales, su fastidio ante las costumbres pueblerinas y atrasadas, ante la mezquindad y el chismorreo de la ciudad, la convirtieron en un "bicho raro", en una excéntrica que, dado su afán por intervenir en lo público, amenazaba los modos de sujeción imperantes. Además, en el Cusco hubo facciones que rivalizaban continuamente a propósito de los temas en cuya discusión Trinidad estuvo comprometida; estaba en el ojo del huracán. Los clérigos solían tener como aliadas a las mujeres, y Trinidad no era parte de esa grey. Entonces, cabe preguntarse cuánto del obstinado rechazo de los patriarcas locales, cuyos argumentos veremos a continuación, a las pretensiones profesionales de Trinidad, se alimentó de la rebeldía de esta respecto del *statu quo* y de su abierto cuestionamiento del orden establecido.

La controversia sobre las relaciones entre los sexos a propósito de la educación superior femenina

En el Perú, cuando no se tenía la destreza de montar a caballo y de manejar armas que se sumara a ciertos recursos para aceitar a una clientela, la educación superior era una de las rutas principales para llegar al poder político, era casi un requisito (Sobrevilla 2003).[28] Esta característica contribuye a entender la resistencia de los "hombres de negro" a demandas como las de Trinidad Enríquez, y el ralo número de mujeres en el ámbito académico incluso en los años posteriores a 1908. En su caso, no solo se trató de las autoridades que apoyaron o rechazaron sus reclamos; en otros espacios también hubo tanto críticas como señales de apoyo. De todas maneras, no hay que perder de vista el hecho de que la abogacía era la profesión asociada a la política por excelencia y a la ocupación de los cargos más altos del Estado. Y Trinidad quería ser partícipe de ese mundo, aunque sus motivaciones no coincidieran con las de la mayoría de los togados. La asociación entre el ejercicio de la abogacía y el acceso a cargos públicos de mayor importancia ayuda también

27. *El Recreo*, 15 de marzo de 1876, n.° 4: 32.

28. Recogiendo la idea de Basadre, "hombres de negro", como abogados y sacerdotes.

a explicar la tolerancia de las élites letradas respecto del acceso de las mujeres a otras que tenían un estatus subordinado.

En los primeros días de septiembre de 1878, durante la presidencia de Mariano I. Prado, Trinidad Enríquez le pide al Congreso de la República la declare apta para graduarse, para hacer los dos años de práctica en un estudio forense y recibirse en una de las Cortes Superiores, "con los cargos anexos a la noble profesión del foro, *sin restricción alguna*".[29] El pedido fue presentado en la Cámara de Diputados por Francisco Gonzáles, su compañero de ideales y luchas. El diputado cusqueño aclaró que no se trataba de un pedido vinculado a su diputación, sino que atañía a "toda la República". El 2 de octubre del mismo año, el diputado Gonzáles se pronunciaba ante el Legislativo: "[...] esta estudiosa señorita pretende un puesto en el foro que sabrá desempeñar, dignamente, por su ilustración y sus virtudes".[30] Pocos días después, Gonzáles y el diputado por Huánuco, José Manuel Pinzás, proponen que su Cámara apruebe que las mujeres consigan, con los requisitos de ley, los mismos grados universitarios que los hombres.[31] Este reclamo revela cómo poner la igualdad entre los sexos en el centro traía por tierra un tipo de autoridad pública anclada en el poder personal y en su inherente discrecionalidad; el recurso planteado dejaba al margen el permiso, que no era ajeno a las relaciones propias de la prebenda e iba de la mano del patrimonialismo propio de las instituciones públicas. Más adelante volvemos a ilustrar el punto.

Muy a favor de la igualdad entre los sexos en el campo educativo, y sin tener con Trinidad Enríquez una relación cercana ni mayor afinidad política, también estuvo Mariano Felipe Paz Soldán (Arequipa, 1821-Lima, 1886). No era un patriarca local cualquiera. Tenía una gran curiosidad científica y humanista. Había sido enviado por el presidente Castilla a los Estados Unidos, especialmente a su costa este, para observar los sistemas carcelarios y recoger información para modernizar el sistema penitenciario peruano.[32] Tuvo cargos públicos importantes y produjo el primer *Atlas geográfico del Perú*. También escribió una historia del Perú independiente. En enero de 1879, a menos de tres meses del inicio de la

29. *La Gaceta Judicial*, año 1, martes 13 de octubre de 1891, t. II, n.° 167: 2 (cit. en Ramos y Baigorria 2005: 63. El énfasis es nuestro).

30. *Diario de debates de la Cámara de Diputados. Congreso ordinario de 1878*. Lima: Imprenta El Nacional, por Pedro Lira, 1878, miércoles 2 de octubre de 1878, t. I: 627 (cit. en Ramos y Baigorria 2005: 64).

31. Ibíd.

32. Mariano Felipe Paz Soldán, "Examen de las penitenciarías en EEUU" (1853), en que se sustentó la construcción de la Penitenciaría de Lima, que se inauguró en 1862.

guerra con Chile, Paz Soldán, como ministro de Instrucción, Justicia y Culto, entregó a las cámaras legislativas un documento donde apoyó enfáticamente la educación femenina. Sostuvo que constitucionalmente las leyes protegían y obligaban a todos por igual, que nadie estaba impedido a hacer lo que la ley no prohibía, "[...] y que los ciudadanos pueden ejercer libremente toda profesión, oficio o industria que no se oponga a la moral, a la sociedad ni a la seguridad pública".[33] Según Paz Soldán, el ejercicio profesional y lucrativo de las mujeres enaltecía "la condición del bello sexo".

> Mantener a la mujer en tutela perpetua, estrechar su acción únicamente al recinto del hogar doméstico y dictar leyes restrictivas que limiten a un círculo fijo toda su actividad física y moral, sería despojarlas de sus primitivos derechos de personalidad y de libertad que la ley natural concede a todos los seres racionales y libres, sin más limitación que el derecho ageno [sic], y condenar a la mitad del género humano 4a la inacción e impotencia, injusto y contrario a todas la convenciones sociales y de la mayor amplitud del movimiento económico e industrial de los Estados.[34]

Agregaba el ministro que, en el Perú por cuestiones de hábito, por una educación con tintes coloniales o por "preocupaciones de raza", la mujer estaba sujeta a dos únicos estados: de esposa y de religiosa. Y que la opinión general apoyaba semejante práctica, reñida con los intereses de la justicia y el bien público. Según el ministro, tal restricción era "insostenible y anómala", no se derivaba de ninguna prescripción de las leyes comunes, "y aun cuando las hubiera, ella sería perfectamente nula y opuesta a nuestra organización fundamental".[35]

Un contemporáneo y paisano suyo, Francisco García Calderón (Arequipa, 1834-Lima, 1905), pensaba lo contrario. Según él, las disposiciones de los códigos civil y de enjuiciamientos señalaban que las mujeres estaban excluidas de la abogacía. "El pudor, como pilar de su carácter, le impedía ese ejercicio y todos los actos que lo vulneraran".[36] Compartían esta idea Manuel M. Gálvez y Mariano S. Cornejo, miembros de la comisión parlamentaria en enero de 1879; tales textos eran claros en cuanto a la prohibición absoluta: la profesión forense no correspondía a la mujer.[37] Argumentaron que el desempeño de la abogacía

33. *La Gaceta Judicial*, año I, miércoles 14 de octubre de 1891, t. II, n.° 168: 2 (cit. en Ramos y Baigorria 2005: 65).

34. Ibíd.

35. Ibíd.

36. Para la voz "Mujer", véase García Calderón 1879: 1395 (cit. en Ramos y Baigorria 2005: 70).

37. Ibíd.

demandaba "cierta firmeza de carácter, discernimiento superior y convicción de principios" y que, en general, la mujer carecía de esas virtudes;[38] que en el caso de la mujer casada, la ley la despojaba de la condición de persona *sui iuris*, ya que el marido pasaba a ejercer los derechos y administrar los bienes de la cónyuge, hecho que consagraría la dependencia absoluta de la mujer para todos los efectos de la vida social.[39] El debate sobre los derechos de las mujeres a la educación superior quedó de lado al desatarse la guerra con Chile, aunque se retomara después.

Aparentemente, luego de la derrota del Perú frente a Chile, y sin desligarse del todo de las consideraciones anteriores, los parlamentarios dispusieron que se le "concediese" a Trinidad Enríquez la "gracia" de optar el grado de bachiller en Derecho y se le permitiera iniciar su práctica forense; que se le "[...] dispense de una manera especial y por vía de ensayo, para recibirse de abogado y ejercer la profesión mientras se conserve soltera".[40] Sostuvieron, además, que era inconveniente cambiar la ley al respecto, dado que en ella se fundaba la familia y sus relaciones con la sociedad.[41] El ejercicio de una profesión en el Perú no solo tenía implicancias civiles sino políticas; la ley exigía la calidad de ciudadanos, y las mujeres no gozaban de ese estatus.

Además, regía el Código Civil de 1852 vigente en el Perú hasta 1936. Dicho código establecía la protección del marido a su esposa y la obediencia de ella para con su cónyuge. Asimismo, guardaba fuertes reminiscencias del vínculo de vasallaje instaurado en la tradición del Occidente cristiano y guerrero. Las relaciones entre los cónyuges se impregnaban de servidumbre, y la mujer, inferior, debía servir al marido, superior. A diferencia del hombre, esta necesitaba el permiso de su cónyuge para comprometerse en contratos, y la aprobación oficial de este para ejercer algún oficio o negocio. Solo podía escapar a su negativa por un procedimiento ante el juez, y probando que sus ingresos no eran suficientes. El adulterio masculino no era causal de divorcio para las mujeres. La patria potestad, inspirada en el derecho romano, era monopolio masculino. Además, el código había conservado la distinción entre hijos legítimos e ilegítimos, en desmedro de estos últimos. Las prescripciones de dicho corpus legal afectaban a las muje-

---

38. Ibíd.

39. Ibíd.

40. *La Gaceta Judicial*, año I, viernes 16 de octubre de 1891, t. II, n.° 170: 2 (cit. en Ramos y Baigorria 2005: 71).

41. "Informe en mayoría de los vocales de la Corte Superior de Justicia de Lima (20 de octubre de 1890)". *La Gaceta Judicial*, año I, lunes 19 de octubre de 1891, t. II, n.° 172: 2-3 (cit. en Ramos y Baigorria 2005: 104-114).

res y restringían sus derechos en diferentes ámbitos de sus vidas; del recorte de la capacidad civil y política se derivaban los obstáculos para estudiar y ejercer una profesión. Con este se enfrentan las mujeres; su gravitación fue muy clara en el deseo de Trinidad Enríquez, y la controversia provocada por sus aspiraciones mostraba a cada paso las resistencias masculinas a renunciar al monopolio del espacio público y al control de aquellas en el espacio doméstico.

Los encargados de fallar sobre el caso de Trinidad hacia 1890 estaban al tanto de los términos del debate en otros países a propósito de demandas similares que sacudían las formas tradicionales de la masculinidad y del presuntamente seguro y de hecho privilegiado legado patriarcal. Los magistrados declararon que en naciones donde las mujeres se educaban con libertad en la universidad, como en Rusia, por ejemplo, la autoridad del marido era casi nula;[42] según ellos, en los Estados Unidos la expansión de la educación universitaria para mujeres había pervertido el hogar, y estas ya no eran más amables compañeras del hombre, pues habían sido separadas de donde se anidaban los sentimientos de amor a la familia. La universidad, al instruir a los sexos por igual, quebrantaba el destino especial de estas y las desviaba del cumplimiento de sus deberes. No era, pues, cuestión de imitar lo que ocurría en Estados Unidos: una "inmensa diferencia" existía entre ellos y el Perú: este no estaba listo. La población peruana era insignificante; no se podía imitar a otros países "sin tener en cuenta nuestras peculiares condiciones".[43] Así, más allá de las opiniones que se tuvieran de las capacidades intelectuales de las mujeres, ocurría que "[...] nuestra sociedad no se halla en estado de emprender esa reforma ni se perciben las necesidades que pudieran hacerla necesaria".[44] Además, la educación estadounidense fue juzgada como un "exagerado sistema" en el que aquellas no se limitaban a las profesiones, sino que pretendían practicar el ejercicio de los derechos políticos, "[...] que tantos males habrán de producir cuando invadiendo el hogar doméstico el ardor de la pasión política, acabe por romper la unión y la concordia de las familias".[45]

Aquellos que no se animaron a sostener que la educación superior atentaba contra el honor de las mujeres y que aceptaron que las leyes podían garantizar su respeto, no dejaron de sentir que esta las virilizaba, las convertía en hombres: "se

42. Ibíd., p. 111.

43. Ibíd., p. 114.

44. "Dictamen del fiscal de la Corte Suprema, Ricardo W. Espinoza (20 de julio de 1891)". *La Gaceta Judicial*, año I, miércoles 21 de octubre de 1891, t. II, n.° 174: 2 (cit. en Ramos y Baigorria 2005: 116-118).

45. Ibíd., p. 112.

hacen tan varoniles, tan reservadas y adquieren un carácter tan independiente" que no están más preparadas para la familia.[46] Así, la mujer convertida en hombre fue otro de los motivos masculinos para oponerse a las aspiraciones femeninas. Ricardo Espinoza, fiscal de la Corte Suprema, reconocía que las mujeres tenían una esfera "muy reducida" y era conveniente abrirles la puerta a otras profesiones que las liberasen de la miseria y de sus desastrosas consecuencias. Pero puntualizaba que debían considerarse solo aquellas ocupaciones "compatibles con su peculiar organización y con el destino especial que le ha fijado la Providencia". Las profesiones que exigían un notable vigor físico, un gran poder intelectual o una voluntad firme y enérgica, modificaban profundamente su naturaleza "[...] y casi la convierten en un hombre, privándola de las cualidades especiales que provocan la unión de los dos sexos, que forman la familia y hacen el encanto del hogar, base fundamental de la sociedad".[47]

La idea de reunir a los sexos en espacios públicos sin la vigilancia de parientes producía un particular desasosiego entre los hombres. Las mujeres eran concebidas desde el orden tutelar en un sentido estricto. Por ello, resultaba altamente peligroso que estas se desplazaran entre patriarcas cuando todavía eran percibidas como parte de la esfera doméstica. Parecía imposible encajar esa pieza, pues correspondía a otro engranaje. Los hombres eran incapaces de imaginarlas en alternancia con otros fuera de su control. La cercanía emocional y física de sus mujeres a otros hombres que no dejaban su condición de patriarcas remitía tanto a la precariedad del control de impulsos, como al ejercicio de la autoridad como forma de dominio. El honor masculino estaría expuesto.

Puede pensarse que la oposición de los hombres a compartir con ellas el espacio público, también encarnaba consciente e inconscientemente, una resistencia a modificar sus modos de ser y de ejercer la autoridad. Es decir, estos no solo no dispondrían a discreción de las mujeres como hasta entonces en el cotidiano doméstico, sino que tendrían que cambiar su comportamiento en la escena pública. Y si se considera la reciprocidad de esas dos esferas, la virilidad aparece aún más amenazada. En las fantasías masculinas subyacía una determinada concepción de la política y de la familia y parecía inconcebible que esta última pudiera acoger diferentes posturas políticas. Esto podría indicar tanto un bajo grado de diferenciación entre lo público y lo privado, como una fuerte tendencia social hacia el gregarismo, que, dicho sea de paso, parecía ponerse en cuestión si las mujeres reconocían sus proyectos personales. Entonces, su ingreso a la universidad y a los

---

46. Ibíd.

47. Ibíd., p. 117.

espacios públicos en general entrañaba una amenaza que atravesaba el control de la sexualidad: "La difusión de los conocimientos es una necesidad urgentísima, pero no debe realizarse confundiendo los dos sexos en las Universidades; porque a ellos se oponen razones de orden y moralidad".[48] De la ubicación meridional del Perú, por ejemplo, se desprendían

> [...] las tendencias, las costumbres de nuestra raza, todo lo cual produce la vehemencia de las pasiones y el más violento y precoz desarrollo; de modo que si en nuestro país, por especiales tendencias de las mujeres y por otras razones, fuera cierto que se experimenta hoy de un modo urgente, la necesidad de darles una educación científica en todos los ramos del saber, sería necesario establecer para ellas Universidades separadas.[49]

Desorden e inmoralidad serían las consecuencias de educarlas al lado de los hombres; ante tal posibilidad afloraban las ansiedades masculinas y estas se expresaban en visiones angustiadas de la sexualidad femenina.[50] La segregación se imponía frente a la magnitud del riesgo. Unos salvaguardaron la armonía asimétrica con galantería señorial, otros no siempre pudieron esconder su inseguridad ante las mujeres, y la cubrieron con desprecio. La monstruosidad de la pretensión femenina traía al debate público el fantasma de Caia Afrania (siglo I a. C.), mujer litigante romana de "detestable reputación", precisamente por aparecer en público defendiendo intereses particulares.[51] Su nombre se convertía en apodo de las díscolas e intratables,[52] en lo que se convertirían las que entraran a litigar, como pretendía Trinidad Enríquez.

Según las autoridades, las mujeres conducidas por su ardorosa imaginación infringirían "graves desórdenes en los Tribunales, comprometiendo en no pocas

---

48. Informe en mayoría de los vocales de la Corte Superior de Justicia de Lima (20 de octubre de 1890). *La Gaceta Judicial*, año I, lunes 19 de octubre de 1891, t. II, n.° 172: 2-3 (cit. en Ramos y Baigorria 2005: 110).

49. Ibíd., p. 111.

50. Este tema se encuentra magistralmente trabajado por Peter Gay en el capítulo "Mujeres a la ofensiva, hombres a la defensiva", en el tomo 1 *La educación de los sentidos* de su obra *La experiencia burguesa. De Victoria a Freud* (1992).

51. Resulta sugerente notar que este personaje, Cai Afrania, vive también en el debate sobre la incursión de las mujeres en la abogacía en Chile en la misma época y funciona ahí, lo mismo que en Perú, como referencia de lo abyecto que resultan las voces femeninas defendiendo sus intereses en el foro público.

52. "Informe en mayoría de los vocales de la Corte Superior de Justicia de Lima (20 de octubre de 1890)". *La Gaceta Judicial*, año I, lunes 19 de octubre de 1891, t. II, n.° 172: 2-3 (cit. en Ramos y Baigorria 2005: 106).

ocasiones, el decoro y el respeto que se debe a los Magistrados!";[53] fuera de la mirada doméstica eran una amenaza para el estatus masculino extradoméstico; estas ensuciaban la figura pública. Dichas expresiones, pueden ser incluso una manera de compensar el poco respeto que se tenían a sí mismos, y lo inseguros que se sentían en una sociedad como aquella, en las que sus posibilidades de hacer cumplir las leyes en muchas oportunidades no estaban a su alcance. Esa élite masculina era la que hacía poco había perdido ante Chile y era la responsable de una pérdida importante de territorio; y aunque no lo reconociera públicamente siempre, sobre sus hombros cargaba la ignominia nacional.

Los que se oponían a que mujeres como Trinidad Enríquez alcanzaran una profesión, no dudaron en rebuscar argumentos en códigos como las Siete Partidas, recopilación de Alfonso el Sabio que se remontaba al siglo XIII.[54] Estas señalaban que las facultades con las que cada ser estaba dotado determinaban la ley que debía cumplir. "La mujer", acotaba la mayoría de los vocales que componían la Corte Superior de Justicia, por su especial organización, a la par que por sus dotes, estaba destinada a una misión en el seno de la familia y de la sociedad;

> [...] si esa misión es irremplazable; si su deber es alimentar a sus hijos, formarles el corazón, dirigirlos en los primeros ensayos de vida, y enseñar, en fin, a esos que después han de ser miembros de la gran sociedad; si esa obra no es de un momento ni de un día sino la de cada instante y mientras dura a lo menos la existencia de la madre, ¿Cómo sería posible conciliar este sagrado y preferente deber como el de estar constantemente ¡como el hombre!, ¿fuera del hogar, alejada de los hijos? ¿cómo fijar en la memoria de estos las reglas de la moralidad, de buenas costumbres, la educación, en fin, que no enseñan los maestros en los colegios, sino la madre, mediante su infatigable constancia?[55]

Al iniciarse la última década del siglo, los "hombres de negro" no ocultaban su talante instrumental. No pusieron en duda la capacidad femenina para adquirir conocimientos y llegar a "las más encumbradas regiones del saber", pero la Providencia —era el momento para invocarla— sabía lo que hacía, y el hombre, para realizar los fines más importantes de la vida, no podía tener consigo un

---

53. Ibíd., p. 108.

54. De manera sugerente, en Chile encontramos el mismo recurso entre la androcracia ante la exigencia de las maestras de promover la educación secundaria para las mujeres, que luego consiguieran a través de la conocida Ley Amunátegui. Véase Sánchez Manrique (2006).

55. "Informe en mayoría de los vocales de la Corte Superior de Justicia de Lima (20 de octubre de 1890)". *La Gaceta Judicial*, año I, lunes 19 de octubre de 1891, t. II, n.° 172: 2-3 (cit. en Ramos y Baigorria 2005: 109).

mero agente de reproducción; no, la mujer debía ser igual que el hombre: capaz de sentir, de pensar y de comprender su elevadísima misión; "[...] el Estado debe protegerla, como la protege, porque cuanto más adelante en el saber, con mayor inteligencia y asiduidad llenará los deberes que le están impuestos en el hogar doméstico".[56]

Tal retórica defensiva se inspiraba de modo explícito y consistente en el parentesco: "La mujer debe ser, ante todo, buena hija, buena esposa, buena madre de familia".[57] Esta racionalidad doméstica se engarzaba con un plan divino: Dios la puso en el mundo con ese objeto; y la dotó de belleza, candor, delicadeza de sentimientos y cierta tendencia a someter su voluntad y su inteligencia a las del hombre. De allí que podía incursionar en la poesía, la música, las labores domésticas, el comercio y la industria al por menor, y otras ocupaciones de ese género. Pero otras como la milicia, la marina, la ingeniatura y otras profesiones que "demandan fuerza física, vigor intelectual y cierta rudeza de voluntad", eran del todo incompatibles con el carácter del bello y débil sexo y con el fin al que estaba destinado.[58] La abogacía, especialmente ligada a la política y al estatus, es "oficio" de varones. Todavía gravitaba entre los magistrados la noción del paradigma jerárquico y premoderno donde las personas son lo que hacen (Laqueur 1994). Así, los hombres eran los intérpretes de la voluntad divina. La tan polémica abogacía, aunque no requería esfuerzo físico, sí exigía

> [...] un gran desarrollo de la inteligencia, un notable poder de abstracción para perseguir todas las relaciones jurídicas y una inquebrantable firmeza de carácter, para luchar en defensa del Derecho y combatir el crimen y la injusticia donde quiera que se encuentren. Esta profesión esencialmente varonil, no puede menos que modificar el carácter propio del sexo femenino y apartar a la mujer del hogar doméstico, al cual tal vez más tarde sin las cualidades necesarias para ser una buena esposa, ni siquiera una mediana madre de familia.[59]

Si bien los argumentos a favor y en contra de la profesionalización de las mujeres encontraban sustento en diversos sistemas de pensamiento, casi ningún

---

56. Ibíd., p. 110.

57. "Dictamen del fiscal de la Corte Suprema, Ricardo W. Espinoza (20 de julio de 1891)". *La Gaceta Judicial*, año I, miércoles 21 de octubre de 1891, t. II, n.° 174: 2 (cit. en Ramos y Baigorria 2005: 117).

58. Ibíd.

59. "Dictamen del fiscal de la Corte Suprema, Ricardo W. Espinoza (20 de julio de 1891)". *La Gaceta Judicial*, año I, miércoles 21 de octubre de 1891, t. II, n.° 174: 2 (cit. en Ramos y Baigorria 2005: 118).

hombre abandonó la noción de que lo femenino se fundaba en las leyes naturales, y en consecuencia inmutables. Pero esos argumentos no le bastaron a aquellos que encontraban inadmisible que el "sexo opuesto" ejerciera una profesión, especialmente, la abogacía, y hallaron apropiado sumarle a este mandato propio de la secularización, el designio que la Providencia indicaba.

El hombre puede perfeccionar su naturaleza, pero "[...] no debe pretender locamente enmendar la obra de la Providencia [...] El uno es para la fuerza, para el trabajo, para la lucha; la otra para el amor, para la armonía y dicha de la humanidad".[60] La mujer era importante en función del hombre: ella forma su corazón y su inteligencia; si no, hará "la desgracia de las naciones". No era natural ni conveniente que la mujer abandonara esa senda, ni empujarla a otra distinta de modo que le creara hábitos ajenos a su carácter, incompatibles con el destino que la Providencia le había señalado.[61] Esta la había dotado de un bello recato que aseguraba alcanzar los fines racionales y morales que a su vez le impuso: estrechar los más sagrados lazos de la familia entre ellos, los que desaparecerían si la mujer, "como dice la ley, estuviera públicamente envuelta con los hombres".[62]

La incapacidad de las mujeres para ejercer las profesiones procedía de los fines especiales a los que estaba destinada. De acuerdo con los juristas de fines del siglo XIX, lo establecido seiscientos años antes estaba vigente; las Partidas se habían fijado en la conveniencia social, en la moralidad de la mujer, en la misión que la naturaleza le había asignado: "no quiere que se contraiga a la defensa de pleitos ajenos".[63] La práctica de la abogacía conllevaba el riesgo de perder la vergüenza y la honestidad.

Además, el secreto que la defensa legal requería con frecuencia no podía guardarse sin que la mujer se sustrajera "a la vista de su propio esposo".[64] El que debía de gozar de la libertad y de la emancipación era el marido, que como gerente de la sociedad conyugal, intervenía en los contratos de la mujer "[...] como en las de otras especie, para que haya orden y unidad, es necesario que haya quien dirija los actos que en este orden verifique dicha sociedad, y quien responda a sus

60. Ibíd.

61. Ibíd.

62. Ibíd.

63. "Informe en mayoría de los vocales de la Corte Superior de Justicia de Lima (20 de octubre de 1890)". En *La Gaceta Judicial*, año I, tomo II, n.° 172, lunes 19 de octubre de 1891: 2-3; en Ramos y Baigorria (2005: 107).

64. Ibíd.

consecuencias; aparte de que es deber del marido, como el ser más fuerte, la protección de su mujer, la cual no pierde sin embargo, su capacidad jurídica durante el matrimonio".[65] Así se expresaba la proyección jerárquica y, al mismo tiempo, la superioridad amenazada.

Hubo esta vez también quienes se distanciaron de las posturas más conservadoras. En 1890, los vocales Adolfo Quiroga —catedrático de Derecho civil en la Universidad de San Marcos—, José Miguel Vélez, José Mariano Jiménez, Manuel León Castellanos y Manuel Puente Arnao, en un informe de minoría, se inclinaron a favor del irresuelto pedido de Trinidad Enríquez. Invalidaban el recurso de remitirse a las Partidas, eran "leyes de diferentes sistemas"; aclaraban que la mujer casada sí era capaz de obligarse conforme al código y por lo tanto era sujeto pleno de derechos, además, era una cuestión de principios.[66] Pero comentaron en una dirección no menos significativa: recomendaban evitar en lo posible "[...] matrimonios perjudiciales y uniones prematuras e ilícitas, fáciles de realizarse en la época de las pasiones y de la inexperiencia; y que la instrucción profesional de la mujer debe ser, sin perjuicio de intereses dignos, de preferente atención".[67] Las precauciones que indicaban los juristas con respecto a la conyugalidad descubren los problemas subyacentes concernientes a los patrones y las opciones matrimoniales, que parecían abandonar la inclinación de atribuirles a las mujeres una particular incapacidad para discernir.

No obstante, según los vocales de la Corte Superior de Justicia de Lima, ceder ante una exigencia como la de Trinidad Enríquez significaba cambiar por completo la legislación existente, tarea que no merecía emprenderse

> [...] por una que otra mujer a quien la naturaleza haya negado como uno de los muchos fenómenos que ella ofrece, las condiciones necesarias para llenar el fin que le está asignado por la providencia; y menos sería necesario verificar ese *trastorno* [énfasis mío], cuando por nuestra diminuta población, así como por la ignorancia en que yacen sus ocho novenas partes cuando menos, habrá de ser una que otra, quizá, la mujer que pretenda ejercer la abogacía.[68]

Así, según los patriarcas, no valía la pena transformar los grandes textos ante la petición de una mujer a la cual tanto la naturaleza como la Providencia le

65. Ibíd.

66. *La Gaceta Judicial*, año I, , martes 20 de octubre de 1891, t. II, n.° 173: 2 (cit. en Ramos y Baigorria 2005: 78).

67. Ibíd.

68. Ibíd., p. 109.

habían negado sus dotes. Además, esa sería una excepción en un país de ignorantes. Sin duda, no lo merecían; ni el país de ignorantes ni su contingente femenino. Así, pues, no deja de impresionar la rabia misógina que sus demandas podían despertar.

Las mujeres y las aulas, una experiencia no del todo pública

Sin duda, las primeras universitarias fueron una verdadera excepción; unas cuantas. La afluencia femenina a las aulas parece haber sido bastante posterior, excepto en aquellas facultades donde esta presencia fue mayor: Farmacia, Odontología, Obstetricia. Estos eran terrenos predominantemente femeninos que encarnaban la proyección de la maternidad y de actividades tradicionales, donde el contacto corporal y el trabajo manual acompañaban el cuidado del cuerpo femenino. Además, eran campos donde los hombres no ingresaban; tampoco exigían educación secundaria para cursarlos. Es posible que seguir la carrera de Farmacia tuviera por meta tener un establecimiento propio o trabajar en uno afín.

¿Era un tránsito solitario y puramente individual? Vale la pena saber qué tan acompañadas estaban las mujeres en dicha travesía desde la autoridad doméstica, de ser hijas, hermanas, hasta la autonomía. Por momentos parece que las primeras que obtuvieron un grado universitario no asistían a clases de manera regular; también han quedado testimonios de ciertos casos en los que las estudiantes eran acompañadas por sus parientes, hermanas y hermanos. Laura Rodríguez acudía a clases de la Facultad de Medicina con su hermano Abraham, otras lo hacían con sus parientas. La misma Miguelina Acosta, estudiante de Jurisprudencia, pese a los años transcurridos y las transformaciones de la época, a mediados de la década de 1910 estuvo acompañada de sus hermanos en parte de su periplo universitario.[69]

Esta compañía de parientes revela la incomodidad que la presencia femenina podía despertar. Era un alivio para todos que las mujeres estuvieran protegidas por la compañía familiar, pues seguían siendo piezas del orden tutelado; como el permiso. Al ser así, los hombres tomaban como referencia al patriarca acompañante, no estaban frente a una mujer, con sus propias ideas, sino a la hermana de un hombre, indiferenciada de su grupo de parentesco. De este modo se pretendía garantizar la sujeción femenina, se constreñían las percepciones propias

69. Archivo Histórico Domingo Angulo de la Universidad Nacional Mayor de San Marcos, Libro de Matrícula de la Facultad de Jurisprudencia, años 1914 y 1916.

y se protegía la supremacía masculina. A la larga, la compañía de parientes inhibía los desafíos propios de los cambios de los pilares de la masculinidad.[70] Al mismo tiempo, la necesidad de estar acompañada, incluso a veces de hermanas, dice también del peso que preservaba el código de honor, y el riesgo que corrían las mujeres al presentarse como tales en un mundo masculino; y finalmente lo inusual que era aquello.

En el caso de la Facultad de Medicina, y no sabemos hasta cuándo, las restricciones para ellas eran severas. Laura E. Rodríguez debió permanecer detrás de un biombo durante las lecciones de anatomía, y solo desde ahí podía preguntar si necesitaba mayor información. En su tercer año de estudios, consiguió un permiso especial del decano de su facultad para hacer disecciones anatómicas, pero a condición que fuera en una sala separada y en compañía de Abraham, su hermano.[71] Así se mantenía la dependencia femenina.

Durante el periodo en cuestión, circulaba con fluidez la creencia de que la mujer que estudiaba, y más aún la que asistía a la universidad, tendría las de perder en el mercado matrimonial. La tasa de nupcialidad de la época era baja, y hubo un gran número de mujeres que fracasó en su supuesto intento de conseguir un marido. Así lo señalaban las vanguardistas como González de Fanning a fines del XIX, que pugnaban por difundir la escuela secundaria y laica entre sus congéneres, y esto como un motivo de peso para animar a las mujeres a conquistar su autonomía a través de la educación (González de Fanning 1905). No obstante, exponerse a los hombres en lugares públicos mermaba el estatus de aquellas; al contaminarse, su valor como futuras esposas decrecía. Esta imagen debe haber disuadido a muchas jóvenes de seguir estudiando u ofrecido razones a las familias

70. En su libro *La cultura femenina y otros ensayos* (1999 [1911]), George Simmel se preguntaba y les preguntaba a las feministas y a las primeras promociones de mujeres que terminaban sus estudios universitarios en Alemania, precisamente a inicios del siglo XX, en qué medida las graduadas podían crear conocimiento con un lenguaje científico que, lejos de ser neutro, era del todo masculino. Dicha interrogante inspira nuestro acercamiento, en la medida en que señala el peso de la cultura masculina en el mundo académico finisecular y las restricciones que este traía consigo en la producción de conocimiento de las mujeres.

71. "Como Interna de Constantino T. Carvallo, publicó en la Crónica Médica el trabajo: 'Enorme quiste ovárico, acompañado de otro pequeño' (año 1898). Posteriormente, escribió sobre 'Fibroma uterino' (1900)" (Díaz 2007: 183). "Fue clínica asistencial al lado de los maestros Bello y Corpancho. Tenía el corazón avivado y era solidaria. Así, fundó la Primera Escuela de Enfermería del país (1,3), donde ejerció la docencia, enseñando anatomía, fisiología e higiene, con prácticas en los hospitales Santa Ana y Dos de Mayo. Con el producto de las erogaciones compró un equipo completo de cirugía, que entregó al Hospital Militar. Igualmente, durante el conflicto con Ecuador en 1910, organizó la 'Unión Patriótica de Señoras'. En el Perú, había una alta mortalidad materno-infantil y por tuberculosis" (ibíd.).

para oponerse a semejante incursión. Clorinda Matto y Elvira García y García se animaron a recordarles a sus lectoras cómo algunas jóvenes que se graduaron en la universidad estaban felizmente casadas, al mismo tiempo que tranquilizaban a la opinión pública y a las cabezas familiares, que no dejaran de esperanzarse con alguna buena alianza matrimonial. Estas opiniones estuvieron acompañadas de una cada vez más creciente crítica a los matrimonios arreglados entre las escritoras vanguardistas (Mannarelli 1999).

Antes de 1908, las mujeres no incursionaron en las facultades de Jurisprudencia y Ciencias Políticas y Administrativas; es posible que el caso de Trinidad Enríquez desanimara a cualquiera. Por otro lado, para matricularse en la Facultad de Medicina era necesario además tener secundaria completa, y esa posibilidad era ajena para ellas. Sin embargo, hacia 1888 Margarita Práxedes Muñoz (¿1862? - Santiago del Estero, 1909), a los 26 años de edad, obtuvo el permiso para inscribirse en la Facultad de Ciencias,[72] cuyos cursos eran requisito para estudiar en la Facultad de Medicina, que era lo que ella quería. En Ciencias también figuran inscritas Laura Esther Rodríguez Dulanto, de 18 años, y Eudocia Pauta, ecuatoriana de 20. Ambas ingresaron en 1892 a Medicina, donde continuaban estudiando hacia 1894.

Rodríguez Dulanto consigue el bachillerato en Ciencias con la tesis "El fenómeno químico-biológico de las fermentaciones en 1893". Cinco años después, en 1898, se gradúa como doctora en el mismo campo con la tesis *Estudios geológicos en la provincia de Chancay* (Rodríguez Dulanto 1898).[73] Desarrolla su investigación sobre los terrenos y las salinas de Huacho. En la presentación, la candidata se animó a incluir sus impresiones acerca de sus congéneres y la época en que vivían:

> Siento yo una fe inconmovible en la victoria de los derechos que nacen al calor de la justicia, y nada hará que pierda mis ideales en los futuros y gloriosos destinos de la mujer peruana. Ella, que ha sabido cumplir su misión bendita en el santuario del hogar, podrá también, cuando se sienta impulsada por inspiraciones superiores, dilatar su inteligencia y extender sus ideas por los espacios de la naturaleza infinita, y no olvidará por esto las condiciones de su sexo ni pretenderá con vano intento alcanzar a ser la igual del hombre, porque no está en lo factible de su poder deshacer

72. Para aquel entonces, los matriculados en el primer año de ciencias sumaban 42, número que se fue incrementando hasta que en 1908 sumaba 150 (Archivo Histórico Domingo Angulo de la Universidad Nacional Mayor de San Marcos, Libro de Matrícula de la Facultad de Ciencias, varios años).

73. Se trata de un estudio sobre los terrenos y salinas de Huacho y las rocas gravíticas del sector Huacho y Playa Chica. La autora indica seguir la doctrina plutonista de Hutton y la teoría geológica de Elie de Beaumont.

> lo que han dispuesto sabiamente las leyes naturales, ni sería muy digno de su propio talento renunciar a la envidiable gloria que le corresponde como educadora de la humanidad en general. (Rodríguez Dulanto 1898: 5-8)

La futura médica ratificaba su fe en la inexorable emancipación intelectual de la mujer, pero a su vez parecía convencida de que la naturaleza impediría asemejarse al hombre. En 1899, Rodríguez Dulanto obtuvo su segundo bachillerato con el "Empleo del ictiol en las inflamaciones pelvianas", pero esta vez en medicina.[74] Ella estuvo entre las que tuvieron que depender de la voluntad de los que otorgaban el permiso. Además de conseguir la autorización, durante el gobierno de Piérola, en 1895, recibió un estipendio estatal de 45 soles mensuales, "siempre y cuando acreditase que continuaba su instrucción facultativa con el debido aprovechamiento". ¿Podía convertirse el permiso en un modo de controlar la conducta y el pensamiento de las mujeres? Orden y moralidad eran las consignas de las autoridades judiciales y legislativas que se oponían a un ingreso flexible de aquellas a la universidad.

Así como hubo opiniones discrepantes entre los hombres, las mismas mujeres se diferenciaron entre sí. Muchas de ellas buscaron limar las aparentes estridencias inherentes a la emancipación de las mujeres con aseveraciones como la que incluyó Laura Rodríguez en su tesis de 1900, cuando se graduó como la primera médica del Perú:[75] lo que amenazaba la función nutricia y educadora de las mujeres eran "aberraciones e injusticias" que debían "doblegarse ante la gran naturaleza". ¿Influencias de su relación con Piérola y su fervoroso catolicismo? Para las mujeres no era digno de su propio talento renunciar a la "[...] envidiable gloria que le corresponde como educadora de la humanidad en general" (Rodríguez Dulanto 1898). Así como Margarita Práxedes Muñoz le dedicó su tesis a Mercedes Cabello, Laura Esther Dulanto se la ofreció en 1898 al triunfante caudillo Nicolás de Piérola, al que Cabello retratara casi como denuncia y desde cierta superioridad moral en su novela *El conspirador* (1889). Además, esa fecha era todavía cercana a la destitución del presidente Andrés A. Cáceres, al que apoyaban militantemente mujeres como Clorinda Matto, cuya imprenta habían destrozado las montoneras pierolistas en marzo de 1895. En contraste, como señalamos, Trinidad Enríquez rechazó el permiso que el mismo caudillo quiso concederle.

---

74. En 1901, Eudocia Pauta consigue también el bachillerato en medicina con la tesis "Prolapso uterino" (manuscrito, 34 pp.)

75. La primera mujer que se graduó como médica en Estados Unidos fue Elisabeth Blackwell en 1848.

El permiso que las mujeres debían solicitar a las instancias públicas fue un mecanismo que merece una observación más detallada que la que hacemos aquí.[76] No obstante, pensamos que su sentido tiene que ver con el carácter patrimonial del Estado y con las jerarquías propias del sistema de género. Encontramos situaciones en las que nos parece estar ante indicios de un patronazgo caudillista en las carreras de algunas universitarias. El gobierno otorgaba el permiso de acuerdo con sus propios criterios y también subsidiaba, aunque eventualmente, con dinero público sus estudios.[77] No podemos descartar la idea de que los caudillos patrocinaran a las mujeres con el fin de ampliar sus redes de clientelismo. Si bien hay evidencias de que se emitieron resoluciones legislativas que sancionaban la autorización de las peticiones de las mujeres, es inevitable preguntarse sobre el peso subjetivo en estas; sobre cuáles eran los canales y los requisitos para concederse, sobre los criterios para hacerlo. ¿Estaba sobre todo sujeto a la voluntad personal del hombre público? ¿Hubo peticiones denegadas? No se puede descartar el permiso como el preservar el honor de las élites, su pureza, a través del control del cuerpo de las mujeres; si funcionaba como una pieza del prebendalismo, la que, por un lado, impedía la distancia entre cargo público y persona; y por otro, instalaba un mecanismo que incluía a las mujeres en la prebenda. Ello permitiría a su vez al "gobierno de los padres" perpetrar su control y retener otra fuente de recursos que aceitaba la clientela. Esta forma de ejercicio de la autoridad no promovía la libertad de pensamiento, y seguro iba de la mano con una enclenque cultura pública, que reducía los espacios de creatividad para las mujeres.

Esta tendencia parecería ilustrarse en el mismo caso de Laura Esther Rodríguez Dulanto. Luego de graduarse, ejerció la medicina en un mundo de mujeres, aunque tuvo una vida pública activa, sobre todo en función de agrupaciones de diverso tipo; en las fronteras de lo público. Por ejemplo, durante el conflicto bélico con el Ecuador en 1910 organiza la Unión Patriótica de Señoras; también se encarga de la Escuela de Enfermeras. Como médica propiamente cuida a aquellas que estudiaban en la Escuela Normal de Mujeres durante 18 años. También veló por la salud de las alumnas del Liceo Fanning y de las mujeres enclaustradas en los conventos de la Concepción, Jesús María y Nazarenas. Pese a todo, las profesionales encontraban en los recintos educativos una mayor autono-

76. En México, Argentina y Chile, las futuras profesionales debieron también solicitar un permiso especial de la autoridad gubernamental para ingresar a la universidad. En México, Montoya contó con el decidido apoyo del presidente Porfirio Díaz (Sánchez Manríquez 2006).

77. Resolución legislativa del 19 diciembre de 1895. Por medio de esta norma, el Congreso le asigna una subvención de 40 soles mensuales a María Esther Rodríguez Dulanto para que continúe sus estudios en la Facultad de Medicina.

mía, aunque lo exiguo del salario no siempre la garantizara. Según Pamo-Reyna, hubo una censura social, una hostilidad implícita que alejó a la primera médica de los hospitales y del consultorio privado (2007: 115). Sin embargo, habría que conocer cómo la médica peruana vivió dicha experiencia, y si hubo un contraste entre sus aspiraciones y su trabajo propiamente. Es posible que se sintiera más cómoda en los ambientes segregados libres de la hostilidad masculina. El auspicio de un patriarca como Piérola si bien le dio a Rodríguez Dulanto un impulso importante, mantenía vigentes prácticas que socavaban la ampliación del espacio público amable con las mujeres.[78]

En 1901, Esther Festini sustenta en la Facultad de Letras, "El rol que corresponde a la mujer en la sociedad es el que determina su educación", y así alcanza el bachillerato. Persistió y en 1904 presenta *Cuestiones relativas a la educación femenina* (Festini 1904) para graduarse como doctora en la misma facultad. En la primera tesis admitió la posibilidad de que las mujeres ejercieran los derechos civiles, pero señaló rotundamente que no los políticos, pues sus esfuerzos tendrían que invertirse en la formación de ciudadanos. No obstante, en su tesis doctoral postuló que la mujer debía ser educada no solo para el beneficio de la sociedad, sino para su propia autonomía y autocontrol. Según Festini, en épocas de grandes cambios como la que se vivía, la educación racional y la disciplina moral, y ya no la fe, eran las garantías de la virtud femenina. Para ella, el destino social de las de su sexo no era competir en el terreno de lo viril, sino perfeccionar la vida privada e indirectamente, la pública, a través de una educación escolarizada y ya no solo en la casa con la madre. En su tesis doctoral señala que estudia

> [...] las causas determinantes de la psicología de la mujer, y el papel que, según su naturaleza, está llamada a desempeñar en la sociedad, el derecho, que como el hombre tiene a la educación. Este derecho hoy indiscutible ha sido suficientemente comprobado, habiendo llegado algunos pensadores de nota proclamar la identidad en la educación de ambos sexos [...] la educación idéntica en el hombre y en la mujer no la creo posible dada la diferencia en la combinación de las facultades y en su diverso desenvolvimiento. (Festini 1904)

---

78. Diez años antes de la aprobación de la ley que hiciera libre el ingreso de las mujeres a las universidades, en 1898, Esther Festini asistía a cursos de pedagogía y al año siguiente se matriculaba como alumna regular en Letras; había conseguido el permiso. En 1898 había en Letras 154 alumnos. A Festini se le dispensó del examen de instrucción media para ingresar a la universidad a través de la resolución legislativa del 7 de diciembre de 1899. Ocurrió algo similar con María Luisa Molinares, a quien gracias a otra resolución legislativa del 29 noviembre 1902 se le declaró expedita para matricularse en la Facultad de Letras. La dispensa era un ejercicio personal del poder y un tipo de control sobre la vida de las mujeres.

Pese a su postura conservadora con respecto a los derechos de las mujeres, Esther Festini llegó a ingresar como socia a "Evolución Femenina", convocada por su fundadora, la pedagoga feminista María Jesús Alvarado, en su afán de sumar esfuerzos a favor de la emancipación femenina. Los temas de tesis, sobre todo en la Facultad de Letras, versaron sobre la importancia de la educación de las mujeres, y esta puede haber sido parte de la atmósfera que allanó el camino para la aprobación de la ley de 1908 que las liberó del permiso. Las estudiantes que ingresaron luego de ese año, es decir libres del permiso, estuvieron animadas por una actitud más desenfadada con respecto a los derechos de las mujeres y a las fuentes de la desigualdad. Se puede mencionar a la abogada Miguelina Acosta como un ejemplo de las transformaciones de la sociedad de la época, de las que la abolición del permiso es una muestra (Mannarelli 1999, 2013).

Se puede suponer que entre las implicancias del permiso estaban las limitaciones para ejercer la libertad de pensamiento, que recortaba las posibilidades críticas y creativas de las mujeres. Además, es claro que este recurso hacía de las autoridades públicas símiles de patriarcas domésticos. Ello se nota en buena parte de los argumentos usados para oponerse, como se ha visto, a que las mujeres compartieran con los hombres un mismo espacio como un aula universitaria. El permiso no solo las afectaba a ellas y les recordaba su condición de tuteladas, sino que las instancias públicas seguían impregnadas de la domesticidad, en la medida en que la autorización que daban estaba solo parcialmente sustentada en la palabra escrita y en los hechos se trataba de una interpretación paternalista de la ley. Por tal motivo, es interesante pensar que la ley de 1908 que les permitió el ingreso libre a las universidades fue un gesto de la modernización del Estado, en la medida en que parecía deshacerse de una de sus prerrogativas prebendalistas.

Cambios a favor de la ley de 1908

Los afanes de Trinidad Enríquez, a la vez que despertaron las defensas de las prerrogativas masculinas, estuvieron a su vez entrelazados con el cauce marcado por las veladas literarias limeñas auspiciadas por la salteña Juana Manuela Gorriti en los años setenta del siglo XIX. En el salón de Gorriti, en distintos momentos de esa década, tuvo lugar una inusitada actividad literaria y ensayística en la que las mujeres tuvieron un nítido protagonismo. Asistentes como Carolina Freyre de Jaimes, Clorinda Matto de Turner, Mercedes Cabello, Teresa González de Fanning, entre otras, trascendieron el salón cuando se embarcaron en aventuras periodísticas que transformaron la cultura pública de la época. Fundaron y dirigieron varias revistas, como *El Álbum* (1874), *El Correo del Perú* (1871-1878) y *La Alborada* (1874 y 1875) (Batticuore 1999; Berg 2011, 1995; Denegri 1996: 49; Portugal 1987; Tauzin-Castellanos 1995: 161-187). Escribieron sobre la urgencia de extender la educación femenina y dignificaron el trabajo de las mujeres cuando lo asociaron a su autonomía; criticaron los matrimonios arreglados, la manera en que se organizaba la casa y ciertos aspectos del ejercicio del poder político. Empujaron las fronteras de lo doméstico y de los cánones tradicionales de la escritura. Mercedes Cabello publicó su gravitante "Influencia de la mujer en la civilización" en 1874.[79]

Estos fueron los primeros planteamientos sobre los derechos de las mujeres en las que estas tomaron la palabra; antes la palabra viril se había sentido a sus anchas para definir las funciones del "bello sexo". Sin embargo, la reacción dijo de varias maneras que la escritura era tarea de hombres y que a estas se les veía ridículas escribiendo; que dicha actividad iba en desmedro de las tareas domésticas; y finalmente, como eran frívolas y de poca ilustración, lo harían mal (Denegri 1996: 44). Tales declaraciones decían más de los hombres y de su actitud defensiva que de aquellas cuyas ideas incomodaban el orden establecido. Escribir era de hombres, que lo pretendieran las mujeres desmedraba las labores domésticas; además, no tenían mayor cosa que decir. El discurso masculino las retrató en varias imágenes; entre ellas estuvo aquella donde estaban "esgrimiendo la espada de las amazonas", que muestra la fantasía de castración que componía parte importante del espectro ansioso masculino. Según Teresa González de Fanning, hombres y mujeres les tenían profunda aversión a las escritoras.

La incursión de las mujeres en el espacio público a través de la prensa coincide con que en 1873 el presidente Manuel Pardo contemplaba la descentralización de la educación pública, encargándole a las municipalidades la tarea educativa, y hacía obligatoria la escuela primaria. Sin embargo, la segunda enseñanza para aquellas comprendió únicamente las materias del tercer grado de la primaria, más elementos de retórica y poética, historia universal, lenguas vivas, caligrafía, dibujo, música y labores de mano con carácter facultativo.[80] En aquellos días circulaban también noticias sobre la creación de escuelas normales para formar maestras en Cusco, Cajamarca y Junín; en 1876 se crea la Escuela Normal de Mujeres en Lima; precisamente cuando Trinidad Enríquez escribía en el semanario cusqueño *El Recreo*, que publicó regularmente Clorinda Matto de Turner durante ese año.

79. *El Correo del Perú*, año IV, número extraordinario, 31 de diciembre 1874: XXVI.

80. Basadre citado por Pinto (2003: 176).

Estudiantes universitarias, como Laura Esther Rodríguez Dulanto (Supe, 1872-Lima, 1919), que en 1900 se recibiera en San Marcos como la primera médica peruana, no vacilaron en incluir en sus tesis tanto su admiración como sus advertencias frente a la nueva luz de la ciencia. Las mujeres escribían fascinadas por "la esplendorosa luz de nuestro siglo"; no querían rezagarse ante "esa fuerza incontrastable" que impulsaba el progreso. Eran parte de esa ilusión colectiva que aunaba aspiraciones femeninas íntimas; se sentían alumbradas por los fulgores de la civilización. El progreso, percibido como un impulso irresistible, era tan deseado como temido; el fanatismo y el ateísmo se agazapaban en los recodos de su cauce. Progresar significaba redimirlas de su ignorancia, del oscurantismo, pero también desgajarlas de la casa; algunos se tomarían el trabajo de encajarlas de otra forma y otros se resistieron a secas. De cualquier modo, la nación necesitaba de mejores y educadas madres. Pero las demandas femeninas con un tono cada vez más propio, llevaron a la superficie temores escondidos; el cambio exigía renuncias insospechadas, pero paradójicamente, presentidas.

Hacia los inicios del siglo XX, Lima se expandía, el espacio público adquiría cierta nitidez: nuevos paseos y avenidas, ferrocarriles conectaban nuevos lugares entre sí. Se construyó el Paseo Colón y se trazó la avenida Brasil en dirección a Magdalena. Se inició la avenida de La Colmena en dirección al Callao. Se levantaron nuevos edificios, como el de la Casa de Correos. Se crearon algunas sociedades para la atención de la ciudad, como la Compañía del Ferrocarril Urbano, la Compañía de Gas Acetileno, la de Fuerza Eléctrica, la de Agua Potable, pero solo para Miraflores. La gente se entusiasmó con el fonógrafo en 1896, y ese mismo año las manos de Nicolás Piérola y de Ricardo Palma fueron vistas a través de los rayos X. Funcionó el primer cinematógrafo en 1897. Los habitantes de la ciudad empezaron a usar a mayor escala el teléfono, al mismo tiempo que arribaron los primeros automóviles en 1908. El Estado se modernizaba: hubo señales de un mayor monopolio de la violencia, que iba aunado a cambios en el sistema de impuestos y a la reforma del Ejército.[81] Hombres, pero sobre todo mujeres, encontraron cada vez más trabajos fuera de casa. Por otro lado, las obreras participaron en las huelgas por la jornada de las ocho horas y otras reivindicaciones afines. La autonomía empezaba a componer el horizonte de las mujeres, pero la plenitud que esta conllevaba era hipotética: el asedio sexual campeaba y muchas veces de-

81. En 1898 se creó la Escuela Militar de Chorrillos. Ese mismo año se estableció el servicio militar obligatorio y se promulgó el primer Código de Justicia Militar. Tales medidas ayudaron a encauzar las aspiraciones caudillistas y a regular las pulsiones tanáticas que marcaron las décadas anteriores (Velásquez 2013).

bían retroceder en sus afanes libertarios. Angélica Palma (1883-1935) hizo de este tema un argumento central en su novela *Vencida*, que publicó en 1916.

Luego de la derrota en la guerra con Chile, el anticlericalismo adquirió rasgos más radicales y diferenciados: se discutía la nacionalización de los cementerios y la instauración del matrimonio civil, por ejemplo; las actividades de los metodistas en Lima, lo mismo que la de los adventistas en la capital y en altiplano puneño, fueron advertidas con hostilidad por la Iglesia católica. La tolerancia de cultos se aprueba formalmente en 1915, lo que no llevó consigo una laicización del Estado. Tanto así, que un esfuerzo editorial inédito, como *La mujer peruana*, revista del Estado que en 1916 fuera destinada especialmente a las maestras de todo el país, fue dirigida por una militante católica conservadora como Lastenia Larriva de Llona, que a fines del siglo XIX enfrentara a Mercedes Cabello en la incómoda situación originada por su discurso anticlerical en el Liceo Fanning (Mannarelli 2013).

Pese a que solo en 1915 se aprobó la libertad de cultos en el Perú, el periodo que nos interesa está atravesado por una tensión producida por las posturas secularizadoras y críticas al sector clerical y las respuestas de la Iglesia en su esfuerzo por proteger sus fuentes de control social y sus propios fueros. La educación de las mujeres fue uno de los temas que afectó la controversia entre clericales y críticos de la conducta de la Iglesia. Después de la guerra con Chile, vanguardistas como Teresa González de Fanning, Mercedes Cabello y Clorinda Matto, en sus demandas por la expansión secundaria de las mujeres y por la dignificación del trabajo femenino, se enfrentaron a la Iglesia y a los grupos conservadores de la sociedad de su tiempo. Las seguirían otras, como María J. Alvarado, quien en 1911 suma una postura feminista a las demandas anteriores (Zegarra 2016). Ya hacia la segunda década del siglo XIX se hizo más explícito el reclamo por el divorcio y el matrimonio civil, donde las vanguardistas convergen con los médicos, los masones y el anarco sindicalismo. Entonces, la ley de 1908 puede tomarse como la culminación de un proceso impulsado en buena parte por la prédica de la vanguardia femenina que ocupaba el espacio público a favor de la educación de sus congéneres y de la igualdad de derechos para los sexos.

Constelaciones femeninas y reflexiones finales

En febrero de 1876, Trinidad Enríquez, mientras cursa el bachillerato en la universidad del Cusco, publica en *El Recreo, Semanario de Literatura, Ciencias, Artes y Educación.* Se trata del primer número del semanario que dio a luz su fundadora, Clorinda Matto de Turner, que en el Cusco se disputaba lectores con *El Ferrocarril*, *El Inca* y *El Pueblo*. Es un artículo de Trinidad dedicado a su querida amiga doña Clorinda Matto de Turner, que titula "Decepción"; habían pasado alrededor de dos años desde que iniciara su solicitud para ingresar a la universidad, y uno desde que se matriculara con un permiso especial. Parece un autorretrato y el tono es de congoja. La bella flor, cubierta de rocío y verdor, está seca, marchita, mustia.[82] En el número 2 del 18 del mismo mes, Clorinda Matto está fuera de la ciudad, en Tinta, y Trinidad se encarga de "Mosaico", una sección de la revista que registraba acontecimientos importantes y que escribía Matto. El encargo es una muestra de la cercanía y la confianza que había entre ambas; quizás una forma de reconocer a Trinidad y de hacerla parte de algo para ambas imprescindible: el periodismo y la producción de ideas.

A través de *El Recreo*, Trinidad Enríquez estuvo conectada con las mujeres de la región que compartían sus ideas. Como cronista y articulista de ese semanario, estuvo en el grupo de colaboradoras formado, entre otras, por Juana Manuela Gorriti y Mercedes Cabello. A esta publicación llegaba *El Álbum*, *La Alborada*, *El Correo del Perú*. Se conocen entre sí, intercambian opiniones y construyen solidaridades. Trinidad, por ejemplo, inspirada en esas promesas que la humanidad parecía ofrecer, se animó a revertir una "condición que le fue impuesta". Estaban informadas de cómo sus congéneres dejaban de estar ligadas a la casa de modo exclusivo e incursionaban, no sin gran ansiedad, en distintas esferas del mundo público. Incluso estas novedades que remecían y emocionaban la sensibilidad femenina, eran divulgadas a través de las publicaciones en las que escribían.

No están solas ni aisladas. Desde Argentina, llega al Cusco *La Ondina del Plata*, del que Trinidad Enríquez reproduce en *El Recreo* la siguiente comunicación:

> Siga la distinguida Sra. Mercedes C. de Carbonera el arduo camino en que se ha empeñado. Sin dar oídos a falsas y míseras hablillas, hijas de la emulación, que con las dotes que la adornan como escritora y la esquisita sensibilidad que nos revela en sus trabajos, llegará a ocupar el alto puesto al que es acreedora desde su primer trabajo.[83]

El apoyo a Cabello llegaba desde Argentina y el Cusco gracias al trabajo periodístico de Matto, y Trinidad Enríquez era una pieza clave para su transmisión. También se divulga cómo un grupo de mujeres de Lima expresó su solidaridad y aprecio por los logros conseguidos por Trinidad en la universidad (Ramos y

82. *El Recreo*, febrero de 1876: 5.

83. *El Recreo*, 17 de junio 1876: 140.

Baigorria 2005: 57, 60-62). Marcela Gómez, profesora y directora del recién formado Colegio Municipal de Niñas del Tercer Grado de Primaria de Lima, convocó a un grupo de mujeres que le envía a Trinidad una esmerada medalla (Glave 1997).

El artículo de Trinidad sobre la amistad, dedicado a Clorinda Matto, es clave para entender una modernidad compuesta también por las relaciones entre las mujeres y la palabra escrita, ámbitos donde se gesta la distancia frente al parentesco.

> Qué dificultades encontramos al comenzar a escribir un artículo y más cuando deceamos [sic] que salga bueno y conocemos nuestra incompetencia. Esta desconfianza hace también que todo lo que hacemos salga mal. Con esta seguridad me resuelvo a dar publicidad a este mi pequeño trabajo que no tiene otro mérito que estar dedicado a mi simpática e inteligente amiga S. Clorinda Matto de Turner, como prueba de mi predilección y sincero cariño que le profeso y en pago de una deuda sagrada.[84]

Las palabras propias nos acercan a sus sentimientos ante la escritura y a sus reflexiones sobre sí mismas en ese ejercicio personal:

> ¿Nosotras las mujeres, condenadas a recibir una educación muy incompleta y a no leer más libros que nuestros devocionarios, podremos escribir algo que merezca ser leído por lo menos cuando carecemos del talento y gusto, privilegio de los que reciben una esmerada educación y cultivan su inteligencia con vastos y penosos estudios, y más aún al ver que la envidia, la mordacidad y el sarcasmo reinan todavía en nuestro país? Pero el público debe juzgar con indulgencia nuestros escritos; debe solo ver en nuestros ensayos el deceo [sic] de trabajar por el adelanto de nuestro sexo, y los esfuerzos que hacemos porque se sienta más vivamente la necesidad de dar a la mujer una educación completa y esmerada.[85]

Algunas siguieron apelando a la palabra escrita luego de terminar sus carreras. La vida universitaria y el desempeño profesional las llevaron a alimentar el universo escrito y el del conocimiento. Laura Esther Rodríguez Dulanto, por ejemplo, investigó sobre la tuberculosis y presentó una ponencia al respecto en el V Congreso Médico Latinoamericano celebrado en Lima, en 1913: "La necesidad de la declaración obligatoria de la tuberculosis pulmonar y del establecimiento de sanatorios por el Estado" (Díaz 2007: 184).

---

84. *El Recreo* (4), 1876: 44.

85. Ibíd.

Las universitarias estuvieron articuladas con la escuela y la educación de las mujeres de diversas maneras, pese a que las puertas de la secundaria estaban cerradas para estas; era esta una tradición que sin duda había recorrido buena parte del siglo XIX. Cada una expresó de acuerdo con su propia experiencia el significado que tenía el conocimiento para las mujeres. Trinidad Enríquez, como vimos, inauguró en su propia casa el Colegio Superior para señoritas, además de una escuela para obreros y artesanos; Esther Festini crea el Liceo Grau, que fue el primer colegio de mujeres que funcionó en un local expresamente diseñado para la educación. Rosa Dominga Pérez Liendo también abre una escuela para "señoritas". María Jesús Alvarado funda además de Evolución Femenina, la Escuela Moral y Trabajo para las muchachas sin mayores recursos ni relaciones que pudieran protegerlas. Estas creaciones querían fisurar el monopolio que la Iglesia y sus congregaciones tenían en ese campo, al tiempo que instituían conexiones por las que cursaban nuevas posibilidades vitales.

Cuando vemos emerger el mundo que las mujeres fueron construyendo, advertimos la importancia de los actores individuales en el desenvolvimiento de los procesos; reconocemos sus interacciones como parte de un conjunto de interdependencias. Hubo un nexo cada vez más visible entre las que buscaron una profesión a través de la educación superior y las que ampliaban la cultura pública a través del periodismo, la literatura y la producción de ensayos que alimentaron la poli.

Algunas veces, dicha cercanía se expresó de modo explícito, por ejemplo, cuando Margarita Práxedes Muñoz le dedica su tesis a Mercedes Cabello, reconociendo su inspiradora obra. Existió una especial amistad entre Trinidad Enríquez y Clorinda Matto, manifestada en el espacio que la primera disfrutó en *El Recreo*, y de la que ambas dieron cuenta en distintos momentos. La prensa reunía a mujeres y el protagonismo de estas en las publicaciones creó un espacio que les permitía distinguirse del parentesco, en la medida en que su estar en lo público implicó construir una opinión propia; no sin exponerlas a la mordacidad de los hombres y de los grupos conservadores.

Lo pequeño del grupo de mujeres que experimentaron la educación superior a fines del siglo XIX y principios del XX se explica por una convergencia de circunstancias. El dominio de la palabra escrita, en sus diversas dimensiones y formatos, estaba asociado a la élite. Al mismo tiempo, las mujeres de los grupos dominantes no se interesaban por la educación universitaria. Más bien les atraía, y sobre todo a sus familias, un buen ingreso al mercado matrimonial. No estaba en su horizonte vital educarse fuera de casa y su exposición pública atentaba contra el honor y el estatus. El código civil, pese a su discreto uso, actuaba como una barrera legal.

No existía la escuela secundaria para mujeres, lo que era una traba ostensible para continuar estudiando en la universidad. El permiso que debía obtenerse podía ser percibido como un favor, por lo que debía en principio retribuirse, lo que podía ser una forma de sometimiento que las mujeres o sus familias preferían evitar. Además, había que estar social y físicamente cerca de aquellos que eran los facultados para conceder semejante gracia.

Si bien las protagonistas que convoca este texto sufrieron serias restricciones propias del mundo privado para explorar sus vidas, incursionaron en el periodismo, el ensayo y la novela. Las mujeres que vivieron la educación superior valoraron el escribir en sus múltiples formas y estaban inmersas en una atmósfera donde esto era vital. La palabra escrita organizó la experiencia de la educación femenina superior. Aquellas no solo se interesaron por su formación profesional y el conocimiento, sino que establecieron lazos significativos con las escritoras y vanguardistas contemporáneas, más allá de fronteras locales y nacionales. Es decir, construyeron "constelaciones femeninas" que vislumbramos llevan a trascender una historia tradicional que las percibe como heroínas, dados sus logros en el mundo masculino, o como personajes excepcionales, aislados de una historia de lazos construidos más explicativa. Por último, proponemos pensar estas relaciones de amistad entre las mujeres como un despliegue del sujeto y, por lo tanto, de la modernidad, en la medida en que les permitían distanciarse del parentesco.

Bibliografía

Aljovín, Cristóbal y Marcel Velázquez

2014 *La reforma educativa liberal, 1860-1879.* Colección Pensamiento Educativo Peruano, vol. 6. Lima: Derrama Magisterial.

Batticuore, Graciela

1999 *El taller de la escritora: veladas literarias de Juana Manuela Gorriti, Lima-Buenos Aires (1876/7-1892).* Santa Fe: Beatriz Viterbo Editora.

Berg, Mary

1995 "Writing for her life: The essays of Clorinda Matto de Turner". En Doris Meyer (ed.). *Reinterpreting the Spanish American essay: Women writers of the 19th and 20th centuries.* Austin: University of Texas Press.

2011 "The feminist essays of Clorinda Matto de Turner". En Thomas Ward (ed.). *Mujeres ilustradas del Perú.* Ed. Loyola University of Maryland.

Boswell, John

1993 *Cristianismo, tolerancia social y homosexualidad: los gays en Europa occidental desde el comienzo de la era cristiana hasta el siglo XIV*. Barcelona: Muchnik.

Both, Frieda

s/f "A nuestra compañerita... Mujeres y el movimiento obrero de Lima, 1900-1930". Manuscrito. Lima: Biblioteca del Centro de la Mujer Peruana Flora Tristán.

Cano, Gabriela

2012 "Ansiedades de género en México frente al ingreso de las mujeres a las profesiones de medicina y jurisprudencia". Projeto História. *Revista do Programa de Estudos Pós-Graduados de História*, 45: 13-28.

Cornejo Bouroncle, Jorge

1949 *Sangre andina. Diez mujeres cusqueñas*. Cusco: H. G. Rozas, Sucesores, librería e imprenta.

Denegri, Francesca

1996 *El abanico y la cigarrera: la primera generación de mujeres ilustradas en el Perú*. Lima: Instituto de Estudios Peruanos y Flora Tristán.

Díaz, Héctor

2007 "Primera médica peruana, Dra. Laura Esther Rodríguez Dulanto (1872-1919)". *Anales de la Facultad de Medicina de la Universidad Nacional Mayor de San Marcos*. Lima: Universidad Nacional Mayor de San Marcos.

El Recreo

1876-1877 *El Recreo, Semanario de Literatura, Ciencias, Artes y Educación*. Cusco.

Festini, Esther

1904 *Cuestiones relativas a la educación femenina*. Lima: Imprenta Guillermo Stole.

García Calderon, Francisco

1879 *Diccionario de legislación peruana. Segunda edición corregida y aumentada con las leyes y decretos dictados hasta 1877*. Dos tomos. París: Librería de Larroque Jeane.

Gay, Peter

1992 *La experiencia burguesa de Victoria a Freud. Tomo I: La educación de los sentidos*. Ciudad de México: Fondo de Cultura Económica.

Glave, Luis Miguel

1997 *Dama de sociedad, Trinidad María Enríquez, Cusco 1846-1891*. Lima: Red Nacional de Promoción de la Mujer.

González de Fanning, Teresa

1905 *Educación femenina. Colección de artículos pedagógicos, morales y sociológicos*. Lima: El Lucero.

Gutiérrez, Tania

2005 *Trinidad Enríquez, primera universitaria y precursora social peruana*. Cusco: Gutiérrez Samanez Editores.

Hintze de Molinari, Gloria

2001 "Las mujeres y las relaciones de intelectuales". *Revista Universum*, 16: 361-373. Universidad de Talca.

Laqueur, Thomas

1994 *La construcción del sexo: cuerpo y género desde los griegos hasta Freud*. Madrid: Cátedra.

Mannarelli, María Emma

1999 *Limpias y modernas: género, higiene y cultura en la Lima del novecientos*. Lima: Ediciones Flora Tristán.

2009-2010 "El debate sobre la educación de las mujeres y las primeras universitarias en San Marcos 1895-1919". Informe de investigación. Lima: Instituto de Investigaciones Histórico Sociales, Facultad de Ciencias Sociales, Universidad Nacional Mayor de San Marcos.

2013 *Las mujeres y sus propuestas educativas, 1870-1930*. Lima: Derrama Magisterial.

Mannarelli, María Emma y Margarita Zegarra

2011 "María Jesús Alvarado Rivera, políticas de autonomía, feminismo y ciudadanía femenina". En Ministerio de la Mujer y Desarrollo Social (coord.). *Homenaje a María Jesús. La incursión de las mujeres a los estudios universitarios en el Perú: 1875-1908. A 100 años del Primer Manifiesto Feminista, 1911-2011*. Lima: Ministerio de la Mujer y Desarrollo Social.

Maticorena, Miguel

2001 "Mujeres célebres de la Universidad de San Marcos". *Revista del Archivo General de la Nación*, n.° 22.

PALMA, Angélica

1918 *Vencida. Ensayo de novela de costumbres*. Barcelona: P. Salvat.

PAMO-REYNA, Óscar

2007 "Una visión histórica de la participación femenina en la profesión médica". *Revista de la Sociedad Peruana de Medicina Interna*, 20 (3): 109-122.

PERROT, Michelle

2009 *Mi historia de las mujeres*. Buenos Aires: Fondo de Cultura Económica.

PINTO, Ismael

2003 *Sin perdón y sin olvido: Mercedes Cabello de Carbonera y su mundo*. Lima: Universidad San Martín de Porres.

PORTUGAL, Ana María

1987 *Mercedes Cabello, o el riesgo de ser mujer*. Lima: Centro de Documentación sobre la Mujer.

RAMOS, Carlos y Martín BAIGORRIA

2005 *Trinidad María Henríquez: una abogada en los Andes*. Lima: Palestra.

RODRÍGUEZ DULANTO, Laura E.

1898 *Estudios geológicos en la provincia de Chancay*. Lima: Imprenta Liberal.

SÁNCHEZ MANRÍQUEZ, Karen

2006 "El ingreso de la mujer chilena a la universidad y los cambios en la costumbre por medio de la ley 1872-1877". Disponible en: <http://dx.doi.org/10.4067/S0717-71942006000200005>.

SIMMEL, George

1999 [1911] *La cultura femenina y otros ensayos*. Barcelona: Alba.

SOBREVILLA PEREA, Natalia

2003 "Ideas europeas en la educación a mediados del siglo diecinueve en el Perú y su repercusión política". Ponencia presentada en la Asociación de Estudios Latinoamericanos (LASA), Dallas, Texas, 27-29 de marzo.

TAUZIN-CASTELLANOS, Isabelle

1995 "La narrativa femenina en el Perú antes de la Guerra del Pacífico". *Revista de Crítica Literaria Latinoamericana*, 42: 161-187.

Velásquez, David

2013 "La reforma militar y el gobierno de Nicolás de Piérola. El Ejército moderno y la construcción del Estado peruano". Tesis para optar el grado académico de magíster en historia, Universidad Nacional Mayor de San Marcos, Facultad de Ciencias Sociales, Unidad de Posgrado.

Villanueva Urteaga, Horacio

1963 *La Universidad Nacional de San Antonio de Abad del Cuzco*. Cusco: Ed. H. G. Rozas S. A.

Zegarra, Margarita

2016 *María Jesús Alvarado. La construcción de una intelectual feminista en Lima (1878-1915)*. Lima: Fondo Editorial del Congreso de la República.

Archivos consultados

Archivo Histórico Domingo Angulo de la Universidad Nacional Mayor de San Marcos: Libro de Matrícula de la Facultad de Ciencias, varios años; Libro de Matrícula de la Facultad de Jurisprudencia, años 1914 y 1916.

Margarita Práxedes Muñoz:
la primera bachiller en Ciencias del Perú (1848-1909)[1]

Fanni Muñoz

> Creo que si vivimos un siglo más o así —hablo de la vida común, que es la vida real y no las pequeñas vidas separadas que vivimos individualmente— y tenemos cada una quinientas libras al año y cuartos propios, si tenemos la costumbre de la libertad y la valentía de escribir exactamente lo que pensamos, si nos alejamos un poco de la sala de estar común y vemos las criaturas humanas no solo en relación entre sí sino en relación con la realidad [...] entonces llegará la ocasión que la poetisa muerta que fue la hermana de Shakespeare se ponga el cuerpo que tan a menudo ha depuesto. (Virgina Woolf, *Un cuarto propio*)[2]

Introducción

María Margarita Magdalena Muñoz, más conocida como Margarita Práxedes Muñoz, fue la primera mujer bachiller en Artes y Ciencias de la Universidad Nacional Mayor de San Marcos, título que obtuvo en 1890 (*El Perú Ilustrado* 1890, Fernández 2012). Su experiencia forma parte de una tradición de mujeres ilustradas de la segunda mitad del siglo XIX que lucharon por sus derechos, entre ellos, el del acceso a la educación superior, y expresaron sus ideas sobre el ideal

1. Las ideas que se desarrollan en este artículo se enmarcan en una investigación de mayor envergadura, que venimos desarrollando con María Emma Mannarelli, sobre las mujeres y la construcción del espacio público durante la "República Prometida" (1823-1928). Este proyecto de investigación ganó el Concurso de los Proyectos de Investigación convocado por la Dirección General de Investigación de la Pontificia Universidad Católica del Perú en el año 2015.

2. Woolf 2003 [1929]: 151.

de nación que se quería forjar y el papel que le correspondía a la mujer en dicha sociedad, especialmente durante el periodo de posguerra. Muñoz emprendió el reto de ingresar a la universidad cuando las mujeres no tenían garantizada la educación secundaria, ni el derecho a acceder a una formación superior. Al igual que sus contemporáneas de otros países, tanto en Latinoamérica como en Europa,[3] el proceso por el cual las primeras mujeres lograron ingresar al espacio universitario se llevó a cabo en un campo de lucha en el que ellas se atrevieron a transgredir las fronteras del espacio privado, de la domesticidad, en el cual habían sido ubicadas en su condición femenina, excluidas del espacio público. Llama la atención el interés que mostró Margarita Muñoz por el campo de la ciencia, al igual que otras mujeres,[4] en un contexto en el que las mujeres en el Perú no se interesaban por esta disciplina. Ello explica por qué Muñoz decide viajar a Chile después de obtener su grado de bachiller, país en el cual vive durante cinco años (1890-1895) y donde se dedica a los estudios de neurología —bajo las enseñanzas del doctor Orrego Luco (García y García 1925, tomo II: 465)—, así como al desarrollo y difusión de la filosofía positivista. Posteriormente, radicó en Argentina durante 14 años, donde falleció el 21 de enero de 1909 en pleno ejercicio de la medicina y con una amplia trayectoria intelectual.

Interesa analizar el recorrido de Muñoz, personaje poco investigado del grupo de mujeres ilustradas de una generación marcada por la ruptura y los profundos cambios que experimentó la sociedad peruana luego de la Guerra del Pacífico. Si bien existen estudios sobre Margarita Práxedes Muñoz que se han circunscrito a su trayectoria como filósofa positivista —entre ellos los trabajos de De Lucía (2015), Fernández (2012), Rojas Benavente (2015), Tauzin (1996)—, no se cuenta con investigaciones que analicen su lucha por acceder a la universidad. Así, una deuda pendiente es reconstruir la trayectoria de esta intelectual feminista dedicada a la ciencia y con una presencia en el espacio público a través de su actividad científica, así como de la prensa y la literatura.

Este artículo se inserta en una línea de investigación mayor que pretende dar cuenta de la historia de la participación de las mujeres en la vida pública durante los últimos años del siglo XIX, las redes en las que interactuaron y la lucha que tuvieron que emprender por el acceso a la universidad, un espacio predominantemente masculino. Asimismo, busca dar cuenta de la construcción de nuevos sentidos para aquellas mujeres que a través de la educación y la escritura participaron de forma novedosa en el espacio público. Por ello, solo se analizará la primera

3. Véase la investigación de Consuelo Flecha (1996).

4. Es el caso de Esther Rodríguez Dulanto y Eudocia Pauta, entre otras.

etapa de la formación de Margarita Práxedes Muñoz como intelectual y mujer de ciencia, que corresponde a su estadía en Perú.

Margarita Práxedes Muñoz y la condición de la mujer en el Perú en el siglo XIX (1860-1890)

Margarita Práxedes Muñoz nació probablemente en Lima en 1862[5] y murió en Argentina (Añatuya) en 1909, a la edad de 47 años. Fue hija de José Muñoz y María Seguín, y pertenecía a una familia educada, con una posición económica estable e inmersa en una tradición liberal y laica (De Lucía 2009). Aunque es difícil reconstruir su biografía, diversas fuentes permiten inferir que, dada su condición económica y social, Margarita realizó estudios secundarios de manera privada, siguiendo el Reglamento de Instrucción Pública de 1850 (Mac-Lean y Estenos 1944: 211). Debió recibir las clases que se consideraban propias de su sexo, como dibujo, costura llana, deshilado, bordado, reglas de urbanidad, moral, economía doméstica, aritmética, francés, geografía descriptiva y religión (1944: 212). Su infancia y juventud transcurren en el periodo del gobierno de Ramón Castilla (1846-1851), caracterizado por una estabilidad política como consecuencia del denominado *boom* del guano y el salitre, hecho que permitió la constitución de las bases de un Estado moderno, el surgimiento de la incipiente burocracia estatal y la puesta en marcha de una propuesta de modernización y conformación de espacios públicos. Asimismo, el liberalismo,[6] corriente asumida por la élite política

5. Existe una controversia sobre la fecha de su nacimiento. Como anota De Lucía (2009), este dato resulta poco claro y requiere de mayor investigación. Tanto Isabelle Tauzin Castellanos (1996) como Christian Fernández (2012) sostienen que nace en 1862, sobre la base de la documentación obtenida en el archivo de la Universidad Nacional Mayor de San Marcos-UNMSM (fecha a la que nos adscribimos). Otra es la información que proporciona Rubén Quiroz, quien presenta un acta de bautizo con fecha de 1848 (Quiroz 2014). También Denegri señala el año de 1848 (Denegri 2004 [1996]. Este es un tema que aún se tiene que esclarecer, puesto que en los libros de matrícula de la UNMSM, se identifica que en el año 1882, cuando Muñoz se registró por primera vez para estudiar en la Facultad de Letras, ella se inscribió indicando que tenía 25 años. Un año después, en 1883, en el registro de matrícula a la misma facultad, indicó que tenía 27 años de edad. En consecuencia, de acuerdo con dicha información, el primer año resultaría con fecha de nacimiento en 1857, mientras que en el segundo se deduce el año de 1855. Cinco años después, en 1888, regresó a la UNMSM para estudiar en la Facultad de Ciencias, se inscribió con la edad de 26 años, y para cursar el segundo año en esa misma facultad en 1889, indicó tener 27 años (Archivo Domingo Angulo de la UNMSM, 1880-1885).

6. Por liberalismo entendemos la relación entre una doctrina económica liberal y un pensamiento liberal idealista, es decir, sin crítica a la estructura oligárquica ni a la Iglesia. Sobre el liberalismo en el Perú, véase Águila (2013: 2012-213), Del Castillo (2000) y Portocarrero (1996).

y representada por el partido civilista, cuya figura central fue Manuel Pardo,[7] marcó una impronta en la construcción de su trayectoria como intelectual. En 1860, Pardo era un prominente hombre de negocios, un reconocido político y un ferveroso promotor de las promesas de la modernización y el progreso del país bajo los principios de la migración, el trabajo y la educación. Dichas propuestas serán impulsadas por la *Revista de Lima* (1859-1863) —fundada por José Antonio de Lavalle y Toribio Pacheco—, un órgano de difusión de ideales liberales y el primer medio impreso interesado en incluir contribuciones femeninas. Como señala Daniel del Castillo, esta revista tuvo una importante repercusión en la intelectualidad de la segunda mitad del siglo XIX (2000: 100). A través de este órgano, se trataron temas de historia, política, literatura, arte, entre otros, con la participación de escritores y periodistas de la época. Esta sería la primera vez que las mujeres participaron en la prensa, entre ellas, las escritoras Juana Manuela Gorriti, Carolina Freire de Jaimes y Rosa Riglos de Orbegozo.

Los liberales se opusieron a los sectores más conservadores de la élite limeña, vinculados a grupos económicos más tradicionales, y se propusieron construir un Estado moderno e instituciones que orientaran la vida de esta nación imaginada. Así, una de sus consignas fue ampliar los derechos ciudadanos entre los sectores cercanos a ellos, lo cual implicaba excluir a la mayoría de la población peruana por criterios económicos, raciales y educativos (analfabetismo). Subyace a estos contradictorios principios una tradición colonial que reproduce la élite ilustrada, que Trazegnies denomina *modernización tradicionalista:* "[...] un proceso de modernización liderado por las clases dirigentes tradicionales [...] una estrategia de adaptación a las nuevas condiciones [...] este proceso se identifica por una recepción de un cierto número de elementos capitalistas, ligada a una profunda resistencia a todo cambio en la estratificación social" (1984: 30).

Cabe destacar que durante este momento de cambios en la sociedad peruana, surge la generación de las denominadas mujeres ilustradas (Denegri 2004 [1996]), mujeres que se erigen como intelectuales y que se incorporan en el espacio público. Entre sus miembros figuran Juana Manuela Gorriti, Manuela Villarán Plasencia, Mercedes Eléspuru, Cristina Bustamante, Adriana Buendía,

7. Manuel Pardo se casó con Mariana Barreda y Osma, hija de una de las familias más ricas del país. A partir de entonces invirtió con éxito en la exportación de guano, el comercio de culíes chinos y en empresas financieras. A su vez, asumió una serie de cargos públicos, como ministerios, y la gestión de la ciudad de Lima con mucha aceptación. Sus valores liberales y sus relaciones sociales lo impulsaron a promover el Club Literario (1866-1885) hacia otros temas de la razón, como la filosofía, la historia, la ciencia aplicada, etc. Así, el Club Literario será presentado como el baluarte de la ciencia y el progreso en el Perú. Finalmente, fundó un partido político que alcanzó el poder con él como candidato presidencial a principios de los años setenta.

Mercedes Cabello de Carbonera, Rosa Mendiburu de Palacios y Clorinda Matto de Turner, entre otras (Denegri 2004 [1996]: 12). Ellas visibilizaron su ingreso al "discurso público" a través de su acceso a la prensa, un espacio que —como señala Denegri— es el más importante de debate intelectual en este periodo (Denegri 2004 [1996]).

En 1876, Gorriti instauró sus veladas literarias, interrumpidas por la Guerra del Pacífico (1876-1877). Las veladas fueron el primer espacio doméstico que sirvió de encuentro entre hombres y mujeres y se dedicaron a actividades heterogéneas: literatura, política y periodismo, entre otras. En su casa de la calle Urrutia, ubicada en el centro de Lima, estas reuniones se hacían quincenalmente. Las veladas se convirtieron en un lugar para el aprendizaje y la participación de las mujeres, con el objetivo de formarlas en el campo literario, así como para el intercambio intelectual (Batticuore 1999). No obstante, desde la irrupción de Gorriti en el mundo literario hasta la inclusión de las mujeres en publicaciones y espacios letrados masculinos, transcurrieron 15 años, puesto que hubo mucha resistencia a que las mujeres ingresaran a este ámbito.

A través de la escritura, las mujeres ilustradas expusieron su visión de la sociedad peruana y reivindicaron sus derechos, entre ellos el de participar en el espacio público.[8] Esto las llevó a enfrentarse a los liberales. Su laboriosidad se evidenció a través de su presencia en diversas revistas y semanarios de la época, llegando incluso a fundar publicaciones exclusivas femeninas, como *El Álbum* (1874-1875) y *La Alborada* (1874-1875).[9]

El contexto en el que este grupo de mujeres ejerció como escritoras también coincidió con la elección de Pardo como el primer presidente civil democráticamente elegido (1872-1876). Y es durante su gobierno que se promulgó el Reglamento General de Instrucción Educativa de 1876, que dividió a la instrucción primaria en tres grados y reiteró su obligatoriedad para todos los habitantes del país; no obstante, la instrucción media quedaba reservada solo para los varones. Así, las mujeres permanecían excluidas del acceso a la educación superior, puesto que uno de los requisitos para acceder a ella era contar con el segundo grado de instrucción media (Basadre 1983, tomo V: 396).

8. Cabe destacar que varias de las mujeres ilustradas, gracias a su condición social, recibieron educación en sus hogares o, posteriormente, en las instituciones educativas que se iban constituyendo. Mannarelli ha estudiado cómo, durante los primeros años de la República, existían "reminiscencias del vínculo vasallático instaurado en la tradición del Occidente cristiano", como la restricción de la enseñanza de la escritura y la lectura (Mannarelli 2013: 6).

9. Otros periódicos femeninos de la época fueron *La Bella Limeña* y *El Semanario del Pacífico*. Para un estudio sobre las mujeres en la prensa durante el siglo XIX, véase Cornejo Quesada (2006).

Pero, más allá de las reformas de Pardo, las mujeres ilustradas ya habían emprendido una lucha por la educación, en un horizonte en el cual la educación femenina era un tema en debate en la sociedad. En esta discusión, el pensamiento de Rousseau influía en la élite política y en otros grupos. Según el filósofo y educador suizo, la mujer debía recibir educación de acuerdo con su naturaleza femenina y el lugar que ella ocupaba como "ángel del hogar". El destino de la mujer, por su sexo, era ser madre, ser virtuosa y tener una vida tranquila para dar amor. Ella era la que tenía que garantizar la educación moral de los futuros ciudadanos (los hijos varones), así como ser la depositaria de la tranquilidad del espacio familiar, como recinto de reposo del hombre. Y la educación que correspondía a las mujeres debía ser una educación práctica: "[...] la investigación de las verdades abstractas y especulativas, de los principios y axiomas en las ciencias, todo lo que tiende a generalizar las ideas no es propio de las mujeres" (Rousseau 1977 [1763]: 538). Con esta formación, se estaba construyendo el modelo de familia burguesa, con la mujer confinada al espacio privado, el de la domesticidad. Este fue el prototipo del ideal femenino en la comunidad imaginada del Estado-nación.

Asimismo, en este periodo se evidencia un campo de disputa entre la élite liberal y la élite criolla sobre la formación de un Estado laico y de una educación secular. El sacerdote Francisco de Paula González y Vigil, en su artículo "La importancia de la educación del Bello Sexo",[10] escrito en 1858, muestra también el impacto del pensamiento de Rousseau en la educación para las mujeres, tal como se la concebía en la época —en función de la maternidad y relegadas al mundo de lo privado—, así como la importancia que se le asigna al matrimonio, no en el aspecto teológico, sino social. González Vigil enfatiza tanto en la educación laica en la escuela como en la educación en el hogar (1976 [1858]). Durante este periodo surgen las primeras escuelas laicas para mujeres, dirigidas por mujeres, en oposición a la fuerte injerencia que la Iglesia tenía en la educación por mandato del Estado. Son los casos de María Aragón de Rodó, Luisa Beausejour y Magdalena Badani de Chávez, quienes, entre 1859 y 1869, abrieron escuelas para mujeres de clase alta, muchas de las cuales funcionaron en sus propias casas. A finales del siglo XIX, mujeres de sectores medios y altos van a exigir un mayor acceso a la educación y su participación en el espacio público.

Durante estos años, confluyó el surgimiento de la corriente filosófica del positivismo con el discurso nacionalista, instaurando la imagen de la mujer educada

---

10. Este artículo fue publicado por entregas en *El Constitucional* (Lima, 15, 16, 17, 18, 19, 20, 22, 23, 25, 26, 28 y 30 de junio; 2, 3, 5, 7, 8, 9, 10 y 11 julio de l858), y en *El Correo del Perú* (Lima, 2, 9, 16, 23 y 30 marzo; 6, 13, 20 y 27 de abril; 4, 11 18 y 25 de mayo; y 1 junio de 1872).

como muestra de modernidad y civilidad, una representación que se contraponía a la de la mujer aristocrática colonial, caracterizada como ociosa y cortesana. La educación femenina se orientó a la formación de una identidad nacional laica, vinculada con el rol de la maternidad. Como dijimos, la mujer cumplió en aquella época el papel de garantizar la educación moral de los futuros ciudadanos (los hijos varones), así como la tranquilidad del espacio familiar. Tales principios fueron defendidos en artículos escritos por hombres que derivaron en publicaciones sobre la educación de la mujer. Este fue el caso de *La Bella Limeña. Periódico semanal para las familias* (1872), una publicación dirigida por el poeta arequipeño Abel de la Encarnación Delgado (1841-1914) y escrita por hombres. *La Bella Limeña* conectó con el público femenino a través del imaginario ideal sobre la familia, que considerada a la mujer como "la célula central de la sociedad y de las relaciones sociales" (Cornejo Quesada 2006: 253).

La historia de Trinidad Enríquez, cusqueña, es emblemática de las dificultades que atravesaban las mujeres para exigir al Estado sus derechos, en este caso, el de acceder a la universidad, un espacio e institución exclusivamente masculinos. La lucha de Enríquez por ingresar a la universidad y poder ejercer su profesión (que estudia en profundidad María Emma Mannarelli en este libro), conmocionó a la sociedad en un contexto en el que las mujeres carecían de derechos políticos. Trinidad Enríquez consiguió en 1875, después de dos años de litigar, una licencia del propio presidente Manuel Pardo para ser recibida en la Universidad de San Antonio Abad del Cusco en la carrera de Jurisprudencia, estudios que concluye en 1877. La iniciativa de Enríquez fue apoyada por algunos sectores a escala nacional. La directora del Colegio Municipal de Niñas de Tercer Grado de Primaria de Lima, Manuela F. Gómez, organizó un homenaje público por el logro alcanzado por Enríquez.[11] Por su parte, en Cusco, la Sociedad de Artesanos entregó una medalla de reconocimiento a la primera jurista peruana por el grado académico obtenido.[12] Pero la batalla más larga fue la que libró para recibir el título de bachiller con el cual ejercería profesionalmente. Este suceso abrió un gran debate en términos legales. Después de 14 años de lucha, que comienzan en 1877 —año en que se graduó— y terminan en 1891, Trinidad Enríquez obtendrá ese reconocimiento, aunque nunca ejerció como abogada (Ramos y Baigorria 2005).

La mayoría de las mujeres ilustradas, a través de sus publicaciones, cuestionaron los principios que sustentaban el sistema educativo y lucharon por la secularización de la sociedad, especialmente por una educación laica. Criticaban el

11. *El Nacional*, año XIII, sábado 30 de marzo de 1878, n.° 3938.

12. *El Comercio*, año XL, lunes 6 de mayo de 1878, n.° 14050.

matrimonio arreglado, el modelo hegemónico de la familia blanca y burguesa, y la educación femenina orientada al quehacer doméstico. Así, en la revista para mujeres *La Alborada* —fundada en 1875 y dirigida por Juana Manuela Gorriti, con la complicidad del poeta Numa Pompilio Llona en la codirección—, Teresa González de Fanning publica el artículo "Trabajo para la mujer" (1875), donde critica que la única opción de las hijas de familias empobrecidas sea el matrimonio o las actividades poco rentables que las relegan al espacio de la domesticidad, como la costura, comentando asimismo que las mujeres están en desventaja frente a los hombres. La misma revista publica el artículo "Necesidad de una industria para la mujer" (1874), escrito por Mercedes Cabello, donde se demanda una política a favor de las mujeres para que ellas puedan trabajar en la naciente industria, así como en las actividades de comunicación (telégrafo, correo, entre otras) y en la imprenta. De ese modo, explica la autora, las mujeres contribuirían a la moral de la nación, ya que una mujer asalariada no vería en el matrimonio por conveniencia o en la prostitución ilegal una alternativa para sobrevivir. Cabe destacar que se trata de mujeres con trayectorias personales similares: son todas independientes (viudas, separadas o solteras), gozan de autonomía y viven de su trabajo.

Poco se conoce sobre la participación de Muñoz en este grupo de mujeres ilustradas, pero es en este horizonte cultural donde ella teje vínculos y, en especial, un intercambio intelectual con Mercedes Cabello y Clorinda Matto. Años más tarde coincidirá con estas escritoras en Argentina. Existen registros de unos artículos referidos a la democracia y a los derechos de las mujeres, escritos antes de su ingreso a la universidad en 1882, pero publicados en *Mis primeros ensayos* (1902), durante su estadía en Argentina el año 1895.

La época de posguerra

La Guerra del Pacífico (1879-1883) causó enormes estragos en la sociedad peruana, la misma que tardó más de 30 años en recuperarse. Dejó en ruinas a la ciudad de Lima y, con ello, dejó un sentimiento de fracaso por la derrota y melló la dignidad de sus habitantes. Muñoz, en su novela *La evolución de Paulina* (1893), recuerda de la siguiente manera la derrota a partir del dolor y la desolación de la gente:

> Consumada ya la común desventura, humillada hasta el exceso nuestra dignidad nacional con la profanación de la altiva capital peruana, sucediéronse [sic] esos inolvidables días de dolor y vergüenza que siempre habrá de lamentar todo peruano que conserve siquiera algunos vestigios de patriotismo. El luto y la desolación estaban en todos los hogares; era tal el desaliento que habíase apoderado de los espíritus

> viendo ya perdida toda esperanza de salvación, que sólo se deseaba salir del país, abandonar ese suelo querido en que se había visto la primera luz. (Muñoz 1893: 77-78)

La guerra fue un retroceso para la incipiente modernización del país iniciada en los años cuarenta, al mismo tiempo que representó el fracaso del proyecto de nación propuesto por los liberales e ilustrados civilistas de mediados del siglo XIX.[13] Este conflicto, como señala Fanni Muñoz (2001), marcó un hito importante en la historia del país, pues puso en evidencia los males que tenían que combatirse para construir la nación peruana. Para Basadre, el periodo de 1885 a 1899 fue el de la "Reconstrucción Nacional", una etapa que dio lugar a una serie de nuevas reformas (Contreras y Cueto 2015 [1999]: 165). La guerra dejó atrás las reformas liberales, el costo del conflicto en vidas humanas fue alto, y muchas mujeres quedaron desamparadas, en situación de viudedad. Un contexto que fue analizado por las escritoras.

Para explicar la derrota, las mujeres ilustradas acceden a la vida pública y participan en ella con sus opiniones (Sotomayor 2017). Estas mujeres centraron su mirada en la propia sociedad, atribuyendo el fracaso de la guerra a la mentalidad y forma de vida de los limeños, extensivas a todos los peruanos. Hombres *débiles, raquíticos y enclenques*,[14] subraya Teresa González de Fanning, frases reiteradas en los diarios, revistas y semanarios de la época para caracterizar a los limeños. Desde otra perspectiva, Mc Evoy (2000) y Malqui (2016) muestran cómo el discurso de las élites nacionalistas chilenas fue construyendo una imagen de Chile como viril y civilizado, en contraposición a un Perú considerado femenino y bárbaro.

Esta actitud crítica perduró hasta las primeras décadas del siglo XX, cuando el país comenzó a recuperarse gracias a la inserción del capital extranjero, que dinamizó la economía y reestructuró las distintas formas de producción. Mientras tanto, la clase propietaria, bajo una economía mercantil orientada por un modelo exportador dependiente del capital extranjero, acumulará el poder político. Entre las facciones internas de esta clase, un sector de los liberales, anteriormente agrupados en el civilismo, se unirá al Partido Constitucional de Cáceres; el resto tejió alianzas con la clase dominante para su sobrevivencia política y copó cargos dentro del Estado. A diferencia de los años de auge del guano, el proyecto

---

13. Del Castillo (2000), en su tesis sobre los intelectuales y el nacionalismo criollo en el siglo XIX, analiza el límite del proyecto de la élite civilista por su conformación étnica y cultural, y su opción "criolla" para entender el país.

14. *El Comercio*, 5 de julio de 1898 (cit. en Muñoz 2001).

liberal de este periodo se enmarca en una orientación positivista,[15] es decir, en un pensamiento filosófico que considera a la ciencia como el único camino hacia el conocimiento. Los liberales colocaron en el centro de la problemática nacional y se organizaron alrededor de tres principios de acción: la idea de progreso sustentada en la razón cartesiana;[16] la secularización del Estado (porque la Iglesia era el símbolo vigente de la estructura colonial);[17] y la concepción de ciudadanía como parte de un nuevo consumo de patrones culturales europeos.[18] Ello en un escenario donde el positivismo se había introducido en el ambiente académico e intelectual desde 1880. Es esta corriente de pensamiento filosófico la que adoptará Margarita Práxedes, para quien la ciencia enriquece el entendimiento y sacará de la ignorancia al país (Fernández 2012).

Por su parte, un discurso que adquiere fuerza durante la posguerra es la crítica al modelo de mujer criolla dada a los placeres y a la poca valoración de la vida doméstica. Como anota Valladares (2012), el nuevo modelo de feminidad, en oposición al de la mujer criolla, partía de reconocer la capacidad intelectual de la mujer y de vincularla con el progreso de la nación, pero desde la esfera de la domesticidad, con el propósito de consolidar la reproducción de la familia como una responsabilidad *natural* suya. En esta nueva concepción de feminidad, se critica, por ejemplo, la contratación de nodrizas para la lactancia de los niños, un aspecto que ya se había señalado en la década previa a la guerra. Así, en la posguerra se reforzó el concepto de la responsabilidad de la madre en el cuidado de sus hijos, acorde al ideal de la familia burguesa moderna.

A su vez, las mujeres obtuvieron avances significativos en el espacio público, luego de sortear duros obstáculos. En 1885 surge el *Ateneo de Lima* (1885-1899), que reemplaza al *Club Literario de Lima*. Este último apareció de 1866 a 1885 y fue un espacio que congregó a escritores hombres, pero en el cual participa-

15. Para un estudio sobre la orientación positivista del pensamiento peruano a finales del siglo XIX, véase Salazar Bondy (2013 [1965], sección I).

16. Así, los positivistas valoraron las ciencias exactas y reprodujeron la dicotomía civilización-barbarie para construir referentes de lo que deseaban ser (civilizados) y de lo que deseaban dejar atrás (bárbaros).

17. El Estado comenzó a intervenir en muchos aspectos de la vida social normados por la Iglesia. Progresivamente, la Iglesia perdió predominio en instituciones como la educación, con las escuelas públicas; el matrimonio, con los contratos civiles; y el culto de los muertos, con los sepelios laicos y la consolidación de cementerios independientes del clero.

18. A diferencia de Europa, donde la ciudadanía nace como una necesidad de consolidar el Estado moderno y el capitalismo, en el Perú será una concepción impostada, ajena a su devenir histórico y asumida como ideal.

ron también algunas mujeres, como Carolina Freire de Jaimes y Juana Manuela Gorriti, entre otras. El *Ateneo* se convierte en un lugar orientado al debate y desarrollo intelectual, dedicado a la literatura y abierto a las mujeres; destaca en esta publicación la presencia de Mercedes Cabello, Teresa González de Fanning y Clorinda Matto de Turner, siendo Cabello y González las primeras mujeres en ganar el concurso internacional de literatura de 1886, con el primer y segundo puesto, respectivamente.[19] Un año después, González Prada irrumpe en la escena con su "Discurso en el palacio de la exposición" (1887), una dura crítica al Romanticismo como canon literario predominante, en la que propone crear una literatura realista y comprometida. Funda entonces el *Círculo Literario*, donde Mercedes Cabello y Clorinda Matto de Turner participan, dejando atrás el *Ateneo*. A partir de entonces, las mujeres comienzan a publicar obras literarias y ensayos, labrándose un prestigio como literatas y periodistas.[20] Por otro lado, Matto inaugura las veladas literarias en noviembre de 1887, a pocos meses de instalarse en Lima. Estas reuniones, que se llevaron a cabo hasta 1891, fueron una continuidad de las promovidas por Gorriti, pero con un nuevo énfasis en temas políticos. Como señala Denegri (2017: 22), en estas veladas se veían "tópicos relacionados con la violencia, la raza, el género, clase y religión" (Denegri 2017: 22), y sus vínculos con la prensa eran muy cercanos (Sotomayor 2017). Así, las mujeres se asumieron como sujetos políticos y la prensa se constituyó en una herramienta fundamental para exponer su proyecto de país. En esta línea, abogaron por la educación laica y la eliminación de la tutela patriarcal,[21] y enunciaron abiertamente su posición cacerista y en contra de Piérola (Pinto Vargas 2003), un hecho que le valió a algunas la expulsión del país.

Pese a que el discurso de esta generación de mujeres en el espacio público se volvió más visible, los avances en el acceso a la educación, en el contexto de la llamada "Reconstrucción Nacional", fueron lentos. Si bien durante esos años se publicaron diversos reglamentos de instrucción pública,[22] existió un desigual acceso

19. Para un análisis sobre los premios y una reflexión sobre sus obras, véase Denegri (2004 [1996]: 168-176).

20. Muchas comenzaron a publicar sus novelas con cierta aceptación, otras lo harán recibiendo críticas. Por otro lado, el caso emblemático del espacio ganado en la prensa es el de Clorinda Matto de Turner, directora de *El Perú Ilustrado* entre 1889 y 1891.

21. Sobre la propuesta de educación femenina de ambas mujeres, véase Mannarelli (2013: 29-31).

22. Durante este periodo se formularon el Reglamento de Instrucción Pública de 1886 y el Reglamento de Instrucción Pública de 1888, que anuló el decreto de 1886 y restituyó el Reglamento de Instrucción Pública de 1876 ya descrito. Sobre estos decretos, véase Basadre (1983, tomo VII: 217-218).

a la educación en beneficio de los hombres. No todas las mujeres ingresaron a la educación secundaria, y en el caso de la educación universitaria, aún no estaba permitida para ellas.

Cabe destacar que la vida universitaria se restableció en 1886 (Basadre 1983, tomo II: 38). Ese mismo año, la Universidad de San Marcos inició un proceso de renovación del espacio universitario, tanto material como intelectual (Garfias 2009: 107-108). En lo material, se priorizó el mobiliario, los equipos de laboratorio y las bibliotecas, todos destruidos por la guerra. En el campo de las ideas, el positivismo se impuso como pensamiento hegemónico. Como se ha visto, esta corriente ya se discutía en el ambiente universitario previo a la guerra, junto con la escolástica y el liberalismo. La Facultad de Medicina fue la primera en divulgarla, seguida de la de Jurisprudencia y de la Facultad de Letras.

Margarita Práxedes Muñoz, su trayectoria y su inserción en la universidad

El contexto en el que ingresa Muñoz a la universidad es resultado de las demandas educativas que las mujeres ilustradas fueron planteando al Estado. También está marcado por la Guerra del Pacífico y la posguerra. Las secuelas de ese conflicto, específicamente la alta mortandad y discapacidad de los varones, crearon condiciones favorables para que las mujeres ingresaran al mundo laboral, particularmente a los campos de la pedagogía, la obstetricia y la odontología, consideradas carreras menores y asociadas a lo femenino. Las primeras ofertas profesionales para mujeres respondieron a los escasos requisitos que se les pedía. Para estudiar pedagogía solo era necesario inscribirse en los estudios de preceptora en la Escuela Normal (Mannarelli 2009-2010 y Valladares 2012). En el caso de obstetricia y odontología, el requisito era contar con segundo de primaria completo. Influyó también en este escenario el discurso positivista, que impulsó la educación y reveló la importancia de la ciencia.[23]

Muñoz es la primera mujer que ingresó a la Facultad de Letras de la Universidad Nacional Mayor de San Marcos; lo hizo en 1882. El primer año cursó Psicología y Lógica, Literatura general y Literatura antigua, entre otras materias,

23. Según Salazar Bondy (2013 [1956]), para los positivistas peruanos la ciencia era el método más fiable para el conocimiento y el progreso.

y el segundo año se registró, pero no atendió a clases.[24] Durante la Guerra del Pacífico, y en el periodo de la ocupación de Lima por el ejército chileno, la universidad cerró, aunque las clases se dictaban en casas particulares. Muñoz retomó sus estudios en 1888, pero en la matrícula figura un cambio de carrera. Así, ese año se matricula en la Facultad de Ciencias (fundada en 1850 como Facultad de Ciencias Matemáticas, pero llamada Facultad de Ciencias a partir de 1876), donde cursó ciencias, una carrera de dos años, hasta su defensa de tesis en 1890.25 Su disertación merece el reconocimiento público. En *El Perú Ilustrado*, dirigido por Clorinda Matto, cercana a Muñoz, le dedican dos felicitaciones: la primera el 25 de octubre de 1890 y la segunda el 1 de noviembre de ese mismo año. Mientras que en el primer artículo se la felicita por ser la primera mujer que en el Perú obtiene el título de bachiller, grado que se le negó a Trinidad Enríquez, en el segundo se hace una explícita referencia a su condición de mujer y se anuncia la reproducción de la tesis por su importante contenido:

> Elegantemente impresa y dedicada a nuestra colaboradora y amiga la prestigiosa escritora Mercedes Cabello de Carbonera, hemos recibido la tesis de la Srta. Margarita Práxedes Muñoz titulada *Unidad de la Materia o Identidad Sustancial de los reinos Orgánico e Inorgánico.* Tendremos el honor de reproducirla tanto por ser el primer trabajo con el que se inicia la carrera profesional de la mujer en el Perú, como por el mérito intrínseco de él.[26]

No obstante, la presencia de las mujeres en la universidad fue un proceso lento. A lo largo de los diez años comprendidos entre 1888 y 1898, solo seis acceden a ella (sin contar a Enríquez, que ingresó en 1875). Llama la atención la tendencia a estudiar una carrera de ciencias, más que de letras (véase cuadro 1).

24. Lista de alumnos y asistencias, Facultad de Letras, 1880-1885 (Archivo Domingo Angulo de la Universidad Nacional Mayor de San Marcos).

25. Según Quiroz (2014), Muñoz se matriculó primero en la Facultad de Letras en 1882, pero no concluyó. Lo más probable, siguiendo a Basadre (1983, tomo VII), es que las secuelas de la guerra truncaron sus esfuerzos; el historiador peruano comenta que la apertura en 1882 de la universidad fue problemática hasta 1886, fecha en que la actividad universitaria regresó a la normalidad. La vida le dio otra oportunidad y optó por la Facultad de Ciencias. Y cuando le tocó defender su tesis, la noticia se convirtió por medio de la prensa en un asunto de interés público. No faltaron notas informativas como la siguiente: "En la tarde del 24 ha dado la Universidad de Lima un paso más en la senda de los progresos, confiriendo el bachillerato a la contraída e inteligente señorita Muñoz, cuya lúcida tesis sobre la unidad de la materia bajo el punto de vista químico fuera sustentada con brillo. Felicitamos con toda efusión a la señorita Muñoz, la primera que en el Perú obtiene el diploma" (*El Perú Ilustrado*, sábado 25 de octubre de 1890, n.° 181).

26. *El Perú Ilustrado*, sábado 1 de noviembre de 1890, n.° 182.

CUADRO 1

PRIMERAS MUJERES UNIVERSITARIAS

Ingreso	Nombre	Universidad	Facultad
1875	Trinidad M. Enríquez	UNSAAC-Cusco	Jurisprudencia
1888	Margarita P. Muñoz	UNMSM- Lima	Ciencias
1892	Laura E. Rodríguez Dulanto	UNMSM- Lima	Medicina
1892	Eudocia Pauta	UNMSM-Lima	Medicina
1898	Herminia Gonzales Espinar	UNMSM-Lima	Ciencias
1898	Valeria Von Westernhagen Rumann	UNMSM-Lima	Ciencias
1898	Esther Festini de Ramos Ocampo	UNMSM-Lima	Letras

Fuente: Elaboración propia.

¿Qué lleva a Margarita Práxedes Muñoz a seguir estudios superiores y a optar por una carrera de ciencias? Por ahora solo plantearemos algunas posibles explicaciones. La socialización familiar de Margarita habría tenido, hasta cierto punto, una influencia en esta decisión. Procede de una familia educada, con una posición económica estable y adscrita al pensamiento liberal, en un horizonte cultural donde el positivismo había cobrado importancia. Es probable que esta literatura circulara en su casa y que ella haya tenido acceso a esos libros, hecho que la habría interesado en seguir estudios universitarios. Sin embargo, tal interés no fue promovido por su familia, puesto que esta no comprendió su aspiración de ingresar a la universidad. Su educación formal tampoco habría tenido incidencia en la elección de la carrera. Ello se infiere de los cursos que llevó durante sus estudios primarios: de acuerdo con el Reglamento de Instrucción Pública de 1855, las niñas en primaria no recibían clases de matemáticas, ni cursos afines a las ciencias; por el contrario, estudiaban dibujo, costura, letras, obras manuales, entre otras materias "femeninas" (Basadre 1983, tomo VII).

Un factor que puede explicar por qué Muñoz escogió una carrera de ciencias es la influencia de la masonería en el Perú, que como indica Chocano (2010), difundió ideas liberales y la de una ciudadanía democrática basada en los principios de la Revolución francesa. Después de la Guerra del Pacífico, la masonería optó por impulsar la educación de las mujeres peruanas, motivándolas a acercarse a las ciencias.

Esta iniciativa en favor de educar a las mujeres ya existía desde el inicio de la independencia en Argentina, donde la masonería también era importante. En ese país, el general Rivadavia, insigne masón, fundó la Sociedad de Beneficencia en

1827, con sede en Buenos Aires, y creó las llamadas "comisiones femeninas para el servicio de la humanidad" (Lazcano 1927, tomo II: 432), para lo cual requería de mujeres con educación. En 1872, la logia de Manuel Langheim vio la conveniencia de formar una sociedad de damas que colaborase con la Beneficencia, con el requisito de que sus integrantes pertenecieran a la familia de masones. Las mujeres tenían que cumplir con "la atención a los desgraciados que se asilan en las cárceles, proporcionándoles vestido y mejorar su situación" (1927, tomo II: 433). En 1880, con el apoyo de José Faustino Sarmiento, Gran Maestre de la Logia Masónica en Argentina y expresidente del país, se creará entonces esta sociedad en cada logia (1927, tomo II: 434-435), con la idea de que las mujeres se convirtieran, no solo en un apoyo para las acciones de beneficencia, sino también en eficaces colaboradoras de la puesta en marcha de la reforma educativa.

En el caso peruano, la Gran Logia del Perú, de carácter nacional, se fundó en Lima en 1882. Conformada por profesionales y resultado de la articulación de las diversas logias simbólicas que ya existían desde aproximadamente 1875, contó con una publicación mensual, *La Revista Masónica del Perú* (Chocano 2010: 410 y 423).

La Gran Logia del Perú se caracterizó por difundir las ideas liberales, por su crítica al dogmatismo de la religión católica y su impulso a valores como el "patriotismo, espíritu de cuerpo, altruismo, filantropía y amistad" (Chocano 2010: 426). Asimismo, pese a que a diferencia de Argentina no incorporó a las mujeres, tampoco las excluyó del todo, puesto que les permitió participar en sus veladas.[27] Los masones organizaban dos tipos de actividades: las reuniones exclusivas de la logia, llamadas *tenidas*, y las *veladas*, que consistían en encuentros a los que también asistían invitados o familiares y en los que participaban mujeres y librepensadores (Chocano 2010). Tanto las veladas como las tenidas incluían debates de carácter científico, otros sobre temas masónicos y religiosos, así como discusiones literarias y actividades recreativas. Hay registro en la masonería peruana de la asistencia de mujeres ilustradas a dichas reuniones, como Mercedes Cabello de Carbonera —cuyos hermanos eran masones—, Clorinda Matto de Turner y Zoila Aurora Cáceres.[28]

---

27. Según Magdalena Chocano, "el republicanismo masónico fue vacilante a la idea de incorporar a las mujeres en la vida cívica" (2010: 433).

28. Mercedes Cabello fue una escritora muy comprometida con los derechos de las mujeres y difusora del positivismo. Para una comparación entre su pensamiento y el de Muñoz, véase Tauzin (1996). Por su parte, mientras Muñoz vivió en Santiago de Chile, recibió a Matto de Turner, quien comenzaba su viaje como expatriada a Buenos Aires. Tiempo después, en 1895, cuando Muñoz se instaló también en la capital argentina, compartieron espacios. En la correspondencia de Matto de Turner

Margarita Práxedes Muñoz fue cercana a la logia masónica, que al parecer incluso subsidió sus estudios de ciencias (Chocano 2010, Quiroz 2014), en concordancia con los postulados masones sobre la necesidad de que las mujeres ingresaran en ese campo del saber. La logia llegó a publicar su tesis en la *Revista Masónica del Perú*,[29] un hecho que corrobora su participación en las veladas, dado que la revista solo contenía textos previamente compartidos en alguna de sus reuniones o divulgados en revistas masonas extranjeras. Posteriormente, el presidente Cáceres, también vinculado a la masonería y que apoyó a varias de las mujeres escritoras, como a Clorinda Matto, financió sus estudios en Chile. Su tesis apareció en la revista *El Pensamiento* de Santa Fe, Argentina, dirigida por la masona Carlota Garrido Peña, quien la recibió en esa ciudad, cuando Muñoz viajaba rumbo a Buenos Aires.[30] Asimismo, es significativo el cambio de nombre de Muñoz, siendo alumna de la Universidad de San Marcos, con la finalidad de dar a conocer públicamente sus ideas. En esa época se añadió el nombre de Práxedes, pasando de ahí en adelante a llamarse Margarita Práxedes Muñoz. Ese era el nombre del Gran Maestro masón, ingeniero de caminos y político liberal español, Práxedes Mateo Sagasta (Quiroz 2014). Todos estos hechos vinculan la profesión científica de Muñoz con la masonería peruana de su tiempo.

Otro factor que puede haber contribuido a que Muñoz optase por la universidad fueron los artículos que por aquellos años publicaban escritoras como Mercedes Cabello y Clorinda Matto en la prensa, sobre la importancia de la educación para las mujeres. Muñoz se fue vinculando con Cabello y Matto, con quienes, como se vio, también compartió las reuniones masónicas. Desde muy temprano circularon artículos firmados por mujeres que hablaban de la necesidad de acceder a la educación superior. El artículo "Algo sobre la señorita Enríquez" (2012 [1902]), escrito por Muñoz, evidencia de qué manera la primera estudiante universitaria mujer llamó su atención. Diarios como *El Nacional* o *El Perú Ilustrado* siguieron todas las batallas que libró Enríquez por el derecho a estudiar

---

con Palma —otro masón—, la primera comentó sobre su recibimiento en Chile por la "hermana Muñoz".

En lo que respecta a Zoila Aurora Cáceres, hija del presidente Andrés Avelino Cáceres, fue una intelectual y literata reconocida. En su libro *Mujeres de ayer y hoy*, publicado en 1910, describió de manera elogiosa a Muñoz, con quien coincidió en Buenos Aires.

29. La *Revista Masónica del Perú* fue el órgano de prensa de la Gran Logia del Perú, y se publicó entre los años 1882 y 1886, cuando cambió de nombre y director. En ella aparecieron trabajos presentados en sus reuniones, artículos procedentes de otras revistas masónicas, así como información de otras logias.

30. Véase Sosa de Newton (s/f).

y a ejercer la Jurisprudencia. Todo ese material impreso estuvo a su alcance, y Enríquez debió convertirse para ella en un modelo de mujer.[31]

Por otro lado, en su novela *La evolución de Paulina* (1893), en la cual se aprecia una gran similitud entre la historia de su vida y el personaje principal, Muñoz da cuenta de su pasión por la ciencia. Pese a que en Lima era una novedad que una mujer se interesara en ese campo, y no en el de la literatura —en el que las mujeres venían ya conquistando un espacio—, Muñoz apostó por ser una mujer de ciencia (1893: 24).

La vida universitaria no fue una experiencia fácil para ella. En la citada novela alude en ficción a su duro paso por la universidad, así como al rechazo familiar por su elección. Narra su propia vivencia en las aulas, la hostilidad que sintió de las personas más cercanas; familiares y amistades reaccionaron con extrañeza ante su decisión:

> [...] el aislamiento en que había pasado mis primeros años, causa á [sic] mi juicio, de las que mis amigos llaman singulares excentricidades, y la lucha que tuve que sostener con mi familia antes de consagrar á [sic] la ciencia la actividad completa de mi espíritu. (Muñoz 2014 [1893]: 37)

Como menciona en este relato, elegir la carrera de ciencias la colocó en una posición de "otredad" con sus pares y su familia. La interacción en un espacio académico masculino tampoco fue, al parecer, de su agrado. En los recuerdos de Paulina se identifica el malestar y la insatisfacción que sintió con sus compañeros:

> Muchas veces, hablándome de esto, me decía: Te confesaré, dueña mía, que en mi cándida ignorancia jamás había podido prever toda la repugnante asquerosidad tal como entonces se exhibía á [sic] mis ojos, y hube de pasar tan malos ratos oyendo, á [sic] mi pesar, conversaciones tan escandalosas e inmundas, que hasta tentaciones me dieron de abandonar esos claustros donde yo había creído que solo podía morar la ciencia asociada con la virtud. Pero como no me encontraba en situación de hacer más desembolsos, tomé mi partido, prescribíme la línea de conducta que había de observar con mis compañeros de estudio. [...] El espectáculo de los que así empequeñecían la dignidad humana, me indignaba, y la degradación de mis colegas, su descarada impudicia producíame tan repelente efecto como el de los epidemiados de un lazareto. (Muñoz 1893: 57-58)

Esa fue una estrategia discursiva empleada por intelectuales y escritores para descalificar a las mujeres. El escritor Juan de Arona fue uno de los que apeló a ella

---

31. Para una reconstrucción del caso de Trinidad Enríquez a partir de la prensa, véase Ramos y Baigorria (2005).

sin piedad. En lugar de debatir las ideas que Mercedes Cabello de Carbonera exponía en sus libros y ensayos, se refería a ella llamándola, por ejemplo, "Mierdeces Caballo de Carbón-era" (Pinto 2003), con el claro propósito de minimizarla y denigrarla públicamente. Clorinda Matto de Turner fue otra de las mujeres ilustradas objeto de burla, en su caso, del intelectual criollo Pedro Paz Soldán y Unanue, quien la llamaba "Clorenda", en alusión a la "motosidad" del hablar de quienes proceden de la sierra y se expresan en quechua; también la llamaba "marimacha" (Denegri 2004 [1996]).

En este contexto de no reconocimiento de la capacidad intelectual de las mujeres en la universidad, Muñoz recurre a su propia estrategia discursiva, que parte de situar su condición de mujer de ciencia. Así, en su tesis de bachillerato, titulada "La unidad de la materia o densidad substancial de los reinos inorgánicos y orgánicos", plantea los beneficios de la ciencia para la mujer:

> Nacida la mujer para concebir y realizar la belleza, no podía dejar de ser su patrimonio la verdad, y si bien no le ha sido dado obtener los primeros lauros en las conquistas del pensamiento, la ciencia enriquece hoy su entendimiento y robustece su razón, ensanchando su horizonte para mejor realizar su importantísimo destino.
>
> Y ahora, señores, que merced a ese movimiento intelectual de nuestro privilegiado siglo, puedo tener el alto honor de procurar vuestra atención. (Muñoz 2012 [1902]: 66)

La cita evidencia la lucha de las mujeres por dar a conocer su voz en el espacio público, eminentemente de hombres. Muñoz, que se presentaba como científica, no logró concitar la atención ni el respeto de ese auditorio masculino; por el contrario, se la aisló.

Otra fue la estrategia que empleó para expresar su opinión en la prensa a propósito del asesinato del expresidente Pardo. Al comentar ese acontecimiento, Muñoz despolitiza el hecho, relatándolo como si se tratase del crimen de un ciudadano cualquiera y no del de alguien que había presidido el país. De ese modo, se deslinda de cualquier militancia partidaria antes de emitir su opinión:

> No es, no, la pasión de partido la que dicta estas líneas. Extrañas por nuestro sexo a las convulsas agitaciones de la política, hemos presenciado impasibles la exaltación al poder [...] Lo que hiere nuestra sensibilidad, lo que horroriza nuestra conciencia es la magnitud del crimen cometido; lo que enrojece nuestras mejillas y subleva nuestros sentimientos todos, es que un compatriota nuestro esté manchado con sangre de un héroe y de un mártir [...]. (Muñoz 2012 [1902]: 56-57)

El positivismo, como ya se vio, fue una corriente filosófica de fuerte arraigo entre los intelectuales de la época. Muñoz la asumirá estando en la universidad, como otras mujeres ilustradas de esos años, entre ellas, Mercedes Cabello de Carbonera. Analizando la obra de Muñoz, *Mis primeros ensayos*, Fernández (2012) identifica cómo el positivismo impregna sus escritos desde el momento en que ingresa al mundo académico, distanciándolos de sus artículos más tempranos. La Facultad de Medicina fue el primer bastión del positivismo, que luego adoptaron las facultades de Ciencias y Derecho y, en menor medida, las incipientes Ciencias Sociales:

> El comtismo, las teorías transformistas y sobre todo el pensamiento experimental de Claude Bernard fueron aceptados y difundidos por influyentes maestros de la Facultad de Medicina de Lima. En 1878, Celso Bambarén defiende francamente la teoría de Comte y busca fundar el conocimiento científico-natural en el método inductivo reduciendo toda formulación teórica a los contenidos de la observación. (Salazar Bondy 2013 [1965]: 12-13)

La vinculación de la ciencia con el positivismo cobró fuerza en la Facultad de Ciencias de la Universidad Mayor de San Marcos. Durante sus estudios, es probable que Muñoz haya tenido contacto con Federico Villarreal, uno de los primeros matemáticos positivistas del país y docente en esa Facultad.[32]

El librepensamiento de González Prada debió ser otra posible fuente de acercamiento al positivismo. Muñoz y el autor de *Páginas libres* debieron coincidir en alguna reunión masona.[33] De hecho, al revisar algunos de sus escritos, como "Dios en el universo" (2012 [1902]), encontramos semejanzas con el ensayo de González Prada "Instrucción católica".[34] Los textos mencionados muestran un punto de confluencia entre ambos autores. Comparten la denuncia a la Iglesia como educadora de niñas en el oscurantismo y la propuesta de una enseñanza para las mujeres orientada por la razón y la ciencia.

Finalmente, una figura que debió marcar a Muñoz fue su contemporánea Mercedes Cabello de Carbonera; con ella compartió las reuniones masónicas y experimentó una complicidad que acabó convirtiéndose en amistad. Cabe

---

32. Para un estudio sobre el positivismo y Villarreal, véase Pisconte (2012).

33. González Prada no fue masón, pero hay registros sobre su cercanía a los espacios masones y sobre masones participando en el Círculo Literario y en el partido Unión Nacional, que él fundó. Véase Chocano (2010).

34. En este texto, compilado en González Prada (2010), el autor hace mención al rol que cumple la Iglesia católica en los colegios. Destaca el caso de las niñas, cuyas familias optan por educarlas en las instituciones religiosas regentadas por monjas, quienes cobran pensiones exorbitantes para cultivarles la vanidad, la práctica de ceremonias supersticiosas y fanatismos. Finaliza indicando que solo la ciencia debería ser el elemento fundamental de la instrucción pública, debido a que es universal, mientras que la religión posee diversas manifestaciones y particularidades.

señalar que una característica del grupo de mujeres intelectuales es la configuración de redes y lazos de solidaridad entre ellas, lo que les sirvió para difundir sus ideas. Clorinda Matto de Turner, quien dirigió una variedad de publicaciones, fue una figura relevante en este grupo, que luego compartió la experiencia del exilio. Cuando Muñoz terminó los estudios universitarios, fue invitada a publicar en *El Perú Ilustrado*, a pedido de Matto de Turner. Dos textos escritos por ella en esa publicación, el año 1890, fueron "Atracción universal" (el 8 de noviembre) y "Progresos de la teoría evolutiva" (el 20 de diciembre).

Otra peculiaridad de este grupo es que escribían sobre ellas, comentaban entre ellas sus artículos, se hacían reseñas biográficas y se dedicaban los libros que escribían. Por ejemplo, Cabello de Carbonera reseñó de forma elogiosa *La evolución de Paulina* en la revista *El Perú Artístico* (1 de junio de 1894). Años antes, Muñoz le había dedicado su tesis de bachillerato con las siguientes palabras:

> Fruto de vuestra elocuente pluma, mi primera inspiración, justo es que la mía os ofrezca hoy su primer ensayo. Las ciencias de la Naturaleza, cuyo desarrollo investigáis con tanto empeño, y cuyas gloriosas conquistas tanto os interesan, son las llamadas a cooperar más poderosamente en la obra gloriosa de nuestra generación, y al iniciarse la mujer en sus misterios, realiza nuestra Patria un nuevo e importantísimo progreso. [...] Recibid, Señora, este pobre y desaliñado trabajo, como un tributo del amor y respeto que os profesa vuestra entusiasta admiradora. (Muñoz, cit. en Quiroz 2014: 10)

En la universidad, entonces, Muñoz defendió el positivismo, introducido en los claustros universitarios desde 1880 (De Lucía 1997, 2009; Tauzin 1996). Fue ahí donde debió conocer la obra de sus principales representantes. Primero, la del francés Comte, el padre del positivismo, como lo demuestra la gran cantidad de páginas que le dedica en *La evolución de Paulina*. Segundo, la del inglés Spencer, con su positivismo evolucionista, su teoría orgánica de la sociedad, también presente en su obra.[35] Tercero, la del alemán Haeckel y la complejidad de los organismos, que le servirá a Muñoz para defender la igualdad entre el hombre y la mujer sobre la base de que no existe una diferencia biológica entre ellos sino social.[36]

35. En uno de sus artículos dirá: "Es preciso que los hombres que hoy dirigen los destinos de América se preocupen seriamente de emancipar al pueblo de esa servidumbre de la ignorancia, que paraliza nuestro organismo social" (Muñoz 2012 [1902]: 109). En otra oportunidad sugiere: "Es que el hombre, síntesis del reino orgánico y también del inorgánico, realiza admirablemente por el instinto de sociabilidad, lo que en la materia sería solo un caso particular de la atracción universal" (Muñoz 2012 [1902]: 95).

36. Al respecto, véase los ensayos "Estudios antropológicos. Angulo facial y ángulo esfenoidal" y "Conquistas del derecho en el mundo primitivo. Las amazonas", compilados en Muñoz (2012 [1902]).

Finalmente, para justificar científicamente la idea de un progreso social, utilizará también la obra del alemán.

El positivismo le sirvió además a Muñoz para elaborar su crítica a la Iglesia católica, por su estructura colonial y por ser un símbolo de la opresión de la mujer. No critica a la doctrina religiosa sino a la Iglesia como institución. Este cuestionamiento era compartido por otros positivistas de la época.[37] Muñoz propone crear un Estado laico, sin dejar de lado sus creencias religiosas:

> Queremos un Dios impersonal, infinito e inaccesible y un culto que traduzca debidamente la grandiosa idea, y esta aspiración, a este principio, consagraremos todos nuestros anhelos, porque estamos íntimamente persuadidos de que la humanidad avanzará más a medida que el concepto de Dios se depure. (Muñoz 2012 [1902]: 105)

Cabe destacar que el acercamiento de Muñoz al positivismo fue libre y exento de una lectura ortodoxa.[38] Bajo esta perspectiva, cuestiona y se distancia de las ideas de Comte que no comparte: por ejemplo, de sus nociones sobre la diferencia entre la mujer y el hombre o sobre la familia y el matrimonio nuclear. Su propuesta fue la unión libre y luchó además porque las mujeres divorciadas pudieran volver a casarse. Muñoz defenderá los derechos de las mujeres a través de la ciencia. Se servirá de ella para develar una construcción social naturalizada de la inferioridad de la mujer. Así, señala lo siguiente:

> Sin protestar nosotros de las magistrales conclusiones de la ciencia, podemos observar, que si en los pueblos incultos, abandonada a solo sus esfuerzos, la débil mitad del género humano consigue elevar su nivel intelectual a mayor altura que el hombre, este hecho acredita que la Naturaleza no le regaló menos dosis de fósforo que al sexo fuerte; antes, por el contrario, parece que aún en este particular don, fue como en los demás, generosamente pródiga. (Muñoz 2012 [1902]: 93)

Las dificultades de Muñoz continuaron al terminar la universidad. El espacio ganado por las mujeres en la prensa no significó un cambio en la actitud de los hombres, que continuaban sintiéndose incómodos de debatir con una mujer. La estrategia que emplean con Muñoz es deslegitimar su voz, masculinizándola,

37. Por ejemplo, masones como Francisco Javier Mariátegui o el caso más emblemático y conocido de Manuel González Prada (Salazar Bondy 2013 [1956]: 27)

38. Esto es una característica de la segunda mitad del siglo XIX, de ahí que Salazar Bondy afirme que "[...] el positivismo peruano es, pues, un sistema de ideas amplio y ambiguo, un producto *sui generis* de la cultura de un país en formación, marcado por la huella del subdesarrollo y la dependencia" (2013 [1956]: 14).

aludiendo al nombre de Práxedes. En su novela de corte sociológico incluye el siguiente comentario:

> En la República Argentina y en Chile se ha colmado de aplausos y distinciones á [sic] las mujeres cuya feliz iniciativa ha podido acentuar las aspiraciones del sexo débil, pero en nuestra Patria se les mira como parias, y habrán de perder la razón si no optan por el destierro. (Muñoz 1893: 26)

Pese a que las secuelas de la Guerra del Pacífico permitieron que las mujeres desempeñaran nuevos oficios, el acceso a la universidad y el ejercicio profesional no fueron un camino fácil para ellas, a diferencia de lo que sucedía en Chile y Argentina. La práctica femenina de la ciencia y de la medicina fue poco aceptada en la sociedad peruana. Existía mucha reticencia de los hombres a ser atendidos por mujeres, porque se pensaba que hombres y mujeres no debían relacionarse públicamente (véase Mannarelli s/f). Sumado a lo anterior, la difícil y tortuosa experiencia de Trinidad Enríquez para ejercer la profesión también convenció a Muñoz de abandonar el país, como lo deja entender en *La evolución de Paulina*:

> Nada omitieron para convencerme ni el ejemplo de la señorita Henríquez, que acababa de matricularse en el Cuzco para los estudios jurídicos, fue [sic] olvidado; pero yo permanecí inflexible, y harto me felicito de no haber cedido á [sic] las exigencias de mis amigos; estoy segura que habría tenido un amargo desengaño. En el Perú todavía no ha sonado, desgraciadamente la hora de la emancipación de la mujer por la ciencia, ahí está la misma señorita Henríquez que a mí se me presentaba por modelo, y para la cual la carrera de abogado ha sido un doloroso vía crucis, teniendo por último que abandonar decepcionada los claustros universitarios. (Muñoz 1893: 24)

Este panorama adverso la llevó a viajar a Santiago de Chile, donde siguió estudios de neurocirugía y consolidó su desarrollo intelectual guiada por la filosofía positivista. Chile era un país con mayor apertura a los ideales liberales. Ya en la década de 1870, se había promulgado ahí una ley en favor del acceso de las mujeres a la educación superior. Eloísa Díaz y Enriqueta Pérez habían obtenido sus títulos en 1887, ejercían la profesión y participaban en congresos internacionales (Zárate 2013). Asimismo, la corriente positivista se había consolidado en la academia chilena a través de la medicina, con sus estudios de anatomía, neuroanatomía, biología y fisiología y el avance en el campo de los trastornos mentales. Como señala Claudia Araya:

> En el plano de los trastornos mentales, el desarrollo de la mentalidad anatomoclínica permitió, por una parte, la elaboración de una semiología psiquiátrica seme-

> jante a la de la medicina interna, y, por otra, proporcionó el sostén teórico para el despliegue del proceso de somatización de la locura durante todo el siglo XIX. Las implicancias del hecho de que los trastornos que hasta el momento pertenecían al terreno del alma pasaran a ser dominio del cuerpo y fueran además producto de lesiones anatómicas, marcó el nacimiento y desarrollo de la psiquiatría hasta nuestros días. (Araya 2011: 432-433)

En Chile, Muñoz encontró un ambiente propicio para sus intereses. No solo pudo dedicarse a sus estudios, sino que trabajó como auxiliar en la Clínica de Enfermedades Nerviosas del doctor Augusto Orrego Lucco y publicó su primer libro, la mencionada novela *La evolución de Paulina*. En 1895 migró a Buenos Aires con su hija, Aspasia Muñoz. En la capital argentina dictará conferencias y escribirá algunos folletines y ensayos con el propósito de difundir el positivismo y criticar el gobierno de Piérola. Asimismo, en dicha ciudad funda una revista de corte positivista, llamada *La Filosofía Positiva*, que solo tuvo seis entregas. Posteriormente, Muñoz escribió para otras revistas, como *El Búcaro Americano* (1896-1908), dirigida por Matto de Turner. En Argentina continuó su relación con la masonería y llegó a fundar una logia masónica el 8 de marzo de 1895. Durante los 14 años que vive en ese país, tiene una actividad académica destacable y publica varios libros, entre ellos, *Mis primeros ensayos* (1902), *Cartas y conferencias científicas* (1905) y *Las calamidades del presente* (1908). Basadre le atribuye la obra *Emancipación de la mujer por medio de la ciencia* (1983, tomo VIII). Esta amplia trayectoria académica, que aún no ha sido objeto de estudio, sería un gran aporte para una historia sobre mujeres.

Margarita Práxedes Muñoz muere en 1909, en pleno ejercicio de la medicina y como una representante del teosofismo, signo de un cambio en su paradigma filosófico. Un año antes, en el Perú, se había promulgado la Ley n.° 801 que permitía a las mujeres el libre acceso a las universidades, la obtención de grados y el ejercicio profesional.[39]

El itinerario de vida de Muñoz muestra los retos que tuvieron que enfrentar las primeras mujeres que ingresaron a la universidad, en un contexto en el que no se había reglamentado su acceso a la educación superior. Sorteando todas las dificultades, Muñoz se enfrentó a su familia, amigos e instituciones para convertirse en la primera bachiller en Ciencias del Perú en 1890. Así, transgrede el rol que la sociedad le había asignado a la mujer: ser madre, estar sujeta al hogar y ser el factor de estabilidad.

---

39. 7 de noviembre de 1908, véase Valladares (2012).

Al analizar el caso de Muñoz se identifica, por un lado, que el tránsito hacia ese espacio público masculino se dio en un escenario en el que una generación de mujeres ilustradas —especialmente en el campo de la literatura— venía luchando por el derecho a la educación y por la secularización de la sociedad, y en el que la Guerra del Pacífico permitió que las mujeres accediesen a espacios públicos. La lucha de las mujeres se produjo en un marco de tensiones en el que se combatió los prejuicios sociales que las habían relegado al hogar. Por otro lado, en la historia de Muñoz se evidencia sus vínculos con esas mujeres escritoras, así como con la masonería. De las escritoras recibió apoyo y reconocimiento, con ellas sostuvo discusiones, y ellas sirvieron de soporte afectivo para sortear la violencia simbólica del ambiente masculino que subalternizaba a la mujer. En lo que respecta a la masonería, ejerció una fuerte influencia en su carrera de ciencias, al punto que, al parecer, obtuvo incluso el apoyo de la Gran Logia del Perú para seguir sus estudios. Finalmente, el caso de Muñoz, que es el mismo que el de varias de sus contemporáneas, nos muestra las dificultades de las mujeres para desempeñarse en su oficio en un país que no admitía esto, forzándolas a emigrar para ejercer su profesión.

Bibliografía

ÁGUILA, Alicia del

2003 *Los velos y las pieles. Cuerpo, género y reordenamiento social en el Perú republicano (Lima, 1822-1872).* Lima: Instituto de Estudios Peruanos.

ARAYA, Claudia

2011 "Mujeres, médicos y enfermedad mental en la segunda mitad del siglo XIX". En Ana María Stuven y Joaquín Fermandois (eds.). *Historia de las mujeres en Chile.* Tomo I. Santiago de Chile: Taurus.

BASADRE, Jorge

1983 *Historia de la República del Perú.* Tomos V, VII y VIII. Lima: Ediciones Universitaria.

BATTICUORE, Graciela

1999 *El taller de la escritura. Veladas literarias de Juana Manuela Gorriti: Lima-Buenos Aires (1876/7-1892).* Santa Fe: Beatriz Viterbo Editora.

CABELLO DE CARBONERA, Mercedes

1875 "Necesidad de una industria para la mujer". *La Alborada,* II (22): 165-166/173-174.

Chocano, Magdalena

2010 "Lima masónica: las logias simbólicas y su progreso en el medio urbano a fines del siglo XIX". *Revista de Indias,* VXX (249): 409-444.

Conteras, Carlos y Marcos Cueto

2015 [1999] *Historia del Perú contemporáneo,* 5.ª edición. Lima: Instituto de Estudios Peruanos, Fondo Editorial de la Pontificia Universidad Católica del Perú y Centro de Investigación de la Universidad del Pacífico.

Cornejo Quesada, Carlos

2006 "Presencia e imagen del periodismo femenino en el siglo XIX". *Cultura,* 20: 241-276.

De Lucía, Daniel

1997 "La antorcha del progreso por los caminos del sur. Los espacios positivistas en la Argentina y su proyección iberoamericana (1895-1900)". *CUYO, Anuario de Filosofía Argentina y Americana,* 14: 77-113.

2009 "Margarita Práxedes Muñoz, visión del alba y el ocaso". *El Catoblepas,* n.º 83: 13. Disponible en: <http://www.nodulo.org/ec/2009/n083p13.htm> (última consulta: 01/06/2016).

2015 "Positivismo y exilio. Liberales peruanos en Buenos Aires en la transición entre los siglos XIX y XX". *Pacarina del Sur.* Disponible en: <http://www.pacarinadelsur.com/home/huellas-y-voces/201-positivismo-y-exilio-liberales-peruanos-en-buenos-aires-en-la-transicion-entre-los-siglos-xix-y-xx> (última consulta: 01/06/2016).

Del Castillo, Daniel

2000 "Un deseo de historia. Notas sobre intelectuales y nacionalismo criollo en el s. XIX a partir de La Revista de Lima (1859-1863)" (pp. 99-195). En Narda Henríquez (ed.). *El hechizo de las imágenes.* Lima: Fondo Editorial de la Pontificia Universidad Católica del Perú.

Denegri, Francesca

2004 [1996] *El abanico y la cigarrera.* Lima: Flora Tristán.

2017 "Un aterrizaje de emergencia. Las veladas literarias de Clorinda Matto de Turner en la Lima posbélica". En Evelyn Sotomayor (ed.). Pensar en público. Las veladas literarias de *Clorinda Matto en la Lima de la posguerra (1897-1891)* (pp. 15-26). Lima: Biblioteca Nacional del Perú.

EL PERÚ ILUSTRADO. SEMANARIO PARA LAS FAMILIAS

1890 Peter Bacigalupo y Editores Propietarios. Cuarto semestreñ. Lima, sábado 25 de octubre de 1890, n.° 181.

FERNÁNDEZ, Christian

2012 "Introducción". En Margarita Práxedes Muñoz(ed.). *Mis primeros ensayos*. Lima: Flora Tristán..

FLECHA, Consuelo

1996 *Las primeras universitarias en España*. Madrid: Narcea, S. A. Ediciones.

GARCÍA Y GARCÍA, Elvira

1925 *La mujer peruana a través de los siglos*. Serie Historia de Estudios y Observaciones. Tomo II. Lima: Imprenta Americana.

GARFIAS, Marcos

2009 *La formación de la universidad moderna en el Perú. Tesis de licenciatura de Historia*. Lima: Universidad Nacional Mayor de San Marcos.

GONZÁLEZ DE FANNING, Teresa

1892 [1875] "Trabajo para la mujer". En Juana Manuela Gorriti (ed.). *Veladas literarias de Lima (1876-1877)*. Buenos Aires: Imprenta Moreno.

GONZÁLEZ PRADA, Manuel

2010 *¡Los jóvenes a la obra!* Textos esenciales. Estudio preliminar, selección y notas de David Sobrevilla. Lima: Fondo Editorial del Congreso de la República.

GONZÁLEZ VIGIL, Francisco de Paula

1976 [1853] *La importancia de la educación del Bello Sexo*. Lima: Instituto Nacional de Cultura.

LAZCANO, Martín

1927 *Las sociedades secretas, políticas y masónicas en Buenos Aires*. Dos tomos. Buenos Aires: Librería El Ateneo.

MAC-LEAN Y ESTENÓS, Roberto

1944 *Sociología educacional del Perú*. Lima: Librería e Imprenta Gil.

MALLQUI BRAVO, Flor

2016 "Clorinda Matto de Turner, una reformadora social". *Hispanisme*.

McEvoy, Carmen

2000 "'Bella Lima ya tiemblas llorosa del triunfante chileno en el poder': una aproximación a los relatos de género en el discurso nacionalista chileno" (pp. 469-490). En Narda Henríquez (ed.). *El hechizo de las imágenes*. Lima: Fondo Editorial de la Pontificia Universidad Católica del Perú.

Mannarelli, María Emma

2009-2010 "El debate sobre la educación de las mujeres y las primeras universitarias en San Marcos 1895-1919". Informe de investigación, Instituto de Investigaciones Histórico Sociales, Facultad de Ciencias Sociales, Universidad Nacional Mayor de San Marcos.

2013 *Las mujeres y sus propuestas educativas, 1870-1930*. Lima: Derrama Magisterial.

s/f "Las aspiraciones educativas femeninas y la universidad" (mimeo).

Muñoz, Fanni

2001 *Diversiones públicas en Lima 1890-1920. La experiencia de la modernidad*. Lima: Red para el Estudio de las Ciencias Sociales en el Perú.

Muñoz, Margarita Práxedes

1893 *La evolución de Paulina*. Santiago: Imprenta Cervantes.

2012 [1902] *Mis primeros ensayos*. Lima: Flora Tristán, Hipocampo Editores, Universidad Nacional Mayor de San Marcos.

2014 [1893] *La evolución de Paulina*. Lima: Universidad Nacional Mayor de San Marcos.

Pinto Vargas, Ismael

2003 *Sin perdón y sin olvido. Mercedes Cabello de Carbonera y su mundo*. Lima: Universidad San Martín de Porres.

Pisconte, Alan

2012 "Absoluto y filosofía de las matemáticas en Federico Villarreal" (pp. 53-64). En Rubén Quiroz (ed.). *Ciudadanías discursivas. La filosofía peruana en el siglo XIX*. Lima: Solar.

Portocarrero, Gonzalo

1996 "El fundamento invisible: función y lugar de las ideas racistas en la República Aristocrática" (pp. 219-259). En Aldo Panfichi y Felipe Portocarrero (comps.). *Mundos interiores: Lima 1850-1950*. Lima: Centro de Investigaciones de la Universidad del Pacífico.

QUIROZ, Rubén

2014 "Margarita Práxedes Muñoz: una aventura intelectual luminosa". En Margarita Práxedes Muñoz. *La evolución de Paulina*. Lima: Universidad Nacional Mayor de San Marcos.

RAMOS, Carlos y Martín BAIGORRIA

2005 *Trinidad M. Enríquez. Una abogada en los Andes*. Lima: Palestra.

ROJAS BENAVENTE, Lady

2015 "Margarita Práxedes Muñoz: e pluribus unum o hacia una república unida". *Tinkuy,* 23: 5-19.

ROUSSEAU, Jean Jacques

1977 [1763] *Emilio o la educación*. Lima: Universo.

SALAZAR BONDY, Augusto

2013 [1965] *Historia de las ideas del Perú contemporáneo*. Lima: Fondo Editorial del Congreso de la República.

SOSA DE NEWTON, Lily

s/f "Carlota Garrido de la Peña y su revista El Pensamiento". *La máquina del tiempo*. Disponible en: <www.lamaquinadeltiempo.com/Mujeres/garrido/htm> (última consulta: 03/05/2016).

SOTOMAYOR Evelyn

2017 *Pensar en público. Las veladas literarias de Clorinda Matto en la Lima de la posguerra (1897-1891)*. Lima: Biblioteca Nacional del Perú.

TAUZIN, Isabelle

1996 "El positivismo peruano en versión femenina: Mercedes Cabello y Margarita Práxedes Muñoz". *Boletín de la Academia Peruana de la Lengua*, n.° 27: 79-100.

TRAZEGNIES, Fernando de

1984 *La idea del derecho en el Perú republicano del siglo XIX*. Lima: Fondo Editorial de la Pontificia Universidad Católica del Perú.

VALLADARES, Odalis

2012 "La incursión de las mujeres a los estudios universitarios en el Perú: 1875-1908". *Cuadernos del Instituto Antonio de Nebrija,* 15/1: 105-123.

VILLARREAL, Federico

1890 "Filosofía de las matemáticas". *La Gaceta Científica*, tomo VI.

Woolf, Virginia

2003 [1929] *Un cuarto propio*. Traducción de María Milagros Rivera G. Madrid: Edición Horas y Horas.

Zárate Campos, María Soledad

2013 "El cuidado femenino. Mujeres y profesiones sanitarias, Chile 1889-1950". En Ana María Stuven y Joaquín Fermandois (eds.). *Historia de las mujeres en Chile*. Tomo II. Santiago de Chile: Taurus.

Archivos consultados

Archivo Histórico Domingo Angulo de la Universidad Nacional Mayor de San Marcos: Libro de Matrícula de la Facultad de Letras, 1880-1885; Libro de Matrícula de la Facultad de Ciencias, varios años.

Archivo Histórico Nacional de Buenos Aires, Argentina.

Tracciones en la representación de las relaciones de género en materiales curriculares

Un análisis de las *Rutas del aprendizaje*[1]

Magrith Mena Portocarrero

Tracción: (3) Esfuerzo a que está sometido un cuerpo por la acción de dos fuerzas opuestas que tienden a alargarlo. *Diccionario de la Real Academia Española.*

Introducción

Este estudio busca dar cuenta de cómo se representan las relaciones de género en las *Rutas del aprendizaje* publicadas por el Ministerio de Educación en el año 2015. Estos documentos se produjeron en el marco de la reciente reforma curricular —iniciada en la gestión de Patricia Salas y continuada por la de Jaime Saavedra—, con el objetivo de apoyar el trabajo pedagógico de los/as docentes. En concreto, las *Rutas* contienen orientaciones pedagógicas y didácticas que buscan potenciar el logro de los aprendizajes esperados, es decir, una "enseñanza

---

1. Este artículo se basa en la investigación que desarrollé en dos consultorías, centradas en el análisis de la representación de las relaciones de género en las *Rutas del aprendizaje* del Ministerio de Educación, ediciones 2012-2013 y 2015, una de las cuales realicé en coautoría con Martín Málaga. Estas consultorías fueron financiadas por el Proyecto Fortalecimiento de la Gestión Educativa (Forge), el cual se aboca a dar asistencia técnica a diversas instancias dedicadas a la gestión educativa, de carácter nacional y regional, público y privado. Forge es un proyecto del Grupo de Análisis para el Desarrollo (Grade), con el apoyo técnico y financiero del Gobierno de Canadá. Para mayor información, consultar la web: <http://www.grade.org.pe/FORGE/>. La perspectiva y discusión de resultados de este artículo no necesariamente representan la postura institucional de Forge. Quiero agradecer a Fanni Muñoz, Rita Segatto, Petruska Barea, Maruja Barrig y a dos personas más que estuvieron involucradas en la producción de las *Rutas del aprendizaje* 2012-2013, así como a los miembros de Forge en general, quienes hicieron valiosos comentarios a los resultados de ambas consultorías. Las limitaciones de este artículo son enteramente responsabilidad mía.

efectiva".[2] Las *Rutas del aprendizaje* de 2015 son la segunda edición de estos materiales curriculares dirigidos a docentes; la primera apareció entre 2012 y 2013. Ambas ediciones se publicaron mientras se desarrollaba el nuevo marco curricular (oficializado a inicios de junio de 2016), por lo que las *Rutas* representaron hasta ese entonces el *currículo de facto* distribuido masivamente a docentes.

Los resultados que aquí se presentan buscan contribuir al debate sobre las brechas de género pendientes en el ámbito educativo. Este tema cobra especial relevancia al tener en cuenta que, en términos de Fraser (2000), en el sector educativo peruano se han logrado importantes avances en el ámbito de la *justicia material*, pero bastante menos en el de la *justicia simbólica* o de reconocimiento: así, las brechas de género en acceso, culminación y permanencia en el sistema educativo se han reducido significativamente durante las últimas décadas, mientras que las brechas en las prácticas cotidianas de aula y de los demás espacios escolares, en la implementación del currículo oficial y del oculto, aún no son enfrentadas directa y articuladamente por las políticas públicas.

La necesidad de dirigir la mirada hacia las brechas de género cualitativas en la educación, no solo nace de la responsabilidad que tiene el país en el cumplimiento de compromisos nacionales[3] e internacionales, sino también de la constatación de que nuestro país aún muestra importantes desigualdades de género en el entramado social. Estas encuentran su expresión más violenta en las altas tasas de feminicidio, crímenes de odio, y de violencia sexual,[4] pero también se cuelan en las actividades del día a día, como en la responsabilidad de los quehaceres domésticos o el simple hecho de transitar por el espacio público.[5] Ante esto cabe

---

2. Este término aparece en la presentación de cada una de las *Rutas del aprendizaje* de 2015 de las cuatro áreas curriculares analizadas, pero no en su primera edición. Las *Rutas* también incluyen el listado de competencias y capacidades esperadas para los ciclos educativos en los que se enfocan.

3. Entre ellos, el Plan Nacional de Igualdad de Género 2012-2017 (PLANIG); el Proyecto Educativo Nacional (PEN); el propio Currículo Nacional 2016; y la Ley de Fomento de la Educación de las Niñas y Adolescentes Rurales.

4. Perú ocupa el segundo lugar en feminicidios en América Latina, según un informe de la Cepal (2015). Se han registrado 159 crímenes de odio entre los años 2005-2016, según el *Informe anual sobre derechos humanos de personas LGTB 2015-2016*. En el país, el 33% de las mujeres que al menos una vez estuvieron en pareja, reportó que su último compañero había ejercido violencia físico y/o sexual contra ellas (INEI 2015).

5. De acuerdo con la Encuesta Nacional de Uso del Tiempo (ENUT) 2010, las mujeres dedican 2,5 veces el tiempo que dedican semanalmente los hombres a labores domésticas no remuneradas (INEI 2011). En un listado de las veinte capitales más pobladas del mundo (entre las cuales figura Nueva York), Lima es la tercera ciudad donde el transporte público es considerado más peligroso para las mujeres: 58% de las mujeres encuestadas reportaron haber sido víctimas de violencia

preguntarse qué rol tiene la escuela en estos sucesos, y qué rol desempeñan los actuales materiales curriculares en particular. Tales interrogantes se enuncian partiendo de reconocer a la escuela como un lugar preponderante en la transmisión intergeneracional de la cultura de una sociedad, de la reproducción de la desigual estructura social (Bourdieu y Passeron 1998), pero también del cambio social.

La discusión de los resultados de este estudio se enmarca también en una pregunta más amplia, sobre cómo "bajar a tierra" o adecuar el concepto de igualdad de género en el ámbito de la educación, y en particular en el diseño de los materiales curriculares de amplia distribución. Plantear esta cuestión resulta relevante, no solo porque existe actualmente una sobresaliente voluntad de visibilización y demandas en torno a las desigualdades de género planteadas por la sociedad civil —mientras se escriben estas líneas, miles de personas estamos preparándonos para la marcha del 13 de agosto NiUnaMenos en contra de la violencia de género—, sino también porque el género no ha logrado colocarse como tema de agenda efectivo en las políticas educativas. Una mirada a las décadas anteriores nos muestra que en Perú, y en América del Sur en general, las cuestiones de género no han sido una prioridad en las reformas curriculares realizadas en la década del noventa (Guerrero et ál. 2006). Más aún, Muñoz et ál. (2006) señalan que entre 1990 y 2003 no hubo una incorporación explícita de la perspectiva de género: se cayó en el uso retórico del término, sin contar con un soporte teórico ni con acciones concretas relacionadas entre sí (Muñoz et ál. 2006: 95).

Para dar cuenta de cómo se representan las relaciones de género en las *Rutas del aprendizaje*, este estudio se divide en cinco secciones. Luego de esta introducción, se presentan las premisas teóricas, seguidas de una descripción de la metodología empleada en el estudio, de los resultados y, para acabar, de las conclusiones y reflexiones finales suscitadas por el análisis.

Premisas teóricas

La noción de género en la que se basa esta investigación es la delineada por Scott (1996), quien propone que este concepto consta de dos partes y varias subpartes, analíticamente distinguibles pero interconectadas. La primera proposición señala al género como un elemento constitutivo de las relaciones sociales basadas en las diferencias que distinguen a los sexos; la segunda apunta al género como una

física y/o verbal en ese tipo de transporte (Fundación Thomson Reuters y Encuestadora YouGov 2016).

forma primaria de relaciones significativas de poder. La primera proposición, que incluye la clásica distinción entre sexo y género —donde el primero se refiere a las diferencias biológicas y el segundo a la construcción cultural—, se compone de cuatro elementos distinguibles: i) los símbolos culturalmente disponibles, que evocan representaciones múltiples e incluso contradictorias de lo que es "ser hombre" y "ser mujer", algunos ejemplos son Eva y María como símbolos de la mujer en la tradición cristiana occidental; ii) los conceptos normativos que limitan y contienen los significados de los símbolos los cuales se traducen en doctrinas religiosas, educativas, legales, etc. Los conceptos normativos suelen presentar los significados de "lo masculino" y "lo femenino" partiendo de posiciones predominantes, revestidas de universalidad y consenso social, invisibilizando el conflicto, las disputas, rechazos y represión de posibles alternativas a estos significados; iii) la construcción del género que trasciende las relaciones de parentesco (entendiendo la casa y familia como bases de organización social), abarcando el ámbito laboral, el educativo y la política; y iv) la identidad subjetiva, vinculada a cómo el género nos construye como sujetos.

La segunda proposición en la definición de género de Scott, pone en relieve al género como constitutivo de las relaciones de poder —entendido como el "control diferencial sobre los recursos materiales y simbólicos" (1996: 290). El género, así, se concibe como un campo donde el poder se articula/constituye. En este marco, como subraya la autora, los conceptos de género estructuran la percepción y organización concreta y simbólica de toda la vida social. Además, desde dicha postura se rechaza el entendimiento del poder social como unificado, coherente y centralizado, abogando por una visión foucaultiana del mismo, como "[...] constelaciones dispersas de relaciones desiguales, construidas discursivamente como 'campos de fuerza sociales'" (1996: 286). Es aquí donde se concibe el lugar para la agencia humana, entendida como posibilidad de negación, resistencia, reinterpretación y reinvención; como motor del cambio social.

Este enfoque teórico, además, toma distancia de la fijeza y permanencia adjudicada a la oposición binaria hombre/mujer, apuntando más bien a una historicidad y deconstrucción genuina de los términos de la diferencia sexual (Scott 1996: 284). Así, con base en Derrida, Scott nos propone realizar un análisis contextualizado de la forma en que dicha oposición binaria opera, cuestionando su jerarquía, en lugar de aceptarla como "propia de la naturaleza de las cosas" (1996: 284).

Una cuestión adicional a tener en cuenta en las premisas teóricas, es la noción de performatividad del género: en tanto el género es una construcción cultural, algo que no es dado por "la naturaleza", es algo que los individuos performamos día a día, casi de manera inconsciente.[6] La forma en que se lleva a cabo tal *performance*, se basa en los roles que se esperan de los individuos según se les haya identificado como "hombres" o "mujeres", lo que implica que se esperan calificaciones, actitudes y comportamientos diferenciados entre ellos/as (Brugeilles y Cromer 2009). Dichos roles nos son transmitidos por la sociedad a través de distintos y permanentes mensajes, que recibimos desde la infancia y lo largo de toda nuestra vida (Carrillo y León 1998). El problema aquí es que tal asignación tiende a reproducir una concepción binaria del género (hombre/mujer), encasillando lo que se entiende por "ser mujer" y "ser hombre". De hecho, muchas veces la propia lucha feminista ha estado centrada en la defensa de la categoría "mujer", basada en premisas sobre los límites y lo que es propio de los géneros, restringiendo sus significados, sin reflexionar qué implica este proceso en la construcción propia del sujeto "mujer" —como algo homogéneo—, y cómo puede resultar excluyente con respecto a otras poblaciones, y en especial, tener consecuencias homofóbicas (Butler 1999).

Un último elemento que hay que subrayar con respecto a las relaciones de género, es la materialidad del cuerpo, sobre la base de lo planteado por Butler (2015). En esta propuesta teórica, se entiende al cuerpo como una construcción —en un permanente proceso y sin que se niegue la agencia del sujeto—, como un campo de relaciones siempre dependiente e interdependiente; y al mismo tiempo, se propone entender "[...] hasta qué punto un cuerpo está moldeado y dotado de significancia en virtud del marco histórico dentro del cual se lo comprende" (Butler 2015). En particular, además, se subraya que la reproducción es solo una forma de organizar y entender la sexualidad del cuerpo; por lo tanto, centrar al cuerpo sexuado únicamente en la reproducción, anula toda posibilidad de vida sexual que no se relacione con esta (Butler 2015).

El segundo concepto a desarrollar en este aparatado es el lenguaje,[7] en tanto nuestro estudio se dedica a analizar la representación de las relaciones de género en el discurso contenido en las *Rutas del aprendizaje*. Un primer punto a enunciar es que, con base en Elías (1993) y otros autores de la corriente constructivista, la relación entre el individuo y la sociedad se entiende como dialéctica, de modo que ambos se construyen mutuamente. Berger y Luckman (2006) señalan,

---

6. Tomado de la conferencia "Education and equality: Can we count on it", dictada por Mairead Dunne en la Universidad del Pacífico, Lima, marzo de 2016, y organizada por la Sociedad de Investigación Educativa Peruana (SIEP) y el Centro de Investigación de la Universidad del Pacífico (CIUP).

7. Lo expuesto en este párrafo se basa principalmente en lo señalado por Pérez et ál. (2016: 4).

además, que existen tres procesos involucrados en esta relación: i) externalización, a través del cual el ser humano se expresa y donde el lenguaje representa un modo paradigmático de expresión; ii) objetivación, que permite que la creación del ser humano se "objetive", entendiéndose como algo previo y ajeno a él, concibiéndose como real y verdadero; iii) internalización, donde el ser humano es moldeado por dichas creaciones, como si no fueran su propia producción; el hombre como colectividad y su mundo social interactúan, siendo que el producto vuelve a actuar sobre el productor (Berger y Luckman 2006: 81). Tal como señalan Pérez et ál. (2016), basándose en Bourdieu, esta construcción social de la realidad da como resultado un mundo *naturalizado*, que se torna incuestionable, y que es vehiculizado por el "sentido común" o "doxa" (2016: 4). En este marco, el lenguaje no solo representa la realidad porque la expresa, sino también porque la construye, siendo portador de un aparato de clasificación que condiciona nuestra percepción sobre el mundo (Bourdieu 2000), y ocupando un rol fundamental en la reproducción de las relaciones de poder.

Metodología

El estudio que aquí presentamos se basa en un análisis de contenido, desde la perspectiva de igualdad de género, aplicado a las *Rutas del aprendizaje* producidas y publicadas digitalmente por el Ministerio de Educación el año 2015. Las técnicas de investigación empleadas son eminentemente cuantitativas, aunque se ha prestado especial atención a la presencia de elementos de índole cualitativa —como estereotipos de género— para dar cuenta de cómo las relaciones de género se representan en las *Rutas*. Cabe además señalar que el análisis de contenido que se desarrolló encuentra un fuerte arraigo en la tradición del análisis del discurso, en tanto —como se enunció líneas arriba— se parte de reconocer el vínculo entre lenguaje y poder, buscando generar una investigación crítica que visibilice la desigualdad social, y de género en particular, tal como viene siendo expresada, constituida y legitimada por los usos del lenguaje —el discurso (Wodak y Meyer 2001).

El corpus de análisis específico se compone de 12 *Rutas*, correspondientes a las áreas curriculares de Comunicación, Matemática, Personal Social y Ciencia y Ambiente,[8] de los ciclos II (inicial–3 a 5 años); V (quinto y sexto grado de pri-

8. Las *Rutas* del ciclo VII en estricto se denominan "Ciencia, Ambiente y Tecnología" y "Persona, Familia y Relaciones Humanas". Aquí las llamamos "Ciencia y Ambiente" y "Personal Social" porque son los nombres que llevan en las *Rutas* de los ciclos II y V.

maria); y VII (tercero a quinto año de secundaria) de la educación básica regular. Ello implica que el análisis, por un lado, abarca todas las áreas curriculares de las *Rutas* producidas y puestas a disposición de la plana docente hacia febrero de 2015, y por otro lado, incluye las *Rutas* destinadas a los/as docentes del final de cada uno de los tres niveles educativos: inicial, primaria y secundaria. De este modo, es posible señalar que el corpus de análisis da cuenta de la diversidad de *Rutas* producidas, en cuanto a área curricular y nivel educativo.

El desarrollo de la metodología se basó en dos decisiones, para poder dar respuesta a la pregunta sobre cómo se representan las relaciones de género en las *Rutas del aprendizaje*. Estas decisiones respondieron a dos cuestiones: en qué material concreto de las *Rutas* se iba a centrar el análisis y mediante qué categorías analíticas se lo desarrollaría. Para responder a la primera interrogante, se determinó que el análisis se centraría en los personajes que figuran en las *Rutas*.[9] Como personaje se consideró toda aquella persona presentada, sea a través de una imagen (por ejemplo, gráficos que complementan el mensaje del texto verbal, otros de estilo decorativo, cómics, etc.) o de una referencia verbal (por ejemplo, personajes de extractos de novelas, de cuentos, así como estudiantes y docentes presentados en diálogos ficticios, o incluidos en la redacción de problemas matemáticos, etc.). No se consideraron imágenes donde no se incluya el rostro de la persona, ni referencias verbales a sujetos colectivos (docentes, estudiantes, madres y padres de familia, etc.). En total, se analizó un conjunto de 2956 personajes, divididos en 2173 personajes contenidos en imágenes (73,5%) y 783 personajes en referencias verbales (26,5%).

En segundo lugar, se definieron cinco ejes de análisis:

i) *Demográfico*. Identificamos a los personajes por sexo y grupo etario. La identificación como "mujer" u "hombre" se basó en la presencia de al menos un dispositivo explícito que, bajo los estándares de lo que *tradicionalmente* consideramos "una mujer" o "un hombre", lo identifique como tal: por ejemplo, adornos en el pelo (ganchos, vinchas, colas, trenzas), uso de falda o senos abultados para el caso de las mujeres.[10] El estudio, además, presta especial atención

9. El estudio también podría haberse centrado, por ejemplo, en analizar en qué medida la malla curricular presentada en las *Rutas del aprendizaje* apunta al desarrollo de capacidades y competencias vinculadas a la igualdad de género, estudio que esperamos pueda realizarse más adelante.

10. Reconocemos que esta estrategia metodológica es por construcción reduccionista, pues considera la presencia de un dispositivo de representación, como un gancho de pelo, como un elemento suficiente para identificar a una persona como "mujer".

a los personajes a quienes, por sus rasgos físicos y/o vestimenta, no es posible identificar unívocamente como hombres/mujeres.

ii) *La esfera laboral.* Identificamos a los personajes que se encuentran ejerciendo una ocupación, por sexo y ámbito en que se desempeñan (dentro o fuera de la escuela). Incluye la mención a personajes famosos por sus carreras, como Walt Disney, Gastón Acurio, Susana Villarán, entre otros.

iii) *La esfera doméstica: el cuidado y crianza de niños/as y adolescentes.* Identificamos a los personajes adultos —excluyendo a los y las docentes— que se encuentran junto a un niño, niña o adolescente, dando cuenta del sexo del cuidador/a, el número de adultos involucrados en la escena, así como el tipo de actividad que ejerce el niño, niña o adolescente cuidado/a. Las tareas de cuidado y crianza registran las diversas situaciones en que los adultos acompañan a los menores, incluidas las labores de cuidado del cuerpo y las actividades de ocio y recreación, así como las acciones disciplinarias (que se destinarían a moldear conductas), que pueden implicar agresiones físicas (coscorrones, golpes en general, e invasión del espacio íntimo).

iv) *La esfera doméstica: el cuidado del hogar.* Identificamos a los personajes que se encuentran ejerciendo alguna actividad relacionada con el cuidado y mantenimiento del hogar, como cocinar, planchar, limpiar, ordenar, regar las plantas, etc., distinguiendo el sexo de quien desempeña estas labores.

v) *Juegos y actividades recreativas de niñas/as y adolescentes.* Identificamos los juegos y actividades lúdicas que ejercen los personajes menores de edad, por sexo y tipo de juego realizado. Los juegos se agruparon en diversas categorías. Cabe señalar que la categoría "recreación al aire libre" es excluyente de las demás. Si bien las actividades lúdicas de otras categorías pueden ser realizadas al aire libre (por ejemplo, pintar o correr), la categoría "recreación al aire libre" recoge solamente aquellas actividades que colocan la interacción con el entorno en el centro de la actividad que realiza la niña/o (por ejemplo, contemplar nubes u observar insectos).

Resultados

Aspectos demográficos

Un primer punto a señalar en cuanto a la distribución de los personajes, es que buena parte de ellos/as se concentra en las *Rutas* del ciclo II (53%), siendo su presencia mucho menos evidente en los ciclos V y VII (donde cada ciclo concentra alrededor del 23% de personajes). En el ámbito de los registros gráficos, esta tendencia es algo más acentuada, pues las *Rutas* del ciclo II concentran el 59% de personajes contenidos en imágenes. Dicha distribución no homogénea de los personajes a lo largo de los ciclos, lleva a preguntarnos cuál es el sentido de la inclusión de los personajes en las *Rutas*; por qué se concentran en el ciclo II de la enseñanza; y si existiría una cuestión de género en esta distribución de los personajes a lo largo de los ciclos.

En tanto las *Rutas del aprendizaje* están dirigidas a docentes, cabe tener en cuenta que la proporción de mujeres que ejercen la docencia en el país se va reduciendo al pasar de la educación inicial (donde 97% de docentes son mujeres), a la educación primaria (donde el porcentaje baja a 64%), y en especial a la educación secundaria (donde menos de la mitad son mujeres, 45%).[11] La mayor inclusión de personajes en gráficos y textos verbales en el ciclo II, parece sugerir que los/as lectores de las *Rutas* de este ciclo tendrían una capacidad de comprensión de textos diferente a la de los/as docentes de la educación secundaria, pues necesitarían más apoyos visuales, así como una mayor inclusión de personajes que encarnen las situaciones/mensajes que se quiere transmitir. Ello resulta problemático, pues parece insinuar una relativa *infantilización* de quienes se dedican a la docencia inicial, principalmente mujeres, en tanto la necesidad de apoyos visuales y concretos en la transmisión de conocimientos se suele asociar a los niños y niñas de menor edad; mientras que el pensamiento abstracto y complejo (por una cuestión objetiva del desarrollo de los niños/as) se asocia a los mayores.

Entrando ahora a la distribución de personajes por sexo, se tiene que a escala global, considerando los 2759 personajes que aparecen a lo largo de las *Rutas*, el 49% son hombres, el 48% son mujeres y en el 3% de los casos no es posible inferir el sexo del personaje. En términos generales, entonces, se tendría un equilibrio demográfico en la distribución de personajes por sexo femenino/masculino, lo cual representa un claro avance con respecto a estudios de décadas anteriores, donde se registraba una sobrerrepresentación masculina. En la década de 1980, Anderson y Herencia (1983) encontraron que en los textos de primaria, cerca del 80% de personajes en las imágenes eran hombres. Por su parte, Sara-Lafosse (1992) observó que dicho porcentaje se mantuvo en la década de 1990; mientras que en la del 2000, Benavides y Córdova (2003) y Espinosa (2006), analizando libros de texto de primaria y cuadernos de primaria, respectivamente, hallaron que alcanzaba el 60%.[12]

11. Estimaciones propias sobre la base del Censo Escolar 2013.

12. En estricto, estos documentos nos dan una aproximación y panorama intertemporal del análisis de los personajes en documentos escolares. Sin embargo, en estricto también no son del todo

TABLA 1

PERSONAJES A LO LARGO DE LAS *RUTAS DEL APRENDIZAJE* 2015, POR ÁREA CURRICULAR Y CICLO EDUCATIVO

(EN VOLUMEN Y PORCENTAJE)

	Ciclo II		Ciclo V		Ciclo VII		Total	
	N	%	N	%	N	%	N	%
En referencias gráficas								
Comunicación	569	60,6	148	15,8	222	23,6	939	100
Matemática	210	47,1	152	34,1	84	18,8	446	100
Ciencia y Ambiente	112	53,8	52	25,0	44	21,2	208	100
Personal Social	385	66,2	125	21,5	72	12,4	582	100
Total	1276	58,7	477	21,9	422	19,4	2175	100
En referencias verbales								
Comunicación	204	44,3	62	13,5	194	42,2	460	100
Matemática	15	19,2	44	56,4	19	24,4	78	100
Ciencia y Ambiente	21	47,7	16	36,4	7	15,9	44	100
Personal Social	53	26,2	92	45,5	57	28,2	202	100
Total	293	37,4	214	27,3	277	35,3	784	100
En referencias verbales								
Comunicación	773	55,3	210	15,0	416	29,7	1399	100
Matemática	225	42,9	196	37,4	103	19,7	524	100
Ciencia y Ambiente	133	52,8	68	27,0	51	20,2	252	100
Personal Social	438	55,9	217	27,7	129	16,5	784	100
Total	1569	53,0	691	23,4	699	23,6	2959	100

Fuente: Elaboración propia sobre la base de *Rutas del aprendizaje* 2015.

Este resultado, además, se condice con una clara intención de lograr un equilibrio demográfico entre personajes hombres y mujeres en las *Rutas*. Por ejemplo, en las imágenes grupales se observa a niños y niñas en igual o similar número de

comparables, pues emplean metodologías distintas y se centran en diferentes textos. Anderson y Herencia (1983) se enfocan en las imágenes y referencias verbales de los libros de texto de primaria; Sara-Lafosse (1992), en las imágenes y referencias verbales de los textos de Naturaleza y Comunidad de tercer grado; Benavides y Córdova (2003), en las imágenes de libros de texto distribuidos por el Ministerio de Educación en 2004, en las áreas de Comunicación y Personal Social, de cuarto y sexto grado de primaria; y Espinosa (2006) en las referencias contenidas en los cuadernos de Comunicación y Personal Social de estudiantes de quinto y sexto grado de primaria.

manera reiterativa; de la misma manera, en la presentación de diálogos simulados se trasluce un esfuerzo por presentar un igual número de estudiantes hombres y mujeres (deducido por sus nombres). Esto representa un notable cambio con respecto a las décadas anteriores, donde existía —como ya dijimos— una predominancia masculina en los personajes.

Recuadro 1

Diferentes escenas de personajes en grupos

Comunicación, ciclo II, p. 97	Ciencia, Tecnología y Ambiente, ciclo VII, p. 16	Matemática, ciclo V, p. 10

Fuente: *Rutas del aprendizaje* 2015.

Asimismo, hay que mencionar que la representación de los niños, adolescentes y adultos hombres, por un lado, y la de las niñas, adolescentes y adultas mujeres, por otro, resultan relativamente homogéneas dentro de cada grupo (masculino/femenino). De este modo, identificar el sexo que el autor/a deseaba representar en los diferentes personajes, resulta relativamente fácil. La heterogeneidad en la representación de los personajes en el entramado de las relaciones de género, se centra en la representación de hombres y mujeres que parecen provenir de distintos niveles socioeconómicos, ámbitos de residencia (urbano/rural) y/o culturas (personajes de culturas indígenas o población afroperuana, por ejemplo). Sin embargo, existe poco espacio para una heterogeneidad de representación de la "feminidad" y "masculinidad" que trascienda la interacción de las identidades relativamente fijas de hombre/mujer con la raza o la clase social, otorgando escaso o nulo espacio para la legitimación y representación de formas alternativas de "ser mujer" o "ser hombre", en función de la diversidad sexual y las identidades de género.

Una pequeña fisura en esta estructura de representación se encuentra en los 99 personajes con sexo indeterminado, que bien pueden estar contenidos en referencias verbales (22 casos) o en imágenes (77 casos). Los personajes con sexo indefinido en un texto escrito son aquellos donde no se ha especificado el nombre de la persona, y donde además el contexto no nos permite identificarla como hombre o mujer (por ejemplo, solo se coloca un guión para indicar lo que esta persona dice; o se la nombra en términos neutrales, con palabras como "docente", "una persona", o "yo"), o bien tiene un nombre que bien podría ser de mujer o de hombre (por ejemplo, Dannely). En el caso de los personajes contenidos en imágenes, se tiene dos grupos: i) aquellos donde no es posible identificar el sexo debido a que la figura es borrosa o de un tamaño muy pequeño (8 casos), y ii) aquellos donde no se encuentran suficientes elementos explícitos que nos sugieran unívocamente que el personaje es hombre o mujer (véase recuadro 2).

Estos personajes, aunque pocos en comparación con el total, resultan interesantes porque abren ante los/as lectores la posibilidad de imaginar diferentes formas de ser hombre o de ser mujer, de trasgredir las fronteras que como sociedad buscamos construir en torno a "lo masculino" y "lo femenino", cuestionando el hecho de que estas dos categorías tengan que ser necesariamente excluyentes en su representación. Además, por un lado, se observa que es mucho más probable encontrar personajes con sexo indeterminado en la representación de la infancia y niñez (85% de personajes de sexo indefinido son niños/as), que en la de la vida adulta; por otro lado, su presencia es bastante más probable en las áreas curriculares de Personal Social (56% de personajes con sexo indeterminado están en esas *Rutas*) y de Comunicación (29%), que en las áreas de Matemáticas (8%) y Ciencia y Ambiente (7%). De este modo, por un lado, la infancia y niñez se presentan como una esfera relativamente más flexible en la representación de las identidades de género, en comparación con la adultez, donde la frontera entre lo masculino/femenino aparece menos flexible/porosa; y, por otro, las áreas curriculares de letras se presentan relativamente más progresivas en la representación de las identidades de género que las áreas de números.

Retomando ahora el análisis de personajes que se identifican como mujeres y hombres, se tiene que si incorporamos la variable de grupo etario, tipo de registro (gráfico o verbal) y área curricular, el equilibrio demográfico logrado a escala global de personajes muestra interesantes variaciones. En el conjunto de personajes que representan la infancia, niñez y adolescencia se mantiene un relativo equilibrio de personajes por sexo (50% son hombres, 46% son mujeres y en un 4% no es posible identificar el sexo); mientras que en los personajes adultos se encuentra

Recuadro 2

Personajes con sexo indeterminado

Matemática, ciclo II, p. 44

Personal Social, ciclo V, p. 76

Comunicación, ciclo VII, p. 59

Matemáticas, ciclo V, p. 29

Ciencia y Ambiente, ciclo II, p. 18

Personal Social, ciclo II, p. 20

Fuente: *Rutas del aprendizaje* 2015.

una ligera predominancia de personajes mujeres (53% son mujeres, 45% son hombres, y en 2% de los casos no es posible identificar el sexo).

En cuanto al área curricular, se tiene que entre los personajes niños/as y adolescentes, la proporción de personajes hombres se incrementa en las áreas de Matemática y en especial en la de Ciencia y Ambiente, donde el 60% de personajes niños/as y adolescentes son varones. Entre los personajes adultos, el escenario cambia, observándose que a escala global no son los hombres sino las mujeres quienes encarnan la mayor parte de referencias, en especial en el área de Ciencia y Ambiente (59%). Así, en las áreas curriculares vinculadas a los números, la representación de los/as estudiantes guarda una predominancia masculina, y la del mundo adulto, una femenina.

GRÁFICO 1

TOTAL DE PERSONAJES POR SEXO, GRUPO ETARIO Y TIPO DE REFERENCIA (%)

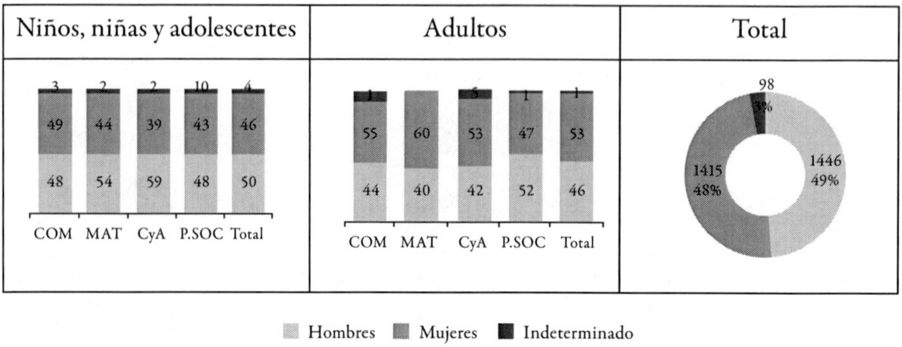

Nota: De los 2959 personajes en total, 913 son adultos, 2015 son niños/as y adolescentes, y en 31 casos no es posible identificar el grupo etario al que pertenecen.

Fuente: Elaboración propia sobre la base de *Rutas del aprendizaje* 2015.

Un análisis por ciclo educativo complejiza este hallazgo, pues nos muestra que en las cuatro áreas curriculares la relativa feminización del mundo adulto se concentra en las *Rutas* del ciclo II, para perderse progresivamente al transitar hacia el ciclo VII, donde el mundo adulto más bien se presenta como predominantemente masculino. El área de Personal Social es la que muestra esta tendencia de manera más acentuada: ahí el porcentaje de personajes hombres asciende del 40% a casi el 70% al ir del ciclo II al ciclo VII. Este último resultado, además, se condice con lo encontrado por Anderson y Herencia (1983) en la década de 1980, en lo que respecta a una predominancia masculina de los personajes más acentuada en los grados más avanzados de la educación primaria.

El mundo laboral

El mundo laboral fuera del ámbito escolar

En las *Rutas*, la representación del mundo laboral no escolar es androcéntrica: del total de 216 referencias a personas que trabajan, el 81% son personajes hombres, el 19% son mujeres y menos del 1% (solo dos casos) son personajes de sexo indeterminado. Además, el androcentrismo en la representación de las personas que trabajan es mucho más marcado en el lenguaje escrito (84% son hombres) que en el gráfico (71% son hombres).

GRÁFICO 2

PERSONAJES ADULTOS POR SEXO, ÁREA CURRICULAR Y CICLO DE ESTUDIO (%)

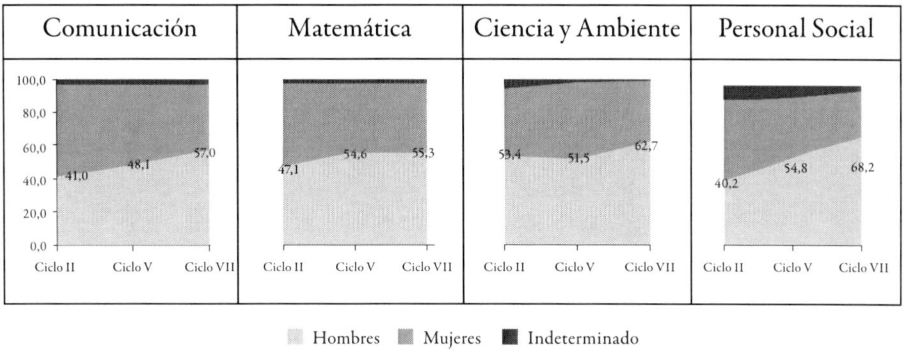

Nota: Las variaciones en el porcentaje de personajes hombres no son tan marcadas en el caso de los niños/as y adolescentes.

Fuente: Elaboración propia sobre la base de *Rutas del aprendizaje* 2015.

Si se tiene en cuenta que para el 2014 las mujeres representaban el 45% de la población económicamente activa (PEA), es claro que su presencia en el mercado laboral queda evidentemente subrepresentada. De hecho, la proporción de mujeres entre los personajes que trabajan en las *Rutas* es básicamente anacrónica, pues es más baja que la observada en el año 1970 (más de 50 años atrás), cuando ellas representaban el 32% de la PEA de Lima Metropolitana (Garavito s/f), o que la de 1990 (más de 25 años atrás), cuando constituían un 38% de ese indicador (similar al promedio observado de la región de América Latina) (Jelin 2010).

La representación androcéntrica del mundo laboral, además, contribuye a reproducir la noción de la tradicional división sexual del trabajo, donde a los hombres les corresponde primordialmente el desempeño (y reconocimiento) laboral en la esfera pública; mientras que a las mujeres, la responsabilidad del trabajo doméstico, en la esfera de lo privado/lo íntimo.

Al observar estos resultados por rubros ocupacionales, se tiene que las mujeres quedan invisibilizadas en los rubros de Fuerzas Armadas y Policía, así como en la referencia a personajes históricos, pues a lo largo de las *Rutas del aprendizaje* se tiene 3 y 12 casos de estos dos rubros, donde todos se refieren a hombres ejerciendo esos puestos. Así, Túpac Amaru, Pumacahua, Miguel Grau, Pachacútec, Simón Bolívar, San Martín, Cristóbal Colón, son personajes históricos masculinos que se presentan en las *Rutas* de Comunicación y Ciudadanía, en diferentes estrategias de aprendizaje y contextos, siendo algunos de ellos mencionados más de una vez. Esto resulta llamativo, pues revela una ausencia de voluntad de mencionar y destacar el rol de diferentes mujeres en la historia del país en general, y en los hechos históricos particulares a los que estos personajes aluden. Ello hace eco en la reproducción de la idea de un protagonismo masculino en la construcción de la historia (de los hechos *importantes*), a través de personajes hombres como símbolos culturalmente disponibles/visibles para las/os lectores.

Por otra parte, las mujeres encarnan únicamente el 5% de los casos de ocupaciones referidas a autoridades (alcaldías, presidencias, de justicia, etc.), solo el 16% de personas ejerciendo una profesión y el 22% de personas que ejercen carreras vinculadas a las artes (escritores, pintores, escultores, poetas, etc.). El rubro ocupacional de Oficios es el que se presenta como relativamente más diverso: del total de 67 casos, 50 son hombres, 16 son mujeres y en un caso no es posible identificar el sexo del personaje. Sin embargo, aun este rubro ocupacional evidencia una sobrerrepresentación de personajes masculinos.

Hasta aquí, en conjunto, es posible afirmar que los hombres no solo cubren la mayor parte de personajes que trabajan, sino que además son quienes dan vida a los personajes que ejercen rubros ocupacionales que cuentan con un mayor prestigio social o estatus: autoridades, profesionales y personajes históricos.

Si se presta atención a las diferentes ocupaciones específicas ejercidas por los personajes que trabajan (véase diagrama 1), se observa que el mundo laboral para los personajes varones se presenta mucho más diverso, pues ellos pueden ejercer 60 del total de 70 ocupaciones nombradas (86%); mientras que las mujeres solo 22 (la tercera parte, 31%), y los personajes de sexo indeterminado solo una (1%). Ello implica que la disponibilidad de referentes ocupacionales masculinos —a modo de símbolos culturalmente disponibles, en palabras de Scott— es mucho mayor que la que se presenta en el caso de los personajes femeninos y de sexo indeterminado. Esto no solo limita las opciones de vida representadas como efectivamente disponibles para las mujeres, sino que contribuye a la reproducción de la idea de lo masculino como aquello que directamente tiene una mayor cartera de opciones de vida a futuro, así como aquello que *abarca* y *da contenido* a la noción de "persona que trabaja", erigiéndose en "el parámetro" (casi universal) de referencia.

Este último resultado se nutre también de la distribución de las ocupaciones que realizan las mujeres: la mitad de ellas (12 de las 22 ocupaciones) son también ejercidas por personajes hombres. Es posible afirmar que estas 12 ocupaciones comunes a hombres y mujeres (que representan el 17% del total de ocupaciones mencionadas) contribuyen a una representación del mundo laboral que apunta a la igualdad de género, en tanto no presentan estos puestos de trabajo como exclusivamente de hombres o de mujeres. No obstante, es también importante

Gráfico 3

Personajes que trabajan, por sexo y grupo ocupacional (%)

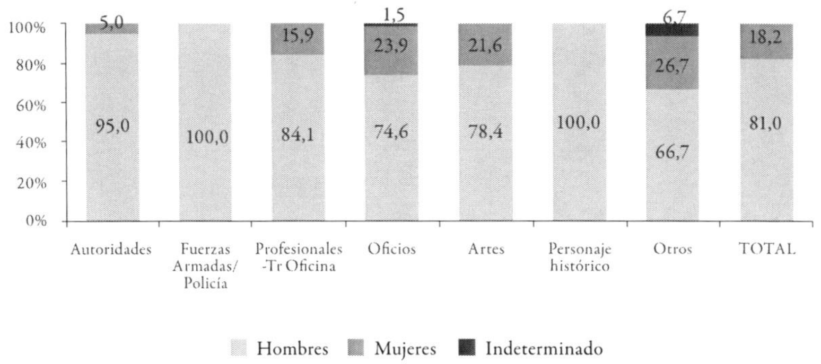

20	3	63	67	51	12	15	231	Número de personajes por rubro

Fuente: Elaboración propia sobre la base de *Rutas del aprendizaje* 2015.

que la lectura completa del panorama laboral nos muestra que el mundo laboral femenino, al tener en general una menor cantidad de referencias, queda no solo subrepresentado, sino casi *inmerso* (a modo de anexo) en una representación laboral centralmente masculina.

Además, el diagrama 1 nos muestra una clara frontera entre lo que ejercen los hombres y lo que ejercen las mujeres: así, por un lado, tenemos las ocupaciones de ingeniero, experto en estadística, albañil, carpintero, chef, piloto, chofer de camión, cobrador de micro, operario de excavadora, jardinero, etc. —ocupaciones tradicionalmente masculinas—, y por otro, las ocupaciones de secretaria, bailarina de marinera, cocinera, empleada doméstica —ocupaciones por tradición femeninas. Esto, en conjunto, representa un mercado laboral segmentado por el sexo de quienes trabajan.

Más aún, si unimos este resultado al anteriormente señalado (mayor cantidad de referencias ocupacionales encarnadas por personajes masculinos), se tiene que en especial "lo masculino" se representa como una categoría relativamente cerrada, con menos capacidad de tránsito/flujo hacia lo que se considera "femenino", en tanto las ocupaciones que son ejercidas por hombres y mujeres de manera indistinta (12 casos) representan solo el 20% de las referencias ocupacionales masculinas; mientras que representan más de la mitad de las referencias ocupacionales femeninas. Es decir, el mundo laboral femenino se presenta relativamente más flexible y abierto que el masculino.

DIAGRAMA 1

LISTADO DE OCUPACIONES MENCIONADAS PARA PERSONAJES, POR SEXO

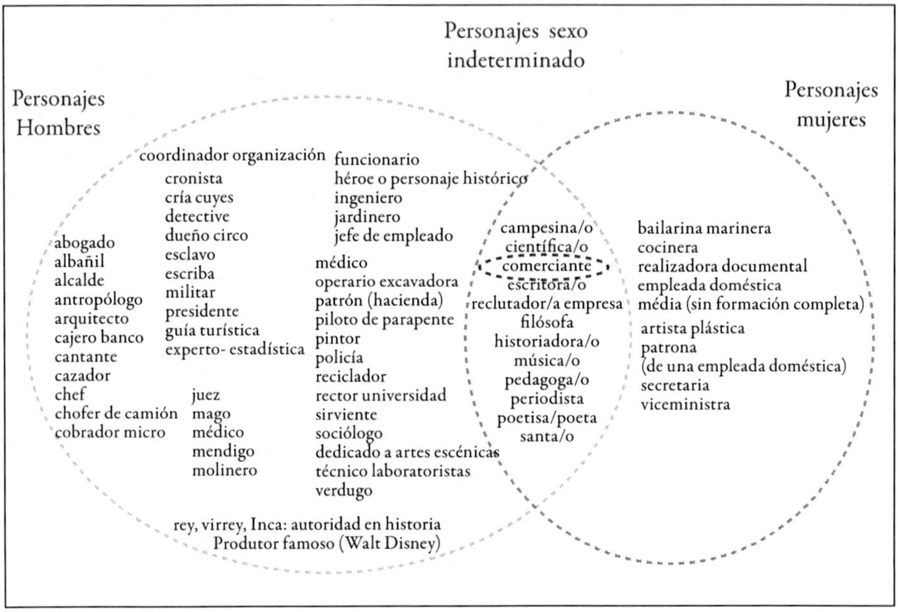

El mundo laboral en el ámbito escolar

La representación del mundo laboral escolar es fundamentalmente femenina. Del total de 435 personajes que ejercen algún cargo directivo o son parte de la plana docente, 74% son mujeres, 26% son hombres y solo el 0,7% (tres casos) son personajes que trascienden la clasificación hombres/mujeres. La feminización en la representación de los/as trabajadores del ámbito escolar se presenta más acentuada en el caso de la plana docente que en el de la plana directiva, la cual se muestra predominantemente masculina (cinco de los ocho casos son hombres).

Incorporando el ciclo educativo y el área curricular en el análisis, se tiene que los hombres que ejercen cargos directivos se centran en el ciclo VII —específicamente en la *Ruta* del área de Comunicación, que solo registra una mujer directora; mientras que dos de las tres mujeres directoras se ubican en el ciclo II —las *Rutas* de Comunicación y Personal Social. De este modo, la proporción

Gráfico 4

Personajes directivos y docentes, por sexo y tipo de referencia (en volumen y porcentaje)

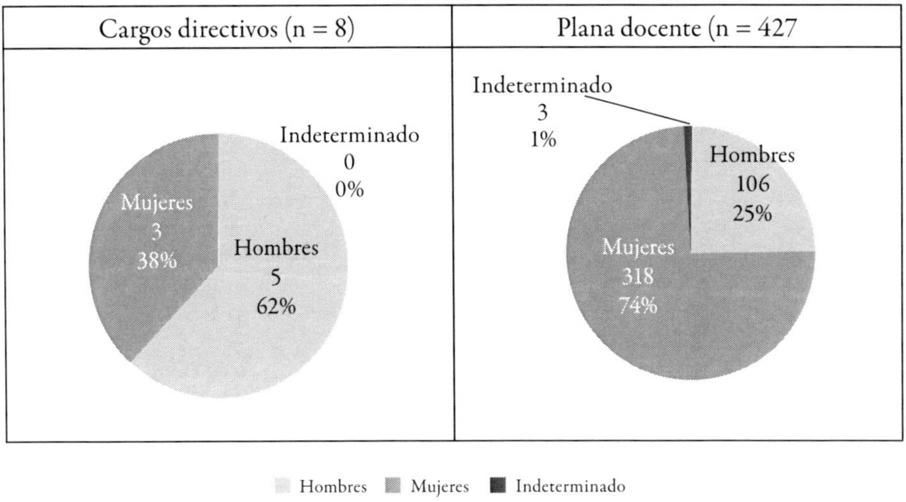

Fuente: Elaboración propia sobre la base de *Rutas del aprendizaje* 2015.

de directores hombres en las *Rutas*, por ciclo educativo, se asemeja bastante a la proporción observada a escala nacional en el año 2013 (que asciende a 5% y 79% en los niveles de inicial y secundaria, respectivamente). Esto, además, representa un importante cambio con respecto a la primera edición de las *Rutas*, donde el total de casos de directores eran hombres.

Por su parte, la feminización de la plana docente se relativiza al analizar la proporción de hombres en los diferentes ciclos educativos: las cuatro áreas curriculares muestran una clara tendencia ascendente en esta proporción, a medida que se pasa del ciclo II al VII, siendo el área de Ciencia y Ambiente la que presenta la tendencia más pronunciada —al llegar al final de la educación básica regular, el 100% de docentes son hombres. Así, el alto porcentaje de docentes mujeres se explica en buena parte porque el ciclo II (prioritariamente femenino) es el que alberga la mayor cantidad de referencias (tiene un mayor peso en el cálculo de la proporción global de docentes por sexo). Análogamente a lo observado en la plana directiva, estos datos a escala global se condicen con la distribución de docentes por sexo a escala nacional, donde la proporción de docentes mujeres cae del 96% al 45% al ir de la educación inicial a la secundaria.

GRÁFICO 5

PROPORCIÓN DE DOCENTES HOMBRES, POR ÁREA CURRICULAR Y CICLO EDUCATIVO

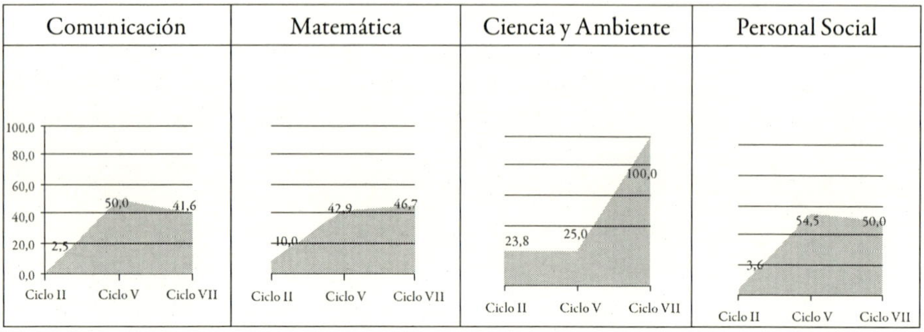

Nota: Las variaciones en el porcentaje de personajes hombres no son tan evidentes en el caso de los niños/as y adolescentes.

Fuente: Elaboración propia sobre la base de *Rutas del aprendizaje* 2015.

Es interesante mencionar, además, que en las *Rutas* la proporción de docentes hombres es relativamente alta en el caso de las áreas curriculares vinculadas a los números/ciencias, aun en el ciclo II, donde el 10% y el 24% de docentes de este ciclo son varones en las *Rutas* de Matemática y Ciencia y Ambiente, respectivamente. Dichos porcentajes se reducen a menos del 5% en las áreas de Comunicación y Personal Social. Este dato resulta interesante, pues, por un lado, trasgrede el estereotipo (y tendencia actual) de que la educación inicial es ejercida casi exclusivamente por mujeres; pero por otro lado, en tanto no se observa esta trasgresión en las áreas de letras (Comunicación y Personal Social), el dato simultáneamente parece remitir al estereotipo de que los hombres están mejor capacitados para la enseñanza de las ciencias *duras*.

De hecho, dicha división sexual en la docencia de las diferentes áreas curriculares se refuerza con las representaciones visuales. Por ejemplo, en la *Ruta* del área de Comunicación del ciclo VII (p. 40), que representa el caso de una escuela en particular, se observa cómo las docentes mujeres se dedican a la enseñanza del área de Comunicación, Persona, Familia y Relaciones Humanas —que se relacionan con el aprendizaje de las habilidades *blandas*—, mientras que las áreas vinculadas a los números, como Matemática y Ciencia y Tecnología, se encuentran a cargo de profesores hombres.

Recuadro 3

Personajes en cargos directivos

La representación de quienes ocupan los cargos directivos en las escuelas se encuentra revestida de formalidad

Comunicación, ciclo VII, p. 39. El director se encuentra de espaldas y usa terno

Comunicación, ciclo VII, p. 40

Personal Social, ciclo II, p. 96

Fuente: *Rutas del aprendizaje* 2015.

La esfera familiar y doméstica

El cuidado y crianza de niños, niñas y adolescentes

La representación de las actividades de cuidado y crianza de los niños, niñas y adolescentes es predominantemente femenina: 61% de cuidadores son mujeres, siendo este porcentaje más elevado en la representación verbal de esta actividad (70%) que en la gráfica (59%). Si se tiene en cuenta que en las décadas anteriores la representación de hombres ejerciendo estas tareas era casi inexistente, las *Rutas* representan un avance sobresaliente en este ámbito. Sin embargo, en tanto la mayor presencia de mujeres en las actividades de cuidado y crianza se combina con otra serie de características —que a continuación detallaremos—, es posible afirmar que aún existe un camino por recorrer, en aras de una representación más tendiente a la igualdad de género.

Un primer punto que hay que destacar es que, entre los hombres, el porcentaje que ejerce el cuidado de niños/as y adolescentes sin la compañía de otros adultos es menor (42%) que el observado entre las mujeres que realizan esta actividad (64%). Esto lleva a una representación de las mujeres como *más autónomas* que los hombres en el cuidado infantil, mientras que ellos se presentan —en promedio— como *más dependientes* de otras personas adultas para poder llevar a cabo el cuidado, lo cual contribuye a reproducir el estereotipo de género de las mujeres como relativamente "mejor dotadas" que los hombres para realizar dichas labores.

Un segundo punto que hay que subrayar es que —justamente por tener un

GRÁFICO 6
CUIDADORES, POR SEXO Y TIPO DE REFERENCIA (%)

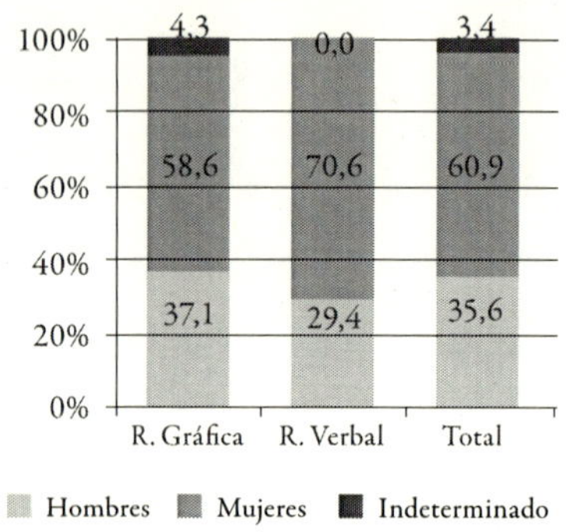

Fuente: Eaboración propia sobre la base de *Rutas del aprendizaje* 2015.

GRÁFICO 7
CUIDADORES, POR SEXO Y NÚMERO DE ADULTOS INVOLUCRADOS EN LA ESCENA (VOLUMEN)

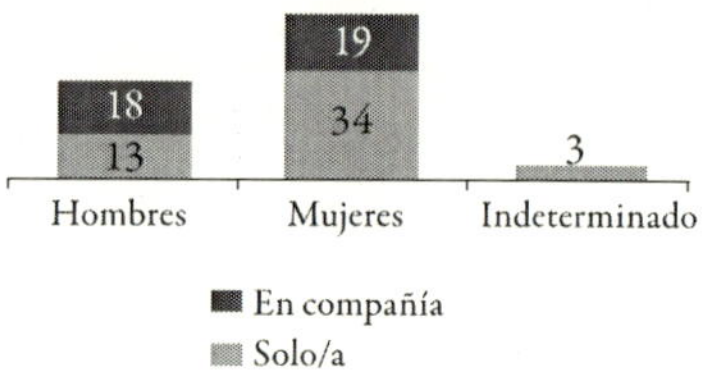

Fuente: Elaboración propia sobre la base de *Rutas del aprendizaje* 2015.

mayor número de cuidadoras mujeres que de cuidadores hombres— la cartera de actividades que las madres, abuelas y otras cuidadoras realizan con las/os menores es mucho más diversa que la observada entre los padres, abuelos y cuidadores varones en general. Así, las cuidadoras mujeres acompañan y/o supervisan a las niñas/os y adolescentes en 34 de las 43 actividades mencionadas (80%), mientras que los hombres solo en 17 (40%). La menor disponibilidad de referentes de cuidado infantil para los hombres —en comparación con las mujeres— proyecta una relativa limitada capacidad de "lo masculino" en el ejercicio del cuidado, basada en la no-visualización y directa no-representación de los hombres en la basta diversidad de situaciones que se generan en el cuidado de un niño/a o adolescente.

Además, solo 8 del total de 43 actividades (20%) pueden ser ejercidas por los niños/as y adolescentes independientemente de si les cuida un hombre o una mujer. Nuevamente, se tiene que la representación de estas actividades resulta especialmente valiosa, pues pone en tensión el patrón observado en el ámbito general, que más bien apunta a una segmentación de las actividades que los niños/as realizan según el sexo de sus cuidadores.

DIAGRAMA 2

ACTIVIDADES QUE EJERCEN LOS NIÑOS/AS Y ADOLESCENTES, POR SEXO DE LA PERSONA QUE LES CUIDA

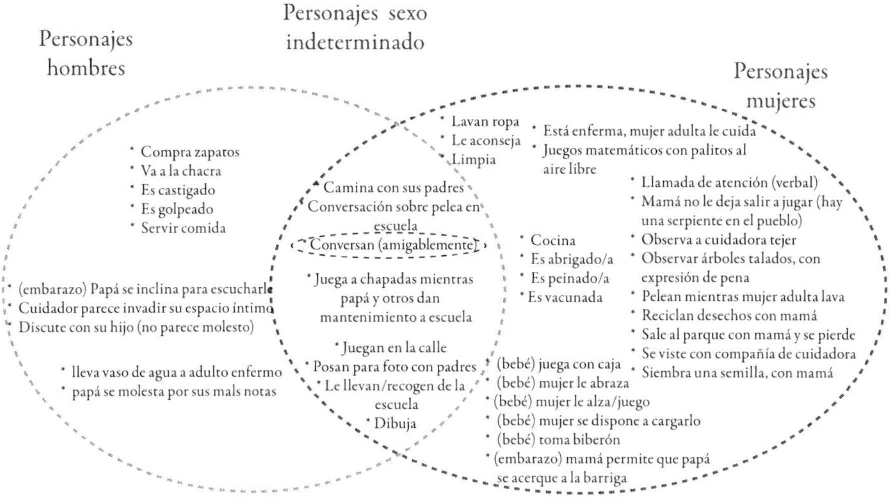

Fuente: Elaboración propia sobre la base de *Rutas del aprendizaje* 2015.

En efecto, el tercer punto que hay que señalar es que las *Rutas* presentan una relativa división sexual del cuidado infantil. Ello no solo se evidencia en el más alto porcentaje de cuidadoras mujeres, sino también en el tipo de actividad que realizan los niños/as mientras son cuidados/as. Así, en las actividades que concentran el mayor número de casos por sexo del cuidador/a, se observa que cuando el cuidado lo ejerce un hombre, es más probable que el menor se encuentre posando para una foto familiar, jugando al aire libre (caminatas, paseos, etc.) o siendo receptor/a de una agresión física; mientras que si es una mujer quien cuida, es bastante más probable que la niña/o o adolescente se encuentre realizando una labor doméstica —como cocinar, barrer, limpiar, reciclar, etc.—, o una actividad relacionada con el cuidado de su cuerpo —como bañarse, vestirse, peinarse, vacunarse, ser cuidado cuando se está enferma/o, etc.—.

Este último resultado es importante. Por un lado, remite a un ingreso de los hombres en la representación de la esfera del cuidado y crianza de los niños/as y adolescentes vinculado a actividades y actitudes tradicionalmente "masculinas", como el uso del espacio público o del ejercicio de autoridad desde la violencia, mientras que, por otro lado, asigna a las mujeres los roles tradicionalmente "femeninos" de labores domésticas y cuidado del cuerpo (que en principio no puede

GRÁFICO 8

TIPO DE ACTIVIDAD REALIZADA POR EL NIÑO/A, POR SEXO DE SU CUIDADOR (EN VOLUMEN)

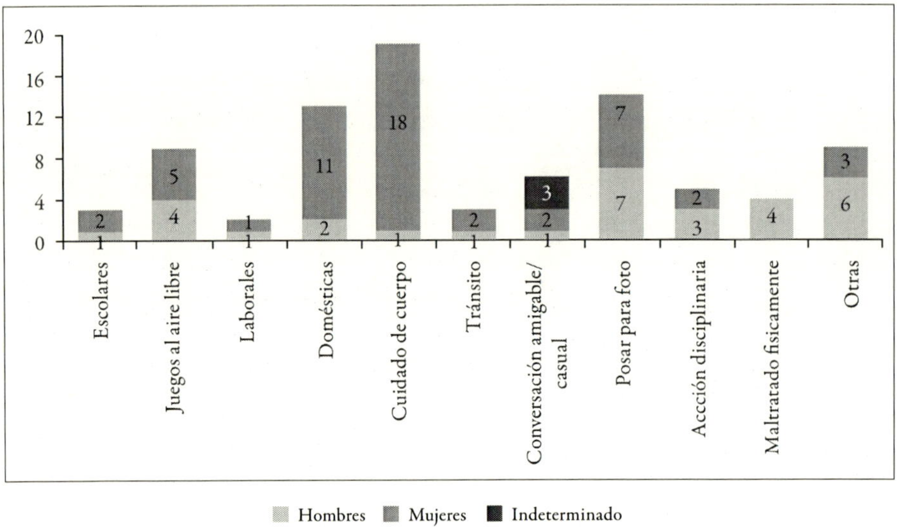

Fuente: Elaboración propia sobre la base de *Rutas del aprendizaje* 2015.

desvincularse del bienestar emocional) de los niños/as. Así, la representación del cuidado infantil aún remite a la construcción de fronteras marcadas entre lo que se entiende por "ser hombre" y "ser mujer".

Tal frontera se evidencia de manera sobresaliente en la representación del cuidado del cuerpo e integridad física de los niños/as, donde la masculinidad se presenta como la única posible fuente de violencia y agresión al cuerpo —especialmente centrada en el cuerpo infantil e incluyendo la violencia de tipo sexual—, mientras que la femineidad se presenta como la fuente primaria de protección, afecto, así como de compañía en la exploración segura del entorno. En este contexto, siempre que se tiene una escena de agresión física contra los niños/as, es un adulto hombre (por lo general el padre) quien ejerce este tipo de violencia, mientras que casi siempre que se tiene un bebé es la madre quien se hace cargo de su cuidado.

Las escenas en las que un hombre cuidador se presenta tocando el cuerpo de una niña o niño, en un contexto de interacción segura y cargada de afecto para este, resultan escasas a lo largo de las *Rutas* (solo dos casos). Además, en ellas casi siempre el adulto varón no suele aparecer solo con el/la niño/a, sino que acompañado de su pareja (únicamente se presenta un caso de un padre abrazando a su hijo, que es un adolescente). Más aún, incluso en las escenas familiares con ambos padres presentes, el cuerpo del niño/a se presenta por lo general tocado por la madre y no por el padre. De este modo, el cuerpo de los bebés y niños evoca la imagen de ser casi "intocable" por los adultos varones, de quien parece que debe ser protegido y resguardado. Dicha representación alude a una sexualización de los cuerpos infantiles, así como del contacto físico entre adultos hombres y niñas/os pequeños, quedando invisibilizados otras formas y contextos en que dicho contacto puede darse, como la expresión de afecto, la contención emocional o la protección. Ello, en definitiva, representa una reducción en la representación de los cuerpos masculinos adultos, y de los infantiles, en los términos similares a los señalados por Butler (2015) (véase la sección II).

Vinculadas al resultado anterior, se tiene otras tres tendencias en el cuidado de menores que contribuyen a la construcción de una frontera entre cuidadores hombres y mujeres. Por un lado, el estilo en el ejercicio de autoridad: las madres se representan como las más propensas a aconsejar a los niños, a dialogar con ellos/as sobre sus comportamientos, a llamarles la atención por medios verbales, mientras que los padres se presentan como más propensos a molestarse, a castigar y expresar su enojo mediante agresiones físicas. Esto entra en diálogo complementario con una representación fundamentalmente sobre la base de personajes masculinos de la ira y el enojo a lo largo de las *Rutas del aprendizaje*.

Por otro lado, cada vez que se tiene una escena en la que un adulto trasgrede una norma social de comportamiento (distinta de la agresión física a menores de edad que antes mencionamos), se trata de un hombre; así, los padres se presentan como quienes llevan a sus hijos/as a la chacra, obstaculizando su asistencia a la escuela; o son quienes no piden boleta al comprar unos zapatos —siendo su hijo adolescente quien luego le indica que esto no está bien. Dichas representaciones contribuyen a reproducir el estereotipo que asocia "lo masculino" a la trasgresión, la ruptura de la norma, así como el disentimiento. Por último, en los casos en los que solo un adulto figura en la escena, las mujeres son las únicas cuidando más de un niño al mismo tiempo, lo que demanda la habilidad de tener una simultánea atención a diversas voluntades y deseos , mientras que los hombres siempre cuidan como máximo a un niño/a o adolescente.

Labores de cuidado y mantenimiento del hogar

La representación de las labores domésticas es predominantemente femenina: el 75% de personajes que se encuentra ejerciendo este tipo de actividad son mujeres (21 de 28), el 25% son hombres (solo 7 de 28), y en ningún caso se registró un

RECUADRO 4

ESCENAS DE CONTACTO FÍSICO ENTRE PERSONAJES ADULTOS Y NIÑOS/AS

Comunicación, ciclo V, p. 69

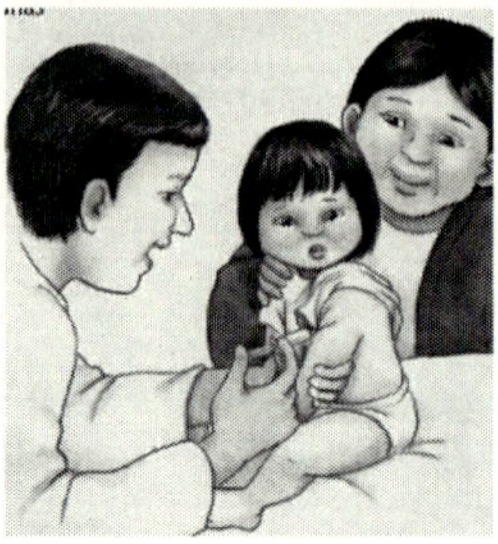

Una mujer adulta cuida a una niña pequeña mientras le colocan una vacuna. En las escenas que incluyen contacto físico de los cuidadores con los menores, es más probable encontrar mujeres.

Personal Social, ciclo II, p. 47

Escena familiar, el papá acompaña y está atento al dibujo que hace su hijo; la mamá, por su parte, también acompaña, pero expresando físicamente su afecto.

Personal Social, ciclo VII, p. 76

Imagen importante: un padre regresa de comprar zapatos con su hijo, lo abraza, caminan y conversan en la calle. Estas escenas, sin embargo, son relativamente escasas.

Fuente: *Rutas del aprendizaje* 2015.

personaje de sexo indeterminado. La proporción de hombres realizando labores domésticas, por un lado, coincide con los resultados de la Encuesta de Uso del Tiempo 2010, que arrojan que aproximadamente el 25% de las labores domésticas son realizadas por hombres, y por otro, representa un ligero avance con respecto a materiales curriculares anteriores. Sin embargo, la representación de este ámbito de la vida diaria dista bastante de un reparto más igualitario en función del género.

De las diez distintas actividades domésticas que se presentan a lo largo de las *Rutas*, nueve (90%) pueden ser realizadas por personajes mujeres, mientras que seis (60%) pueden ser ejercidas por varones. Esto tiene el aspecto positivo de que el 50% de actividades domésticas pueden ser llevadas a cabo por hombres o mujeres de manera indistinta, lo que contribuye a desnaturalizar la noción de las labores domésticas como algo propio "de ser mujer"; sin embargo, las mujeres aún se presentan como *más capaces* y responsables, al tener una mayor cartera de opciones y diversidad de actividades domésticas que los hombres.

Gráfico 9

Labores domésticas, por sexo

(en volumen)

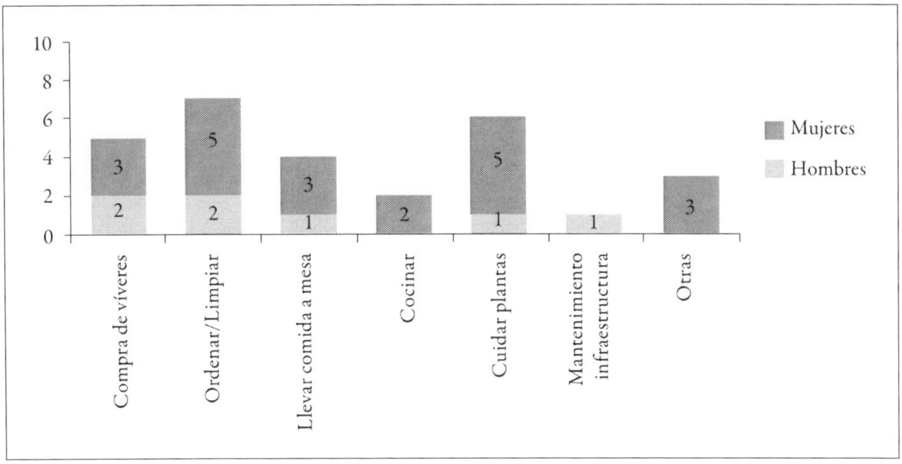

Fuente: Elaboración propia sobre la base de *Rutas del aprendizaje* 2015.

Diagrama 3

Labores domésticas, por sexo

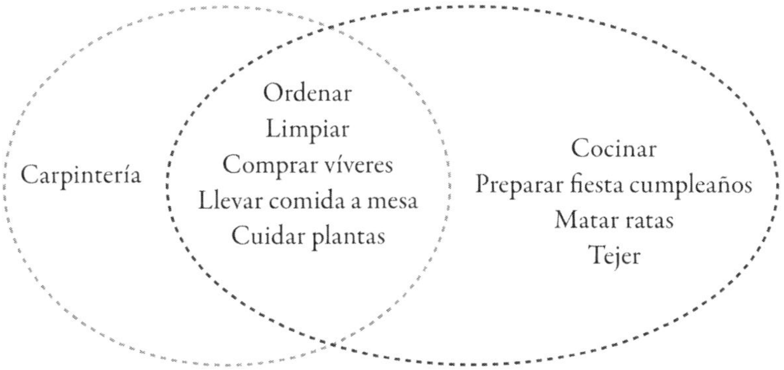

Fuente: Elaboración propia sobre la base de *Rutas del aprendizaje* 2015.

Juegos y actividades de recreación de niñas/os y adolescentes

La representación de juegos y actividades de recreación de niñas/os y adolescentes no evidencia una predominancia masculina o femenina: 51% son hombres, 45% son mujeres y en 4% de los casos no es posible identificar el sexo del personaje. El mundo lúdico se configura, entonces, como el ámbito de representación que más tiende a un equilibrio de género en términos demográficos (conteo de personajes por sexo) en las *Rutas del aprendizaje*, en comparación con los ámbitos de la esfera laboral y doméstica. De hecho, de manera análoga a lo observado a escala global en la sección "Demografía", en el mundo lúdico se observa una clara voluntad de representar grupos mixtos, con un número similar de personajes hombres y mujeres. Esto representa un cambio significativo con respecto a ediciones anteriores de materiales curriculares, donde en las imágenes grupales solían prevalecer los personajes varones (Benavides y Córdova 2003).

El análisis de los juegos específicos desempeñados por los niños/as y adolescentes muestra, además, que los diferentes rubros de juegos y actividades pueden ser desempeñados por los menores, independientemente de su sexo. Así, en todos los rubros de juegos hay al menos un personaje hombre, al menos un personaje mujer, y en la mayor parte de rubros se encuentra al menos un personaje cuyo sexo no es posible identificar. Esto es un aporte significativo, en tanto las capacidades involucradas en las actividades lúdicas y de interés de los niños/as y adolescentes, en general, no se presentarían diametralmente diferenciadas según el sexo de los mismos. Por ejemplo, se tiene un similar número de niños y niñas realizando deportes, saltando, corriendo, etc.; de hecho, las *Rutas* 2015 incluyen, a diferencia de la edición anterior, más imágenes de niñas con cuerpos relativamente móviles y expresivos, situaciones que antes tendían a estar representadas por personajes masculinos.

Existen, sin embargo, dos puntos que podrían ser trabajados en las próximas ediciones de las *Rutas*, a fin de tener una representación del mundo lúdico más tendiente a la igualdad de género. Un primer punto que hay que subrayar es que aún se observa más personajes varones que mujeres en juegos que implican habilidades vinculadas al cálculo (35 casos más, lo que implica que el 60% de personajes desarrollando estos juegos son hombres): armado de bloques, jugando al ajedrez, conteo, asociación y distribución de fichas, etc. Esto resulta llamativo, en tanto no aporta del todo a deconstruir y cuestionar el estereotipo de que los hombres son más hábiles que las mujeres en matemáticas. Como se sabe, las evaluaciones nacionales e internacionales apuntan a que existe una brecha de género en los

GRÁFICO 10

JUEGOS Y ACTIVIDADES DE RECREACIÓN REALIZADAS POR NIÑOS/AS Y ADOLESCENTES, POR SEXO

(EN VOLUMEN)

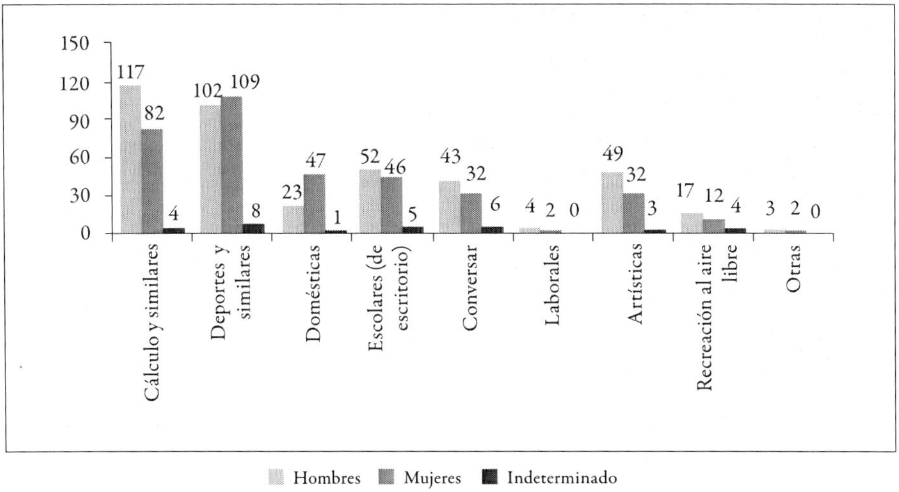

Fuente: Elaboración propia sobre la base de las *Rutas del aprendizaje* 2015.

logros de aprendizaje de esta área curricular,[13] por lo que resultaría deseable tener un equilibrio en la representación de los juegos que implican estas habilidades.

Un segundo punto que hay que destacar es la predominancia femenina en la realización de juegos que implican actividades domésticas: en dichos juegos, el número de niñas (50) es el doble que el de niños (25). La representación de juegos sobre actividades domésticas se encuentra, además, claramente diferenciada por sexo: los niños básicamente riegan y en algunos casos cocinan —solo en un caso un niño cuida de un muñeco, cargándolo en compañía de una niña—, mientras que las niñas, además de estas actividades, juegan a "la casita", analizan cuál es el

13. En la evaluación de estudiantes de sexto grado en matemáticas, del Tercer Estudio Regional Comparativo y Explicativo (Terce), llevado a cabo por el Laboratorio Latinoamericano de Evaluación de la Calidad de la Educación (Llece), Perú obtuvo la mayor brecha de género (los estudiantes hombres obtuvieron mejores resultados que las mujeres) entre un grupo de 15 países de América Latina y el Caribe (Llece 2014). Dicha brecha también se manifestó en la evaluación PISA 2012, donde Perú fue el sexto país con la mayor brecha de género en matemáticas, en un grupo de 43 países evaluados, de los cuales la mayor parte pertenecen a la Organización para la Cooperación y el Desarrollo Económicos (OCDE), es decir, son relativamente ricos (OCDE 2013).

RECUADRO 5

JUEGOS DE ROLES RELACIONADOS CON LA PREPARACIÓN DE ALIMENTOS

Personal Social, ciclo II, p. 65

Un ejemplo de trasgresión de los estereotipos de género: un niño cuida de un león-bebé, dice que le preparará su comida.

Comunicación, ciclo II, p. 25

Las niñas preparan una sopa. Estas escenas son bastante más comunes que la de la izquierda.

Fuente: *Rutas del aprendizaje* 2015.

mejor ingrediente para cocinar, se frustran porque se les quema el arroz, consiguen víveres, sirven la comida a otras personas, lavan platos, alimentan a animales.

Conclusiones y reflexiones finales

Al inicio de este artículo citábamos una de las definiciones del término *tracción*, en el diccionario virtual de la Real Academia Española, que se refería a la aplicación de dos fuerzas opuestas a un cuerpo, el que tiende luego a alargarse. A partir del análisis aquí desarrollado, se concluye que el discurso a través del cual se realiza la representación de las relaciones de género en las *Rutas del aprendizaje* parece estar sometido a una tracción, de corrientes relativamente más progresivas y que apuntan en dirección a la igualdad de género, versus tendencias más bien estáticas, que acaban por reproducir lugares ya comunes y discutidos sobre la representación de las relaciones de género, incluso en el ámbito específico de los materiales curriculares (Brugeilles y Cromer 2009). Con esto, las relaciones de género se presentan mediante un discurso fragmentado, de lectura accidentada: la persona que lee las *Rutas* puede encontrarse con una referencia relativamente trasgresora de las viejas fronteras entre "lo masculino" y "lo femenino", para luego voltear la página y toparse con otra que apunta en la dirección opuesta.

En este marco, existen en las *Rutas* elementos importantes que tienden a una representación más igualitaria de las relaciones de género, como el equilibrio demográfico de personajes hombres y mujeres a escala global; la introducción de personajes hombres ejerciendo actividades de cuidado infantil; la inclusión (aunque aún marginal) de personajes que no pueden ser identificados unívocamente como hombres o mujeres —que abren la posibilidad de representar las identidades de género más allá de la dicotomía excluyente hombre/mujer; así como una relativa igualdad en la representación de capacidades e intereses en los juegos que realizan las niñas y niños. Sin embargo, estos avances entran en tensión con otros elementos que más bien tienden a reproducir los tradicionales roles de género, como la feminización de la plana docente de la educación inicial; la sobrerrepresentación de personajes hombres en la esfera laboral (no escolar) y en el desempeño de ocupaciones de mayor prestigio social (tanto en el ámbito escolar como en el no escolar); el desarrollo de actividades de cuidado del hogar que aún resulta básicamente femenino; o el ejercicio de autoridad no dialogante —incluso violenta— en hombres adultos que cuidan de menores. Más aún, los avances específicos observados no se presentan como un discurso del todo coherente y articulado a lo largo de las *Rutas*. Así, por ejemplo, es mucho más probable encontrar personajes con sexo indeterminado en las *Rutas* de las áreas curriculares de letras, mientras que prácticamente no existen en las demás áreas estudiadas.

El núcleo de representación en las relaciones de género tendientes a la igualdad en las *Rutas del aprendizaje* se encuentra en la búsqueda de un equilibrio demográfico, a escala global, de los personajes por sexo. Así, las representaciones androcéntricas en el ámbito del conteo de personajes, que favorecían una inexactitud cultural, donde la mayoría de las mujeres activas de una cultura quedaban obviadas (Subiría 1999), y que se observaba en materiales curriculares anteriores, ya no son un patrón invariable en las *Rutas*. Sin embargo, esta propuesta centrada en un equilibrio aritmético necesita ser complementada con elementos de corte cualitativo en la representación de los personajes, si se busca producir materiales curriculares con "pertinencia de género", a fin de cumplir con los compromisos y metas de carácter nacional e internacional, los que en última instancia buscan promover una convivencia genuinamente democrática en función del género. Resultaría conveniente, entonces, que en el diseño de los materiales curriculares se determinen mínimos indispensables con respecto a qué hacen los personajes, qué tipo de ocupación específica desempeñan, qué actividad específica del cuidado de niños/as y adolescentes ejercen, cómo expresan sus emociones, etc.

En especial, conviene replantear la cuestión de la tradicional división sexual del trabajo, que aparece como una constante en las *Rutas*, pues se halla en la representación del mundo laboral escolar (las docentes mujeres se concentran en especial en el ciclo II); en el mundo laboral no escolar (la mayoría de personajes que trabajan son hombres); en la esfera doméstica del cuidado de menores (la mayoría de personajes que cuidan son mujeres y las actividades que hace el niño/a cuidado difieren según el sexo de los personajes); y en los juegos y actividades recreativas de niñas/as y adolescentes (los juegos de roles sobre actividades domésticas son más comunes entre niñas). En este punto, además, es interesante señalar que la esfera laboral no escolar es la que se presenta como más cerrada, en tanto las categorías hombre/mujer aparecen como más excluyentes entre sí (80% de personajes son hombres, solo 17% de las ocupaciones pueden ser ejercidas por hombres y mujeres indistintamente), en comparación con la esfera de cuidado del hogar (donde el 75% de personajes son mujeres, pero el 50% de actividades son desempeñadas por hombres y mujeres indistintamente), y con la esfera del cuidado de menores, que es la relativamente más trasgresora (61% de los cuidadores son mujeres y el 19% de actividades específicas de cuidado son ejercidas por hombres o mujeres, sin distinción).

Las *Rutas del aprendizaje* contienen múltiples referencias que contribuyen a reproducir —o que al menos abren suficiente espacio para cuestionar— diferentes estereotipos de género, no solo asociados a la división sexual del trabajo, sino también a otros ámbitos de la vida, como la expresión de emociones. Así, por ejemplo, los personajes tímidos o que parecen necesitar de objetos transicionales que les den seguridad (como ositos de peluche) suelen ser niñas, o cada vez que se hace alusión a la belleza o atractivo físico de una persona, se los atribuye a una niña o adolescente mujer. Por otra parte, existen otras referencias que claramente cuestionan determinados estereotipos de género, como el papá que abraza a su hijo adolescente al caminar por la calle (capaz de expresar afecto y de dialogar), o el niño que cuida de un muñeco-león, como si fuera un bebé. Sin embargo, estos elementos están aislados y son relativamente marginales en el conjunto de referentes que hace alusión a las relaciones de género en las *Rutas del aprendizaje*.

Si los materiales curriculares quieren apuntar al desarrollo de la educación, y del país, desde una perspectiva de igualdad de género, es necesario adoptar un papel más activo en la producción de referentes simbólicos que cuestionen los diversos estereotipos y roles tradicionales de género. Conviene además tener en cuenta que estos estereotipos y roles potencian la fuerza de su mensaje al presentar diferencias simultáneas de lo que se entiende por "ser hombre" y "ser mujer"; por ejemplo, en una misma escena de juegos infantiles, el niño arma bloques y está feliz, mientras que la niña va a jugar a la casita y se frustra porque se le ha quemado el arroz (Personal Social, ciclo II).

Lo anterior nos lleva a hacer explícita una tensión entre la necesidad de representar la realidad *tal cual es* y la presentación de situaciones que resulten trasgresoras, que aún no son una tendencia en la cotidianidad, pero que resultarían beneficiosas en la construcción de una sociedad igualitaria en género. No proponemos aquí no incluir referencias que podrían resultar estereotipadas —después de todo, son parte de nuestra realidad social, que las *Rutas* buscan representar—, sino que estas puedan entrar en diálogo y equilibrio con referentes que apunten a otras direcciones. Además, es importante subrayar aquí el lugar de enunciación privilegiado que tienen los materiales curriculares, como las *Rutas del aprendizaje*, pues dan voz concreta a la postura institucional del Ministerio de Educación en estos temas, que es potencialmente recibida por miles de docentes, lo que representa una oportunidad para dar mayor espacio y legitimidad a diversas formas de representación de "lo masculino" y "lo femenino".

Finalmente, existen dos puntos que forman parte de la agenda pendiente en el estudio de las *Rutas del aprendizaje*, y de los materiales curriculares en general, que conviene señalar. El primero tiene que ver con un entrampamiento y tensión teórico-metodológica. El análisis aquí presentado ha buscado tomar distancia de las posturas homogeneizadoras con respecto a las categorías hombre/mujer y, sin embargo, queda la duda de si la metodología que empleamos es la mejor para dar cuenta de la heteronormatividad que se refleja en materiales curriculares como las *Rutas del aprendizaje*. En particular, la categoría "sexo indeterminado" parece reproducir los límites de lo que es "determinado", con una connotación que no puede deshacerse del todo del halo de superioridad que evoca este término. ¿Cómo analizar la representación de la diversidad de identidades de género sin reproducir una dicotomía masculino/femenino?

Por otro lado, las categorías de análisis, como la referida a la división sexual del trabajo, ¿no aluden acaso a una pretensión universal de estas en el análisis de un entramado social que resulta mucho más amplio y diverso que el industrial-citadino? Como señala Jelin, la diferenciación espacial entre casa y trabajo no ha existido siempre ni en todos los lugares, sino que es una forma de organización que se generaliza en la modernidad (2010: 47). Al estar las *Rutas del aprendizaje* destinadas a docentes de todo el país, ¿cuáles son entonces los referentes deseables, así como los ámbitos de la vida y de representación, en los que se puede operativizar la noción de igualdad de género en materiales curriculares, dirigidos a contextos interculturales? Esperamos que estas dos vetas de análisis puedan desarrollarse en investigaciones futuras.

Bibliografía

ANDERSON, Jeanine y Cristina HERENCIA

1983 "Los textos escolares y la marginación femenina". *Autoeducación*, año 3, n.° 6. Lima.

BENAVIDES, Martín y Luz María CÓRDOVA

2003 "Hablan las imágenes: la construcción del género en los textos escolares". Mimeo. Lima: Grupo de Análisis para el desarrollo.

BERGER, Peter y Thomas LUCKMAN

2006 *La construcción social de la realidad*. Buenos Aires: Amorrortu.

BOURDIEU, Pierre

2000 *La dominación masculina*. Barcelona: Anagrama.

BOURDIEU, Pierre y Jean-Claude PASSERON

1998 *La reproducción. Elementos para una teoría del sistema de enseñanza*. Ciudad de México: Distribuciones Fontamara.

BRUGEILLES, Carole y Sylvie CROMER

2009 *Promoting gender equity through textbooks. A methodological guide*. París: Unesco.

BUTLER, Judith

1999 *Gender trouble. Feminism and the subversion of identity*. Nueva York: Routledge.

2015 Conferencia "Cuerpos que aún importan" dictada en la Sede Caseros II de la Universidad Tres de Febrero, Universidad Nacional de Tres de Febrero (Untref), Buenos Aires.

CARRILLO, Rita y Eduardo LEÓN

1998 *Descubriendo el género en mi vida*. Fascículo 1 del módulo de autoformación De la escuela mixta a la escuela coeducadora. Lima: Tarea.

CEPAL – COMISIÓN ECONÓMICA PARA AMÉRICA LATINA Y EL CARIBE

2015 *Informe anual 2013-2014. El enfrentamiento de la violencia contra las mujeres en América Latina y el Caribe*. Observatorio de Igualdad de Género de América Latina y el Caribe. Santiago de Chile: Comisión Económica para América Latina y el Caribe.

ELÍAS, Norbert

1993 *El proceso de la civilización. Investigaciones sociogenéticas y psicogenéticas.* Buenos Aires: Fondo de Cultura Económica.

ESPINOSA, Giuliana

2006 "El currículo y la equidad de género en la primaria: estudio de tres escuelas estatales de Lima". En Patricia Ames (ed.). *Las brechas invisibles. Desafíos para una equidad de género en educación.* Lima: Instituto de Estudios Peruanos.

FRASER, Nancy

2000 "¿De la redistribución al reconocimiento? Dilemas de la justicia en la era 'postsocialista'". *New Left Review,* 0: 155.

FULLER, Norma

1997 "Fronteras y retos: varones de clase media en el Perú". En Teresa Valdés y José Olavarría (eds.). *Masculinidades. Poder y crisis.* Ediciones de las Mujeres 24. Santiago de Chile: Isis Internacional, Flacso-Chile.

FUNDACIÓN THOMSON REUTERS, ENCUESTADORA YOUGOV

2016 "Reporte sobre ciudades con sistemas de transporte peligrosos para las mujeres". Disponible en: <https://bit.ly/2JjOCKv> (última consulta: 09/2016).

GARAVITO, Cecilia

s/f "Oferta laboral y producto: 1970-1990". Disponible en: <https://www.academia.edu/14796597/Oferta_laboral_y_producto_1970-1999?auto=download> (última consulta: 07/2016).

GUERRERO, Elizabeth, Patricia PROVOSTE y Alejandra VALDÉZ

2006 "Acceso a la educación y socialización de género en un contexto de reformas educativas". *Equidad de género y reformas educativas. Argentina, Chile, Colombia y Perú.* Santiago de Chile: Hexagrama Consultores, Flacso-Argentina, Iesco.

INEI – INSTITUTO NACIONAL DE ESTADÍSTICA E INFORMÁTICA

2015 *Perú. Encuesta Demográfica y de Salud Familiar ENDES 2014.* Lima: Instituto Nacional de Estadística e Informática.

2011 *Encuesta Nacional de Uso del Tiempo 2010. Principales resultados.* Lima: Instituto Nacional de Estadística e Informática.

JELIN, Elizabeth

2010 *Pan y afectos. La transformación de las familias.* Buenos Aires: Fondo de Cultura Económica.

LABORATORIO LATINOAMERICANO DE EVALUACIÓN DE LA CALIDAD DE LA EDUCACIÓN (LLECE) – ORGANIZACIÓN DE LAS NACIONES UNIDAS PARA LA EDUCACIÓN, LA CIENCIA Y LA CULTURA (UNESCO)

2014 *Primera entrega de resultados Terce. Tercer estudio regional comparativo y explicativo*. Santiago de Chile: Unesco.

MINISTERIO DE EDUCACIÓN

2015 *Rutas del aprendizaje*. Disponible en: <http://www.minedu.gob.pe/rutas-del-aprendizaje/index.php> (última consulta: 02/2015).

MUÑOZ, Fanni, Patricia RUIZ-BRAVO y José Luis ROSALES

2006 "El género y las políticas educativas en el Perú: 1990- 2003". En Patricia Ames (ed.). *Las brechas invisibles. Desafíos para una equidad de género en educación*. Lima: Instituto de Estudios Peruanos.

OCDE – ORGANIZACIÓN PARA LA COOPERACIÓN Y EL DESARROLLO ECONÓMICOS

2013 *PISA 2012 results: What students know and can do – Student performance in Mathematics, Reading and Science* (vol. 1). Disponible en: <https://www.oecd.org/pisa/keyfindings/pisa-2012-results-volume-i.htm> (última consulta: 03/2016).

PÉREZ, Guadalupe, Ana LUISA BURGA y Vanessa CHIAPPO

2016 "Balance analítico de la cobertura de los medios de comunicación en temas de educación y género". Informe final de consultoría. Mimeo. Lima: Proyecto Forge – Grupo de Análisis para el Desarrollo.

SARA-LAFOSSE, Violeta

1992 *La discriminación sexual y cultural en los textos escolares. Revisión del proyecto de texto para 3er. grado Naturaleza y Comunidad*. Lima: Fondo Editorial de la Pontificia Universidad Católica del Perú.

SCOTT, Joan

1996 "El género: una categoría útil para el análisis histórico" (pp. 265-302). En Marta Lamas (comp.). *El género: la construcción cultural de la diferencia sexual*. Ciudad de México, D. F.: PUEG.

SUBIRÍA, B.

1999 *Aprendiendo a ser diferente: evaluación del enfoque de género en las guías del programa de educación familiar y sexual del Ministerio de Educación*. Lima: Fondo Editorial de la Pontificia Universidad Católica del Perú.

WODAK, Ruth y Michael MEYER

2001 *Methods of critical discourse analysis*. Barcelona: Gedisa.

Maestras exitosas en el Perú

Quiénes son, cuál ha sido su trayectoria profesional, y qué piensan de su trabajo y de sus estudiantes[1]

Jorge Aragón y Natalia González

Introducción

A partir de una encuesta nacional a docentes realizada por el Consejo Nacional de Educación en el año 2014, se estima que el magisterio peruano, incluidos los sectores público y privado, está compuesto por un 64,7% de mujeres y un 35,3% de hombres. La proporción de mujeres y hombres, sin embargo, varía de manera importante según se trate del nivel de educación inicial, primaria o secundaria.

Mientras que en el nivel inicial la presencia de maestras es abrumadoramente mayoritaria (96,3%), en primaria, el 67,5% de los docentes son mujeres y el 32,5% son hombres. En el nivel secundario, los maestros superan ligeramente a las maestras (52,4% y 47,6%, respectivamente) (Cuenca 2016).

Esta mayor presencia femenina en el magisterio peruano, sobre todo en los niveles más básicos del sistema educativo, es de larga data. La profesión docente en el Perú fue una de las principales ocupaciones para las mujeres que comenzaron a trabajar a partir del siglo XIX (Mannarelli 2013). En la actualidad, la proporción de mujeres sigue siendo mayor en los niveles de inicial y primaria, pero disminuye en secundaria y lo hace aún más en la educación superior.

1. Las maestras que aquí analizamos tienen dos características principales. La primera es que sus estudiantes han obtenido buenos resultados en las pruebas ECE entre el 2011 y el 2013. La segunda es que la información recogida sobre ellas a través de una encuesta muestra un perfil profesional de éxito. Por estas dos razones, a lo largo de este documento, nos referimos a ellas como "maestras exitosas".

Ello significa quiere decir que los primeros años de escolaridad de niños y niñas en las escuelas peruanas están mayormente en manos de docentes mujeres, quienes tienen la responsabilidad de garantizar aprendizajes fundamentales, como la lectura, la escritura y las primeras nociones vinculadas al pensamiento lógico-matemático y científico, así como aptitudes y valores sociales que son esenciales a lo largo de la vida de las personas.

Como parte de una historia de la educación, se han realizado diversas investigaciones que explican la mayor presencia de mujeres en la profesión docente. Dichos estudios destacan principalmente dos temas. Por un lado, la enseñanza escolar ha sido tradicionalmente considerada como una extensión del rol de cuidado que cumple la mujer en el hogar. Esta construcción social caracteriza a sociedades patriarcales que consideran que las mujeres poseen las cualidades para la crianza, cuidado y posterior instrucción de niños y niñas. Por otro lado, se señala que, como consecuencia de lo anterior, los requisitos de acreditación y profesionalización para ser maestro de escuela han tendido a ser escasos en comparación con los de otras profesiones.

Todos estos factores, sumados a las pocas ventajas económicas y a la falta de reconocimiento social que por lo general acompañan a la profesión docente, explicarían el desinterés de los varones por incursionar como maestros en los primeros niveles de la educación básica. Por el contrario, en el caso de las mujeres, estos mismos factores favorecieron su ingreso en el magisterio. Con la expansión de la escuela pública a lo largo del siglo XX en el Perú, el magisterio creció de manera significativa. Las mujeres cumplían con el requisito de tener algunos años de escolaridad y alguna formación profesional inicial, lo cual les permitió incorporarse al trabajo docente. Ser maestras les permitía tener el espacio y tiempo suficientes para desempeñar las labores domésticas en el hogar, vivir su maternidad y ejercer la profesión. Por último, esto era compatible con la idea de que el salario de las mujeres era básicamente complementario para el mantenimiento de las familias (López 2006).

En las últimas décadas, la situación del magisterio y de las mujeres ha cambiado significativamente. Tanto el rol de la mujer en el mundo del trabajo como la educación y el quehacer docente han experimentado un proceso importante de profesionalización. La labor de los docentes en el nivel primario ya no es vista como una extensión de la crianza. Antes bien, está demostrada la importancia de la educación preescolar y de los primeros años escolares para desarrollar habilidades y capacidades que garanticen aprendizajes a lo largo de la vida (Cueto et ál. 2016). Hoy, los y las docentes son profesionales con formación académica y con un título profesional; y es cada vez más frecuente la preocupación de los sistemas educativos por garantizar que la profesión docente, además de acreditar una formación inicial, pueda desarrollar una permanente formación en servicio.

En efecto, las mujeres que hoy son maestras en las escuelas primarias del Perú no son las mismas de comienzos del siglo XX que ingresaron a las aulas a alfabetizar. Hoy se configura un escenario diferente, donde los cambios sociales han impactado en el mundo educativo y laboral de las mujeres maestras y el ejercicio docente se ha profesionalizado de manera significativa.

En este marco, el análisis que presentamos en estas páginas pretende contribuir a dar respuestas a algunas preguntas centrales. Así, nos interesa saber cómo han enfrentado las mujeres los cambios más recientes y significativos en su profesión, pero también quiénes son estas maestras, cuáles son sus principales características sociodemográficas y socioeconómicas, cuál es su trayectoria profesional, y qué piensan de los estudiantes y sus aprendizajes.

Para ello, utilizamos los resultados de una encuesta a docentes de escuelas públicas realizada en ocho regiones del Perú,[2] en el marco de un estudio mayor sobre los factores que explicarían los resultados de aprendizaje de los estudiantes de escuelas con buenos resultados en las evaluaciones censales de estudiantes (ECE) de los años 2011 a 2013.[3] Dicha investigación analizó tres dimensiones: el aula y el desempeño docente; el funcionamiento del sistema educativo a escala regional; y las características de los actores educativos (estudiantes, padres de familia, docentes y directores).[4] Para los fines de este estudio, se definió una escuela exitosa como aquella que mostraba una mejora en los resultados de la ECE en el periodo de 2011 a 2013.

La encuesta a docentes, que fue parte de un conjunto mayor de instrumentos, recogió información de 360 escuelas primarias públicas. En cada una se aplicó un cuestionario a un docente del tercer grado de primaria. Del total de escuelas estudiadas, 247 mostraban una mejora constante en los resultados de la ECE de los estudiantes de segundo grado de primaria entre los años 2011 y 2013, o resultados fluctuantes, pero con tendencia a la mejora durante ese mismo periodo. En este

---

2. Apurímac, Cajamarca, Callao, Piura, Lima Metropolitana, Loreto, Moquegua y San Martín.

3. La ECE es la evaluación censal de estudiantes que aplica el Ministerio de Educación del Perú desde el año 2007.

4. Esta investigación fue realizada por Mariana Eguren y Carolina de Belaunde (encargadas del componente de aula y desempeño docente); Jorge Aragón, Ricardo Cuenca y Natalia González (encargados del componente de funcionamiento del sistema educativo a escala regional); y Jorge Aragón, Natalia González y Tania Vásquez (encargados del componente de características de los actores educativos).

artículo, se analizan los resultados de la encuesta aplicada a los docentes de estas 247 escuelas. Específicamente, nos ocupamos de las docentes mujeres que, como veremos a continuación, constituyen la mayoría de los docentes exitosos.

Tal como mencionamos líneas arriba, creemos que el análisis en profundidad de la información sobre estas docentes mujeres nos puede proporcionar elementos importantes para entender el proceso de profesionalización de los docentes en general, y en particular, el rol de las mujeres en los cambios que experimenta el magisterio peruano en la actualidad. Ambos temas pueden ser de gran utilidad para identificar factores que hay que tener en cuenta para formular una política pública orientada a perfeccionar las condiciones y el desempeño docente en general, y para reflexionar sobre el rol que vienen cumpliendo las mujeres en la mejora del sistema educativo peruano.

La información sobre las docentes que aquí se analiza nos acerca, además, al tema de los aprendizajes de niños y niñas, y al impacto que tienen las características y el desempeño de los docentes sobre estos aprendizajes. Existe una amplia literatura que trata este tema desde diferentes perspectivas (Benavides, León y Etesse 2014; Carrasco 2008; Cueto 2007; Cueto, Ramírez y León 2003; Murillo 2007). Sin embargo, resulta importante mencionar que el vínculo entre la docencia femenina y el desempeño estudiantil es todavía una cuestión poco desarrollada en la investigación educativa. Por lo general, el género como categoría es dejado de lado para explicar el desempeño docente y su impacto en los aprendizajes de los estudiantes.

De los escasos estudios que consideran la influencia e impacto del género de los docentes sobre su desempeño y el aprendizaje de sus estudiantes, podemos diferenciar entre aquellos que analizan las prácticas pedagógicas diferenciadas por género, por un lado, y aquellos que se ocupan de las percepciones y nociones de los y las docentes sobre su profesión, por otro.

Sobre las prácticas pedagógicas específicas de las maestras, encontramos dos estudios interesantes. Salazar et ál. (2010) analizan de qué manera influye el género del docente en los aprendizajes de los estudiantes en el área de Matemáticas. En este estudio se observan las interacciones en el aula, el lenguaje que emplean los y las docentes durante las clases, y la atención que prestan a los estudiantes. Finalmente, se concluye que efectivamente existe una forma de relación maestro-estudiante que obedece al género del docente. Es decir, el o la docente interactúa de forma más cercana con los estudiantes de su mismo género. De este modo, se observa, por ejemplo, que en un aula a cargo de una maestra son las estudiantes las más activas y participativas, así como las que obtienen mejores calificaciones. Lo mismo sucede con los estudiantes hombres y sus maestros.

Por su lado, Corral y Robles (2013) dan cuenta de cómo a las mujeres, por sus roles de género, se les considera mejores pedagogas. En este estudio se observa que durante su etapa de formación, las maestras reciben un conjunto de contenidos y metodologías para la enseñanza. A estos últimos se suman, durante su formación inicial, una serie de nociones que ellas mismas y la sociedad tienen acerca de cuáles son las características esperadas de una buena profesora. Por ello, su formación y luego su práctica profesional están muy influenciadas por ideas como la laboriosidad, la paciencia, la creatividad, la tenacidad y la responsabilidad. Esto último estaría en la base de la idea de que parte de la tarea docente es la preparación de materiales concretos y el desarrollo de actividades lúdicas en el aula.

Al mismo tiempo, hay que señalar que se podría estar configurando una idea más complementaria del ejercicio de enseñar cuando se combinan en la formación las características tradicionales del género femenino con una rigurosa profesionalización docente. Esto último, como lo demuestra la investigación de Corral y Robles (2013), otorgaría a las maestras un "capital profesional" que podría ser particularmente valioso para su labor en las aulas y el aprendizaje de sus estudiantes.

La evidencia que presentamos y analizamos en este artículo se organiza en dos secciones. En la primera, damos cuenta de quiénes son estas maestras exitosas en función de sus perfiles sociodemográficos, socioeconómicos y culturales. En la segunda, se analizan sus trayectorias profesionales y sus percepciones sobre su tarea de enseñar y sus estudiantes. Finalmente, se ofrecen algunas conclusiones generales.

¿Quiénes son las maestras exitosas?: características sociodemográficas, socioeconómicas y culturales

El proceso de enseñanza y aprendizaje es en gran medida un intercambio entre individuos. Cuando los docentes enseñan a sus estudiantes, no solo imparten conocimientos, también trasmiten un conjunto de experiencias, formas de pensar y valores. De este modo, las características sociales, económicas y culturales de docentes y estudiantes influyen en el modo en que se enseña y aprende en la escuela.

El análisis de los resultados de la encuesta a docentes en la que basamos este texto revela que, de los 247 docentes cuyos estudiantes tenían buenos resultados en la ECE, el 81% eran mujeres. Este dato es particularmente significativo porque la muestra diseñada para este estudio buscaba ser representativa de la diversidad de escuelas públicas que existe en el Perú. De este modo, cuando entre el grupo o segmento de escuelas con buenos resultados en la ECE entre el 2011 y el 2013, se seleccionaron al azar 247, sin tener en consideración el sexo de los docentes a cargo de los estudiantes de segundo grado de primaria, encontramos que en la gran mayoría de los casos se trataba de docentes mujeres.

CUADRO 1

DOCENTES EXITOSOS POR REGIÓN Y SEGÚN SEXO

Región	Mujeres	Hombres	Total
Apurímac	17 (63%)	10 (37%)	27 (100%)
Cajamarca	18 (72%)	7 (28%)	25 (100%)
Callao	31 (86%)	5 (14%)	36 (100%)
Lima Metropolitana	34 (92%)	3 (8%)	37 100%
Loreto	15 (83%)	3 (17%)	18 (100%)
Moquegua	38 (83%)	8 (17%)	46 (100%)
Piura	27 (93%)	2 (7%)	29 (100%)
San Martín	20 (69%)	9 (31%)	29 (100%)
Total	**200 (81%)**	**47 (19%)**	**247 (100%)**

Fuente: Ministerio de Educación del Perú.
Elaboración propia.

Como ya se ha señalado, el magisterio peruano es sobre todo femenino, razón por la cual no debería sorprender la presencia mayoritaria de docentes mujeres en las escuelas públicas con buenos resultados en la ECE. Sin embargo, hay que destacar que su presencia en este grupo es todavía más acentuada (véase cuadro 1).

Ahora bien, como ya se ha dicho, los docentes no solo enseñan a sus estudiantes los contenidos o capacidades que plantea el currículo. En el aula también se transmiten, de manera más o menos explícita, determinados valores y patrones culturales. Por ello, las características sociodemográficas y las experiencias personales de maestros y maestras influyen fuertemente en los procesos educativos. En esta línea, veamos a continuación qué es lo que caracteriza a nuestro grupo de maestras exitosas.

El grupo de maestras que analizamos en este texto muestra un conjunto interesante de características sociodemográficas que es importante destacar. La primera de ellas es que el promedio de edad de estas maestras es de 46 años, que la mitad tiene 45 años o más, y que una cuarta parte tiene 52 años o más (véase cuadro 2).

Cuadro 2

Edad de las maestras exitosas

	Valor (en años)
Promedio	45,9
Desviación estándar	7,75
Mediana	45
Primer cuartil (25)	40
Segundo cuartil (50)	45
Tercer cuartil (75)	52

Fuente: Ministerio de Educación del Perú.
Elaboración propia.

La edad de estas maestras estaría revelando que la experiencia profesional que se adquiere con los años tiene un impacto positivo en su desempeño profesional y, en particular, en los aprendizajes de sus estudiantes. Por lo tanto, la juventud de las docentes no es un factor que repercute de manera positiva en su desempeño profesional.

Con relación al lugar en el que trabajan dichas docentes, vemos, con excepción de Lima y Callao, que la mayoría lo hace actualmente en la misma región en la que nacieron (véase cuadro 3). Se observa, incluso, que en las regiones de Piura, Cajamarca y Apurímac la casi totalidad de las educadoras trabaja en la actualidad en la misma región en la que nació.

El hecho de que la gran mayoría de maestras laboren en la misma región en la que nacieron y donde, muy probablemente, crecieron y se educaron, podría sugerir que tienen cierto conocimiento del entorno social, cultural y económico de los estudiantes a quienes enseñan. Esto último les permitiría adecuar sus prácticas pedagógicas a las características y posibilidades de sus alumnos, y así lograr mejores resultados de aprendizaje.

CUADRO 3

REGIÓN EN LA QUE TRABAJAN ACTUALMENTE Y REGIÓN DE NACIMIENTO DE LAS MAESTRAS EXITOSAS

Región	Trabaja actualmente en la región en la que nació	Trabaja actualmente en una región diferente a la que nació	Total
Apurímac	15 (88%)	2 (12%)	17 (100%)
Cajamarca	16 (89%)	2 (11%)	18 (100%)
Callao	4 (13%)	27 (87%)	31 (100%)
Lima Metropolitana	14 (41%)	20 (59%)	34 100%
Loreto	12 (80%)	3 (20%)	15 (100%)
Moquegua	23 (61%)	15 (39%)	38 (100%)
Piura	25 (93%)	2 (7%)	27 (100%)
San Martín	11 (55%)	9 (45%)	20 (100%)
Total	**120 (60%)**	**80 (49%)**	**200 (100%)**

Fuente: Ministerio de Educación del Perú.

Elaboración propia.

Otro aspecto interesante sobre las características sociodemográficas de estas maestras es que tres de cada cuatro están casadas o son convivientes (véase cuadro 4). Con relación al lugar que ocupan dentro de sus familias, resulta muy llamativo que casi un 60% de ellas no sea jefa de hogar, pues tal posición la ocupa el cónyuge u otra persona (véase cuadro 5). Estas dos condiciones sugieren que dichas maestras no son el principal soporte económico de sus familias, sino que comparten esta responsabilidad con sus parejas.

Concordando con lo anterior, encontramos también que cuatro de cada cinco de estas maestras dicen no tener un segundo trabajo remunerado (véase cuadro 6). En otras palabras, su trabajo como docentes es de naturaleza exclusiva o casi exclusiva. Es importante destacar esta condición, porque es sabido que la práctica docente requiere de tiempo fuera de las aulas para preparar las clases, elaborar los materiales para la enseñanza y revisar los trabajos y evaluaciones de los alumnos.

Cuadro 4

Estado civil de las maestras exitosas

Estad civil	
Casada	116 (58%)
Conviviente	33 (17%)
Soltera	28 (14%)
Separada	12 (6%)
Divorciada	7 (4%)
Viuda	4 (2%)
Total	**200 (101%)**

Fuente: Ministerio de Educación del Perú.
Elaboración propia.

Cuadro 5

Posición que las maestras exitosas ocupan en el hogar

Posición en el hogar	
Cónyuge	115 (58%)
Jefa de hogar	63 (32%)
Hija	12 (6%)
Otra	10 (4%)
Total	**200 (100%)**

Fuente: Ministerio de Educación del Perú.
Elaboración propia.

CUADRO 6

MAESTRAS EXITOSAS Y SEGUNDO TRABAJO REMUNERADO

Segundo trabajo remunerado	
No tiene	156 (78%)
Sí tiene	44 (22%)
Total	**200** **(100%)**

Fuente: Ministerio de Educación del Perú.

Elaboración propia.

En conjunto, la mayoría de estas maestras exitosas cuenta con una larga experiencia en la carrera docente, comparte con sus cónyuges u otros familiares las responsabilidades económicas del hogar, y —probablemente debido a esto último— no tiene un segundo trabajo remunerado. Es razonable sostener que tales condiciones tienen un impacto positivo en su trabajo en las aulas y en los resultados de aprendizaje de sus estudiantes.

A las condiciones anteriormente descritas, se suma el hecho de que para cerca del 60% de estas maestras, llegar a su escuela desde el hogar les toma menos de media hora (véase cuadro 7). Este último dato no solo es muestra de una docente que no tiene que invertir una parte considerable de su tiempo diario en movilizarse al trabajo, sino que además sugiere que, muy probablemente, la escuela donde trabaja forma parte de su entorno más cercano. En conjunto, todas estas características nos hablan de profesionales cuya vida cotidiana no estaría particularmente signada por la falta de tiempo y el hecho de ser las únicas o las principales responsables de mantener a sus familias.

Las condiciones culturales y sociales de los docentes tienen una influencia importante sobre su desarrollo profesional y su desempeño en las aulas. Entre dichas condiciones, ocupa un lugar crucial el dominio del lenguaje predominante en el sistema educativo. En el caso del Perú, se trata del castellano, cuyo manejo facilita la experiencia educativa tanto a los docentes como a los estudiantes. Por ello resulta muy significativo que, en este grupo de maestras exitosas, la casi totalidad tenga el castellano como lengua materna (véase cuadro 8). Este dato resulta revelador porque, a pesar de la diversidad lingüística y cultural de nuestro país, el castellano es en la práctica el lenguaje de la escuela y de la educación superior. Por ello, hablar castellano representa una ventaja para educarse como profesional y, luego, para ejercer la labor de enseñanza.

Cuadro 7

Tiempo que toma a las maestras exitosas llegar a su escuela desde el hogar

Tiempo de desplazamiento hasta la escuela	
Menos de una hora	111 (56%)
Entre media hora y una hora	61 (31%)
Entre una hora y dos horas	23 (12%)
Más de dos horas	5 (2%)
Total	**200 (100%)**

Fuente: Ministerio de Educación del Perú.
Elaboración propia.

Cuadro 8

Lengua materna de las maestras exitosas

Lengua materna	
Castellano	191 (96%)
Quechua	8 (4%)
Aymara	1 (1%)
Total	**200 (100%)**

Fuente: Ministerio de Educación del Perú.
Elaboración propia.

Así como el dominio del castellano es muy útil para educarse y para enseñar en el Perú, en la actualidad, poseer ciertos recursos vinculados a las nuevas tecnologías de la información podría tener un impacto muy positivo en el desempeño profesional de nuestras maestras exitosas. Por tal motivo, hay que destacar que cerca del 90% de estas maestras tiene una computadora en su hogar, y que un 70%

tiene acceso a internet desde su casa (véase cuadros 9 y 10). Hoy en día, el acceso a una computadora y al internet abre un conjunto de posibilidades para aprender, actualizarse y comunicarse de manera permanente y efectiva.

CUADRO 9

MAESTRAS EXITOSAS Y TENENCIA DE COMPUTADORA EN CASA

Computadora en casa	
Sí tiene	172 (86%)
No tiene	28 (14%)
Total	**200 (100%)**

Fuente: Ministerio de Educación del Perú.
Elaboración propia.

CUADRO 10

MAESTRAS EXITOSAS Y TENENCIA DE INTERNET EN CASA

Internet en casa	
Sí tiene	140 (70%)
No tiene	60 (30%)
Total	**200 (100%)**

Fuente: Ministerio de Educación del Perú.
Elaboración propia.

En suma, se deben resaltar dos aspectos sobre el perfil sociodemográfico y socioeconómico de las maestras exitosas. En primer lugar, hay que decir que sus condiciones personales y familiares les permitirían tener más tiempo libre y acceso a recursos que son importantes para el crecimiento profesional de quienes se dedican a la docencia. En segundo lugar, estas maestras tendrían menos responsabilidades económicas, debido a que no son las jefas de hogar ni cuentan con un segundo trabajo remunerado. Si consideramos de manera conjunta todas estas características, tenemos que nuestras maestras exitosas tienen una situación económica que difícilmente podría ser calificada de precaria. Ello es una condición destacable, si se toma en cuenta que, en las últimas décadas, los docentes del sector público peruano han sufrido una disminución importante de sus ingresos y de su poder adquisitivo.

¿Cuál ha sido su trayectoria profesional y qué piensan sobre su tarea de enseñar y sobre sus estudiantes?

Como en cualquier otra profesión, el ejercicio de la docencia requiere de un conocimiento especializado que se adquiere a través de una formación inicial. Sin embargo, la tarea de enseñar en la escuela no solo exige trasmitir conocimientos, sino también tener la capacidad de lograr que el proceso de enseñanza incorpore y contextualice las condiciones de los sujetos que están aprendiendo. La complejidad de dicha tarea hace imprescindible que la formación inicial que reciben los docentes se complemente de manera permanente con lo que se conoce como formación en servicio. Esta última les permite tener un ejercicio profesional que combina lo aprendido durante la formación con el conocimiento que se adquiere a partir de la experiencia cotidiana.

Con la profesionalización de la tarea de enseñar, ha ido cambiando lo que se espera del ejercicio profesional de los docentes. Si en un momento se entendía la labor docente como una extensión del cuidado doméstico de niños y niñas, hoy se espera que las maestras y maestros puedan evaluar situaciones educativas, analizar los factores que intervienen en ellas, proponer estrategias de intervención y ponerlas en marcha en el aula, y comprobar los efectos que estas estrategias producen en los aprendizajes de sus estudiantes. Todo esto nos habla de un proceso de profesionalización que se ha ido complejizando a lo largo del tiempo. Así, en la actualidad se espera que los maestros, además de enseñar contenidos y desarrollar capacidades en sus estudiantes, sitúen los aprendizajes en el contexto social, económico y cultural en el que trabajan.

Educación: formación inicial y en servicio

En lo que respecta a la formación profesional inicial de las maestras que aquí analizamos, quisiéramos empezar destacando que el 66% de ellas se formó como maestra en un instituto superior de pedagogía (ISP), y solo un 34% lo hizo en una universidad (véase cuadro 11). Como se sabe, el acceso de las mujeres a la educación superior ha sido un proceso progresivo que todavía está en curso. En dicho proceso, la docencia ha sido una opción importante de profesionalización para las mujeres. Sin embargo, estos resultados estarían mostrando que, entre las mujeres interesadas en la docencia, la universidad no es todavía la primera opción para lograr su formación superior.

CUADRO 11

INSTITUCIÓN DONDE LAS MAESTRAS EXITOSAS COMPLETARON SU FORMACIÓN PEDAGÓGICA INICIAL

Formación pedagógica inicial	
Instituto superior de pedagogía (ISP)	131 (66%)
Universidad	69 (34%)
Total	**200** **(100%)**

Fuente: Ministerio de Educación del Perú.
Elaboración propia.

Cabe destacar, también, que de las maestras que iniciaron su formación en un ISP, el 86% lo hizo en uno público y el 14% en uno privado, y que del total de maestras que inició su formación en una universidad, 57% lo hizo en una pública y 43% en una privada (véase cuadro 12). Estos resultados muestran que, entre las mujeres que quieren ser maestras, la oferta de formación superior pública es la más acogida. Ello podría guardar relación, en parte, con los recursos con que cuentan las jóvenes para invertir en su educación superior, y, en otras circunstancias, con la idea de que la educación superior pública es de mayor calidad que la de muchas instituciones privadas.

De otro lado, hay que señalar que un 24% del total de las maestras exitosas optó por una oferta de formación inicial en el sector privado, ya sea en un ISP o en una universidad. En este caso, debe tenerse en cuenta que, dadas las características de la educación superior en el Perú, cursar estudios en instituciones privadas implica una inversión significativa de recursos económicos personales y familiares. No debe pasarse por alto que estas maestras laboran actualmente en el sector público.

Cuadro 12

Institución en la que las maestras exitosas completaron su formación pedagógica inicial, según tipo de institución

Formación pedagógica inicial	Pública	Privada	Total
Instituto superior de pedagogía (ISP)	113 (74%) (86%)	18 (38%) (14%)	131 (66%) (100%)
Universidad	39 (26%) (57%)	29 (62%) (43%)	68 (34%) (100%)
Total	**152** **(100%)** [76%]	47 **(100%)** [24%]	**199** **(100%)** **[100%]**

Nota: En paréntesis se indica los porcentajes verticales, y entre corchetes, los porcentajes horizontales.
Fuente: Ministerio de Educación del Perú.
Elaboración propia.

En síntesis, vemos que la formación inicial para las maestras que estamos analizando está todavía concentrada en ISP, cuya oferta, además, es mayormente pública. Aun así, es interesante destacar que empieza a haber un desplazamiento hacia la universidad como institución formadora y, también, una tendencia a considerar la oferta de formación inicial de las instituciones privadas.

Además, el análisis de estos datos nos muestra que la acreditación que las maestras exitosas reciben como parte de su formación inicial ya no es suficiente para ellas. Así, tenemos que casi un 15% ha completado estudios de posgrado (maestría o doctorado), y que alrededor de un 20% ha iniciado o está en proceso de completar ese mismo ciclo de estudios (véase cuadro 13). El hecho de que casi un 35% de estas maestras haya optado por cursar un posgrado es muy destacable. Nos habla de una voluntad individual por conseguir un mayor nivel educativo, mejorar su acreditación profesional y asegurar una mejor retribución por su trabajo.

La inversión que están haciendo estas maestras en tiempo y recursos para alcanzar los más altos niveles educativos sería parte de un nuevo paradigma profesional entre las docentes. Hoy en día, a nuestras maestras no les basta con su título pedagógico y su plaza como docente en el sistema educativo. Por el contrario, ellas están invirtiendo tiempo y recursos en su profesionalización, convencidas de que esta inversión mejorará su desarrollo profesional, estatus e ingresos económicos.

CUADRO 13

NIVEL EDUCATIVO DE LAS MAESTRAS EXITOSAS

Nivel educativo	
Superior no universitario completo	74 (37%)
Universitario incompleto	4 (2%)
Universitario completo	51 (26%)
Posgrado (maestría o doctorado) incompleto	37 (19%)
Posgrado (maestría o doctorado) completo	29 (14%)
Otro	5 (2%)
Total	**200** **(100%)**

Fuente: Ministerio de Educación del Perú.

Elaboración propia.

Trayectoria laboral

En una profesión como la docente, los años de experiencia son un factor particularmente importante para mejorar la práctica profesional. Lo observado en el grupo de maestras exitosas que aquí analizamos no hace sino respaldar esta afirmación, siendo que, en promedio, dichas docentes cuentan con 20 años de servicio en aula (véase cuadro 14). Es más, la mitad tiene 20 o más años de servicio en aula, y una cuarta parte, 26 o más años. Tales resultados nos hablan de profesionales con una larga trayectoria laboral. Algo que, con mucha probabilidad, ha favorecido el aprendizaje de sus estudiantes.

Es igualmente llamativo que, en promedio, estas docentes tengan 13 años trabajando de manera continua en sus escuelas (véase cuadro 15). Aún más, una cuarta parte tiene por lo menos 21 años trabajando en la misma escuela. Es muy probable que esta prolongada permanencia en sus escuelas les haya posibilitado adquirir un mejor conocimiento del entorno social, económico y cultural de sus estudiantes. Este conocimiento, a su vez, les habría permitido planificar y adecuar sus estrategias de enseñanza y aprendizaje para lograr mejores resultados en el aprendizaje de los niños y niñas.

Cuadro 14

Tiempo de servicio en aula de las maestras exitosas

	Años
Promedio	19,8
Desviación estándar	7,9
Mediana	20
Primer cuartil (25)	14
Segundo cuartil (50)	20
Tercer cuartil (75)	26

Fuente: Ministerio de Educación del Perú.
Elaboración propia.

Cuadro 15

Tiempo trabajando en la escuela actual de las maestras exitosas

	Años
Promedio	13,3
Desviación estándar	9,1
Mediana	13
Primer cuartil (25)	5
Segundo cuartil (50)	13
Tercer cuartil (75)	21

Fuente: Ministerio de Educación del Perú.
Elaboración propia.

Así como una prolongada permanencia de las maestras en la escuela pareciera guardar relación con los buenos resultados de aprendizaje de los estudiantes, tener una trayectoria laboral sin largas interrupciones también parece contribuir a ello. En esta dirección, tenemos que el 84% de nuestras docentes dice no haber tenido interrupciones prolongadas durante su ejercicio profesional. Solo un 14% señala haber dejado de trabajar en la docencia por más de un año (véase cuadro 16). Cabe mencionar que la gran mayoría de estas maestras, casi nueve de cada diez, tiene la condición de nombrada.

CUADRO 16

CONDICIÓN DE LAS MAESTRAS EXITOSAS DURANTE SUS AÑOS DE SERVICIO EN AULA

Trabajó de manera continua sin interrupciones de más de un año	168 (84%)
Tuvo por lo menos una interrupción de más de un año	28 (14%)
No responde	4 (2%)
Total	**200** **(100%)**

Fuente: Ministerio de Educación del Perú.
Elaboración propia.

Esta larga trayectoria laboral de nuestras maestras va acompañada de una amplia experiencia en el sistema educativo peruano, el mismo que se caracteriza por una gran diversidad. En el Perú, tenemos escuelas polidocentes completas que se encuentran básicamente en zonas urbanas, y escuelas multigrado y unidocentes que son las que predominan en las zonas rurales. En dicho contexto, es muy significativo que un 14% de estas maestras exitosas mencione haber iniciado su carrera en el ámbito rural, tanto en escuelas multigrado como en instituciones unidocentes. Por otro lado, un 40% dice tener experiencia de trabajo en escuelas multigrado y un 22% en escuelas unidocentes (véase cuadro 17). Tales trayectorias revelan una amplia y diversa experiencia profesional: las maestras exitosas han laborado en más de un tipo de escuela durante sus largos años de servicio en el sistema educativo peruano.

CUADRO 17

EXPERIENCIA LABORAL PREVIA DE LAS MAESTRAS EXITOSAS EN ESCUELAS UNIDOCENTES Y MULTIGRADO

	Experiencia laboral previa		
	Tiene experiencia	No tiene experiencia	Total
En escuelas unidocentes	43 (22%)	157 (79%)	200 (101%)
En escuelas multigraga	80 (40%)	120 (60%)	200 (100%)

Fuente: Ministerio de Educación del Perú.
Elaboración propia.

Percepciones sobre la tarea de enseñar

Diversos factores y condiciones podrían explicar los buenos resultados de aprendizaje de los estudiantes de nuestras maestras exitosas. En esta sección, presentamos las percepciones de las mismas docentes acerca del trabajo que realizan en sus aulas.

En general, las percepciones que tienen las maestras exitosas sobre su trabajo son bastante positivas. Ellas consideran que están bien preparadas para enseñar y lograr buenos resultados de aprendizaje en sus estudiantes. En suma, nuestras maestras se perciben como profesionales competentes.

Para comenzar, cuando se les preguntó sobre la calidad de la educación que reciben sus estudiantes, alrededor de un 65% mencionó que es buena, y aproximadamente un 25%, que es muy buena. Además, el 90% dice sentirse muy o algo capacitada para su labor de enseñanza. Específicamente, una de cada tres declara sentirse muy capacitada.

Además de sentirse bien preparadas para la labor docente, nuestras maestras tienen ideas muy concretas acerca de sus necesidades de capacitación y sobre los temas que deberían ser parte de los programas de formación en servicio para docentes. Así, casi el 70% señala que, para mejorar los aprendizajes de los estudiantes, deberían ser capacitadas en estrategias, métodos y didáctica (véase cuadro 18).

Asimismo, hay que mencionar que, en segundo lugar, existe una demanda con respecto a ser capacitadas en temas de psicología y cultura de los estudiantes para mejorar el diálogo y comunicación en el aula (33%), en relaciones sociales y humanas que ayuden a manejar los conflictos y a trabajar en equipo (22%), y en tecnologías de la información (21%).

Dichos resultados muestran que para estas docentes son prioritarios los temas relacionados con el desempeño mismo del docente en el aula, con el "cómo" se enseña. Al mismo tiempo, hay que destacar que su segunda prioridad de capacitación gira en torno de temas vinculados con la mejora de las relaciones entre docentes y estudiantes. Es muy probable que esta manera de aproximarse a la labor docente, que toma en cuenta tanto lo que tiene que ver con instrucciones como lo emocional, sea parte de la explicación del buen desempeño de las docentes que venimos analizando.

Al preguntarles a las maestras qué aspectos de su práctica docente se les hacen más difíciles, casi un 20% menciona el manejo de la diversidad en el aula (diferencias socioculturales, diferentes niveles de aprendizaje, etc.). En un segundo lugar, se señala una serie de dificultades que se encuentran más vinculadas a las dimensiones pedagógicas de su labor: cumplir con la programación curricular, hacer

CUADRO 18

OPINIÓN DE LAS MAESTRAS EXITOSAS SOBRE LOS TEMAS QUE DEBERÍAN SER PARTE DE CAPACITACIONES O PROGRAMAS DE FORMACIÓN EN SERVICIO

Temas de capacitación	
Estrategias, métodos y didáctica	69%
Psicología y cultura de los estudiantes para el diálogo y comunicación con ellos	33%
Relaciones sociales y humanas (manejo de conflictos, trabajo en equipo, etc.)	22%
Tecnologías de la información	21%
Contenidos de enseñanza	6%
Desarrollo personal del docente	6%

Fuente: Ministerio de Educación del Perú.
Elaboración propia.

CUADRO 19

OPINIÓN DE LAS MAESTRAS EXITOSAS SOBRE LOS ASPECTOS MÁS DIFÍCILES DE SU PRÁCTICA DOCENTE

Manejo de la diversidad en el aula	19%
Cumplir con la programación curricular	14%
Hacer buen uso de la metodología y los materiales	12%
Manejo del tiempo en el aula	12%
Dominar los contenidos de algunas áreas curriculares	12%
Evaluación de los aprendizajes	11%
Coordinar con los padres de familia	8%
Manejo de la disciplina en el aula	7%
Preparación de clase	4%

Fuente: Ministerio de Educación del Perú.
Elaboración propia.

un buen uso de la metodología y de los materiales educativos, manejar adecuadamente el tiempo en el aula, dominar los contenidos de algunas áreas curriculares, y evaluar los aprendizajes (véase cuadro 19).

Sobre lo que más tiempo les toma como parte de su práctica docente, un 42% de las docentes entrevistadas menciona la preparación de clases. De lejos, en un segundo lugar, se encuentran el manejo de la diversidad en el aula y el buen uso de metodologías y materiales educativos (alrededor de un 15% en cada caso) (véase cuadro 20).

Cuadro 20

Opinión de las maestras exitosas sobre los aspectos de su práctica docente que les demandan más tiempo

Preparación de clase	42%
Manejo de la diversidad en el aula	15%
Hacer buen uso de la metodología y materiales	12%
Dominar los contenidos de algunas áreas curriculares	9%
Evaluación de los aprendizajes	8%
Manejo de la disciplina en el aula	7%
Coordinar con los padres de familia	6%

Fuente: Ministerio de Educación del Perú.
Elaboración propia.

En conjunto, todas estas respuestas muestran que la percepción de las maestras sobre su práctica docente contempla dos dimensiones. La primera está centrada en sus estudiantes y sus características personales, sociales y culturales, que tienen un impacto en sus aprendizajes. La segunda dimensión está centrada en el quehacer de las docentes en el aula y contempla, sobre todo, el qué y cómo enseñan a sus estudiantes. La existencia de estas dos dimensiones en las percepciones de dichas maestras sobre su práctica docente podría estar relacionada con una visión compleja y complementaria de la labor de enseñanza.

Percepciones sobre los estudiantes, los aprendizajes y el éxito escolar

Las expectativas que tienen los docentes acerca de lo que pueden aprender sus estudiantes influyen en lo que los primeros hacen diariamente en el aula. Ello resulta particularmente evidente en la calidad de las actividades de aprendizaje que maestros y maestras plantean en clase, en el uso que hacen del tiempo en el aula, en la forma como evalúan el progreso de los estudiantes y en las metas que establecen en relación con su aprendizaje (González, Eguren y De Belaunde 2017). En conjunto, todos estos elementos influyen sobre cuánto y cómo aprenden sus estudiantes en la escuela.

De este modo, un 45% de las maestras exitosas piensa que todos los estudiantes pueden lograr los aprendizajes esperados, y casi un 55% opina que la mayor parte puede hacerlo. Por otro lado, cuando se les preguntó qué es lo que creían que iba a suceder en el futuro con la gran mayoría de estudiantes que tenían ese año bajo su responsabilidad, alrededor de un 50% respondió que terminarían la secundaria y seguirían estudios universitarios. En esta misma línea, alrededor de un 40% mencionó que la mayoría de sus estudiantes terminarían la secundaria y seguirían una carrera técnica.

A estas altas expectativas de nuestras maestras sobre los aprendizajes y el futuro de sus estudiantes, se les suma la percepción de que son la falta de apoyo de los padres (52%) y su limitado nivel educativo (20%) las principales dificultades que tienen los alumnos para aprender (véase cuadro 21). Tales percepciones le quitan al sistema educativo y al trabajo de las maestras buena parte de la responsabilidad sobre los logros de aprendizaje. En esta línea, aspectos que son responsabilidad del sistema educativo, como la falta de materiales o la insuficiente preparación de los maestros, son muy poco mencionados como limitantes para el aprendizaje.

CUADRO 21

OPINIÓN DE LAS MAESTRAS EXITOSAS SOBRE LAS PRINCIPALES DIFICULTADES QUE TIENEN LOS ESTUDIANTES DE SUS ESCUELAS PARA APRENDER

La falta de apoyo de sus padres	52%
El nivel de instrucción de sus padres	20%
La falta de materiales de enseñanza	10%
La falta de acceso a una buena alimentación y salud	9%
La asistencia irregular a clases	6%
La insuficiente preparación de los maestros	1%
Otras	3%

Fuente: Ministerio de Educación del Perú.

Elaboración propia.

De modo similar, cuando se les pregunta a estas maestras exitosas por diferentes aspectos que pueden ser considerados como clave para mejorar los aprendizajes, la casi totalidad de ellas menciona que el apoyo de los padres (98%), la asistencia regular a clase (97%), una adecuada alimentación (96%), contar con buenos profesores (88%) y una apropiada atención en salud (87%) son muy importantes (véase cuadro 22).

Cuadro 22

La opinión de las maestras exitosas sobre la importancia que tienen diferentes aspectos para mejorar los aprendizajes

	Muy importante para mejorar los aprendizajes de los niños
El apoyo de los padres de familia	98%
La asistencia regular a clases	97%
Una adecuada alimentación	96%
Contar con buenos profesores	88%
Una apropiada atención en salud	87%

Fuente: Ministerio de Educación del Perú.
Elaboración propia.

Para terminar, si ponemos frente a frente las altas expectativas que tienen las docentes sobre las posibilidades de aprendizaje de sus estudiantes y sobre su futuro educativo, por un lado, con las condiciones que las maestras señalan como fundamentales para el aprendizaje, por otro, vemos claramente aparecer una tensión en torno de las posibilidades de las docentes de concretar estas altas expectativas a partir de su trabajo. En efecto, las maestras y el sistema educativo tienen poca o ninguna influencia sobre la educación de los padres de familia o sobre la satisfacción de necesidades básicas, como alimentación y salud.

Reflexiones finales

En los últimos años, la discusión educativa en el Perú ha estado muy centrada en los resultados de aprendizaje de los estudiantes. El Ministerio de Educación ha definido una política de evaluación de dichos aprendizajes a partir de la aplicación de pruebas estandarizadas, cuyos resultados han mostrado una lenta pero constante mejoría. Al mismo tiempo, se viene ejecutando un sistema de incentivos para escuelas y maestros que obtienen buenos resultados en la ECE.

Aun cuando pensamos que la noción de éxito escolar no debiera restringirse a los resultados obtenidos en una prueba de evaluación estandarizada como la ECE, creemos que es útil contar con esta información al momento de tomar decisiones que conduzcan a una mejora de los procesos de enseñanza y aprendizaje. Sin embargo, pensamos que los docentes deberían ser los principales protagonistas considerados en la toma de decisiones de política educativa encaminada a la mejora de la calidad. Más aún cuando en la actualidad se está implementando la nueva carrera pública magisterial, que entre otras medidas, contempla desarrollar un sistema de formación en servicio para los docentes.

Dado este contexto, resulta de mucha utilidad conocer mejor quiénes son, dónde están y cuáles son las características de aquellos maestros y maestras cuyos estudiantes obtienen resultados de aprendizaje positivos. También es importante conocer cuáles son sus percepciones sobre los procesos de enseñanza y aprendizaje, y sobre sus estudiantes.

En esta dirección, el análisis de la información con la que contamos sobre un grupo de maestras cuyos estudiantes vienen obteniendo buenos resultados en la ECE, resulta de interés por diferentes razones. En primer lugar, porque estas docentes tienen un perfil sociodemográfico y socioeconómico bastante particular, que podría tenerse en cuenta al momento de elaborar una política de mejoras e incentivos de la condición docente. En segundo lugar, porque su trayectoria profesional muestra una larga experiencia, un deseo personal de constante capacitación y mejora de su acreditación profesional. En tercer lugar, porque las percepciones que tienen sobre su trabajo combinan temas netamente pedagógicos sobre qué y cómo enseñar, con una preocupación por las características y condiciones de sus estudiantes y su entorno social.

Sobre las principales características sociodemográficas y socioeconómicas de nuestras maestras exitosas, tenemos que su situación personal y familiar no pareciera caracterizarse por la precariedad. La gran mayoría son cónyuges y, por lo tanto, no tendrían toda la carga y responsabilidad económica de sus familias. De gual modo, la gran mayoría no cuenta con un segundo trabajo remunerado y tiene acceso a un conjunto de recursos importantes para su profesión, como una computadora y conexión a internet desde su casa.

Su trayectoria profesional está marcada por el éxito en varios sentidos. No solo sus estudiantes obtienen buenos resultados en las pruebas estandarizadas, sino que además es claro su deseo de invertir en mejorar su formación en servicio y su acreditación. Es innegable que este proceso de profesionalización refleja una voluntad personal y una inversión considerable en tiempo y recursos. Esto último cobra mayor importancia si consideramos que, en la actualidad, el Estado peruano no cuenta con una oferta sistemática de formación en servicio y desarrollo profesional para el magisterio.

Su trayectoria como maestras es larga y sin mayores interrupciones. Esto les habría permitido, entre otros aspectos, conocer la diversidad de la oferta educativa pública en el Perú, siendo muy frecuente que su experiencia profesional incluya haber enseñado en escuelas rurales unidocentes y multigrado, y en escuelas urbanas polidocentes.

Con relación a su trabajo en el aula, es importante señalar que estas maestras tienen confianza en sus capacidades y conocimientos para la enseñanza, y grandes expectativas sobre las posibilidades de aprendizaje de sus estudiantes. Ellas entienden la labor de enseñar de una manera complementaria; es decir, consideran de igual importancia los factores relacionados con las instrucciones y los emocionales. Así, para su trabajo consideran fundamentales la transmisión adecuada de contenidos, el buen uso de materiales educativos y la aplicación de enfoques y métodos de enseñanza innovadores, pero también conocer las condiciones emocionales, sociales y culturales de los estudiantes para incorporarlas en los procesos de enseñanza y aprendizaje en el aula.

Ahora bien, tal como hemos indicado en nuestro análisis, es innegable que existe una tensión en el discurso de estas docentes. Sus grandes expectativas sobre los logros de sus alumnos y la visión complementaria que tienen sobre la labor de enseñar, conviven con la percepción de que las principales dificultades que enfrentan sus estudiantes para aprender son sobre todo las condiciones económicas de las familias y la falta de apoyo de los padres a las labores educativas de la escuela. Lo interesante aquí es que los factores que se señalan como obstáculos para los aprendizajes escapan a su responsabilidad como docentes. Al mismo tiempo, es probable que tales ideas influyan en sus prácticas de enseñanza en el aula.

En síntesis, pareciera que experiencia, continuidad, capacitación, seguridad en sus propias capacidades y cierta holgura económica son factores que favorecen el trabajo de estas docentes. Se podría estar constituyendo así un nuevo paradigma profesional para las mujeres que se dedican a la docencia.

La profesión docente fue una de las primeras opciones de profesionalización para las mujeres. Como hemos visto, ellas ingresaron a la docencia porque tradicionalmente se asociaba el rol de cuidado con el de la enseñanza. Lo que vemos en estas maestras es que las mujeres han encontrado en la profesión docente un camino interesante para salir de estos roles tradicionales cumpliendo con las exigencias de profesionalización, y lo están haciendo con bastante éxito y por sí mismas.

Finalmente, hay que destacar que aun cuando el magisterio peruano está conformado, principalmente, por mujeres, existen todavía pocas investigaciones que emplean la categoría de género para analizar el desempeño docente y las trayectorias profesionales de las maestras y maestros. Cuando se estudia la presencia y participación de las mujeres en el mercado laboral de otras profesiones, es común encontrar que la condición femenina es un factor que tiende a ser una limitación para una trayectoria exitosa. La maternidad, las pocas oportunidades de capacitación y la persistencia de nociones tradicionales de género dificultan el éxito profesional de las mujeres. En el caso de estas maestras, diera la impresión de que algunas de sus condiciones de género han terminado favoreciendo su desarrollo profesional.

Bibliografía

BENAVIDES, Martín, Juan LEÓN y Manuel ETESSE

2014 "Desigualdades educativas y segregación en el sistema educativo peruano. Una mirada comparativa de las pruebas PISA 2000 y 2009". Avance de investigación. Lima: Grupo de Análisis para el Desarrollo.

CARRASCO, Gabriela

2008 *Influencia del capital cultural, capital económico y capital social basado en la familia sobre el rendimiento de los estudiantes: un análisis comparado*. Lima: Centro de Estudios y Promoción del Desarrollo.

CORRAL, Sofía y Rosalba ROBLES

2013 "(Re)presentaciones simbólicas de la docencia en profesoras de reciente ingreso a la SEP. Testimonios encontrados". *Nóesis. Revista de Ciencias Sociales y Humanidades*, 22 (43): 16-40.

CUENCA, Ricardo

2016 *Moving toward professional development. The teacher reform in Peru (2012-2016)*. Lima: Instituto de Estudios Peruanos.

CUETO, Santiago

2007 "Las evaluaciones nacionales e internacionales de rendimiento escolar en el Perú: balance y perspectivas" (pp. 405-455). *Investigación, políticas y desarrollo en el Perú*. Lima: Grupo de Análisis para el Desarrollo.

Cueto, Santiago, Cecilia Ramírez y Juan León
2003 *Eficacia escolar en escuelas polidocentes completas de Lima y Ayacucho.* Lima: Grupo de Análisis para el Desarrollo.

Cueto, Santiago et ál.
2016 "Does pre-school improve cognitive abilities among children with early-life stunting? A longitudinal study for Peru". *International Journal of Educational Research*, 75: 102-114.

Ferreira Bolognani, Marjorie y Adair Mendes Nacarato
2015 "Las narrativas de vida como prácticas de (auto)formación de maestras que enseñan matemáticas". *Revista Mexicana de Investigación Educativa*, 20 (64): 171-183.

González, Natalia, Mariana Eguren y Carolina de Belaunde
2017 *Desde el aula: una aproximación a las prácticas pedagógicas del maestro peruano.* Lima: Instituto de Estudios Peruanos.

López, Oresta
2006 "Las maestras en la historia de la educación en México: contribuciones para hacerlas visibles". *Revista Electrónica Sinéctica*, 28: 4-16.

Mannarelli, María Emma
2013 *Las mujeres y sus propuestas educativas, 1870-1930.* Lima: Derrama Magisterial.

Murillo, Francisco Javier (coord.)
2007 *Investigación iberoamericana sobre eficacia escolar.* Bogotá: Convenio Andrés Bello.

Salazar, Laura, Verónica Hidalgo y Hilbert Blanco
2010 "Estudio sobre diferencias de género en el aula de matemáticas". *Revista Latinoamericana de Etnomatemática*, 3 (2): 4-13.

Torres, Rosa María
2000 *Itinerarios por la educación latinoamericana. Cuadernos de viajes.* Buenos Aires: Paidós.

Inclusión, discriminación. Afroperuanas y educación en el Perú:

una agenda pendiente

Eliza Pflucker y Rocío Muñoz

Una reflexión a partir de la historia

Para reflexionar sobre la situación de la población afroperuana en el Perú, y de las mujeres en particular, es necesario revisar brevemente su historia a fin de comprender el contexto actual y reconocer algunos reflejos que se proyectan y distorsionan de las sociedades esclavistas coloniales. Por ello, haremos un repaso general que nos permita identificar los avances en el ejercicio de los derechos e inclusión de las mujeres afrodescendientes, desde su condición de esclavas hasta el concepto contemporáneo de ciudadanas.

Si bien el régimen esclavista en el Perú colonial tuvo particularidades que lo distinguen del de otros lugares de la región, el tráfico de esclavos en general fue parte de un modelo económico y político en el que el valor de estas personas radicaba en su fuerza productiva. Durante los siglos XVI y XVII, el ingreso de esclavos al virreinato del Perú fue limitado, a diferencia del llamado "Atlántico negro" o Caribe, donde dicha población fue numerosa desde el comienzo de la Conquista. Fue recién en el siglo XVIII cuando el tráfico esclavista hacia el Perú se amplió, vinculado al aumento de las haciendas de caña de azúcar y alfalfa y a la producción de aguardiente para el consumo interno (Arrelucea y Cosamalón 2015).

Siguiendo a Arrelucea y Cosamalón (2015), en el Perú existieron dos modalidades de esclavitud, cada una con influencia en las relaciones y procesos de inserción de los esclavos en el país. Una primera modalidad fue la esclavitud arcaica, vinculada, principalmente, a las haciendas —y en menor medida a las zonas urbanas, el trabajo doméstico y a jornal—, en la cual resalta el castigo, el ritmo y exceso de la carga de trabajo, la constante y excesiva vigilancia, la ruptura y limitaciones de las redes familiares y de amistad, el aislamiento de los demás grupos étnicos. Esta modalidad se sustentó en la deshumanización y cosificación de los esclavos y, por lo tanto, fue uno de los principales limitantes para la integración de sus descendientes en la sociedad mayor.

La segunda modalidad fue la esclavitud relativa, relacionada principalmente con el ámbito doméstico, el sistema jornalero y el trabajo en chacras, casas, talleres y haciendas (en especial las jesuitas). La esclavitud relativa se caracterizó por una menor rigurosidad en el control de las relaciones y labores de los esclavos, sobre todo en el sistema jornalero, donde estos cumplían tareas de tipo agrario y servicios para terceros, muchas veces de manera temporal. En el caso de las mujeres, se desempeñaron en funciones como jornaleras; vendedoras de alimentos y flores; cuidadoras de niños, ancianos y enfermos; cocineras; lavanderas y amas de leche. Esta segunda modalidad esclavista se caracterizó también por un mayor contacto y relación entre los esclavos, así como con otros grupos étnicos, dando lugar a un intercambio de conocimientos que con el tiempo se convirtió en una cultura interétnica.

Ambas modalidades esclavistas son pertinentes para el presente artículo, si tomamos en cuenta cómo cada una de ellas constituyó una base diferente para la posterior inserción de la población afroperuana en el país, en particular de las mujeres. En la modalidad arcaica se sostiene el imaginario y las prácticas de discriminación étnico racial, que consisten en tratos deshumanizantes y cosificadores de las mujeres afrodescendientes. Por su lado, la modalidad relativa sustenta y abona el reconocimiento estereotipado de los aportes y roles de las mujeres afrodescendientes en el imaginario nacional. Es importante no perder de vista que ambas modalidades se basan en el no-reconocimiento de derechos y en la deshumanización, lo que ha contribuido a configurar una serie de representaciones y discursos fundados en prejuicios y estereotipos, principalmente negativos, que no han logrado eliminarse; por el contrario, aparecen aún de manera alarmante, por ejemplo, en las redes sociales y los espacios públicos.

Otra situación que influye en el imaginario sobre las poblaciones afroperuanas en la actualidad tiene que ver con la estratificación social: los afrodescendientes se han mantenido históricamente como una población excluida, pobre y con escasa movilidad social. Por ello, resulta relevante reconocer la existencia de un antes y un después de la abolición de la esclavitud, no solo por la importancia del hecho en sí mismo, sino por su repercusión en las poblaciones afrodescendientes. Durante el régimen esclavista, la categoría de esclavo o esclava era el principal eje de diferenciación social y étnica. Una vez abolida la esclavitud, el color de la piel y sus matices cobraron protagonismo como un criterio de estratificación social que dio pie a la exclusión.

La clase de trabajo que ha realizado tradicionalmente la población afrodescendiente es otro factor que ha contribuido a la estratificación social y a los estereotipos. Dedicarse a tareas poco consideradas ha sido una de las características de dicha población, entre la cual también ha habido una división sexual de las labores. En 1860, luego de la abolición de la esclavitud y antes de la Guerra del Pacífico, las ocupaciones principales de los hombres afroperuanos eran las labores agrícolas y de servicios menores (sirvientes, cocheros, aguaderos, etc.), y la mayoría eran analfabetos. En el caso de las mujeres, un 80% se dedicaba a servicios menores (lavanderas, sirvientas, amas, cocineras, etc.), y el analfabetismo era incluso mayor que entre los hombres: un 83% no sabía leer ni escribir (Arrelucea y Cosamalón 2015).

El color de la piel, el oficio y el acceso a la educación han sido tres ejes de diferenciación que han influido tanto en el imaginario como en la vida de las poblaciones afrodescendientes. Por tal motivo, ser afroperuana aún se asocia a un bajo nivel educativo y a la pobreza, vulnerabilidades que aumentan con la condición de género. Mención aparte merece el conjunto de representaciones del cuerpo y sexualidad de estas mujeres.

Otro elemento relevante que nos deja el análisis histórico es la situación de invisibilidad de la población afrodescendiente. Repasando los diferentes censos realizados a escala nacional, encontramos una constante reducción de la población negra que actualmente reconocemos como afrodescendiente. Así, mientras que en 1791 la población esclava y parda (negra libre) representaba el 8% de la población total del virreinato, ocho décadas después, en 1876, la población negra se había reducido al 1,9%. Para 1940, cuando se realiza el último censo de población donde se incluyó una pregunta sobre la pertenencia étnica, la población afroperuana solo representaba el 0,5% del total (Valdivia 2011). Han transcurrido más de 70 años para que un censo vuelva a contener una pregunta que permita identificarla.

En efecto, en octubre de 2017, el censo de población y vivienda incluyó una pregunta de autoidentificación étnica racial con variables pertinentes a la población afrodescendiente. Sus resultados, aún no publicados, deberían ser insumos fundamentales para el diseño de políticas públicas pensadas especialmente para este grupo social. Es importante indicar que algunas encuestas oficiales, como la Encuesta Nacional de Hogares (Enaho), han comprendido también desde la década del 2000 una pregunta de autoidentificación étnica racial. Sin embargo, estas encuestas se dirigen a la población en general y, por lo tanto, los datos referidos a la población afroperuana deben revisarse considerando dicha observación.

Por otro lado, para el Estado aún es un desafío contar con un sistema estadístico nacional que brinde información desagregada e incorpore el enfoque étnico racial, a fin de detectar las necesidades y demandas de la población afroperuana y emprender acciones específicas que mejoren su calidad de vida.

En los datos censales se delinea una progresiva desaparición de la población afrodescendiente en el tiempo, para la cual, sin embargo, no se tiene datos: no se puede comprobar si han habido migraciones masivas o formas violentas de desaparición. En contraste, el aumento del mestizaje ha sido constante a lo largo de los años, revelando un proceso de relaciones interétnicas. Es posible interpretar que el mestizaje y la categoría de mestizo o mestiza han permitido acceder a una movilidad social, en tanto la construcción de una identidad incorpora diferentes pertenencias étnico raciales y acerca a las personas a identidades homogéneas y hegemónicas. Así, al revisar rápidamente estas dinámicas sociodemográficas, se percibe la disminución de identidades tanto indígenas como afrodescendientes. A dicho escenario han contribuido el racismo y la discriminación, con su impacto directo en la construcción de identidades, principalmente en aquellas que son subvaloradas, las que no tienen un reconocimiento social, lo cual puede estar abonando en los procesos de autorreconocimiento.

De lo anteriormente señalado se desprenden algunas ideas claves para el análisis de la vida y acceso a la educación de las mujeres afroperuanas en la actualidad. Así, a pesar de los vertiginosos cambios en las dinámicas sociales, políticas, económicas, culturales y tecnológicas, tanto a escala nacional como internacional, las mujeres y comunidades afroperuanas siguen marcadas por imaginarios y representaciones que limitan el desarrollo de su vida individual y colectiva, vulnerando el derecho a la identidad étnica y a la no discriminación, al sostenerse que la identidad afrodescendiente está vinculada a la pobreza y a un bajo nivel educativo. Por otro lado, el empobrecimiento de las poblaciones afroperuanas es una realidad, al punto que hoy en día constituye el único grupo étnico cuyo índice de pobreza aumentó entre los años 2001 y 2010 a escala nacional, pasando del 33% al 34% (Kogan 2014: 16). Así, autoidentificarse como afrodescendiente implica reconocerse como parte de uno de los grupos demográficos en el país que vive en una situación de vulnerabilidad y de exclusión social.

Hablamos de una identidad racializada, desvalorada y vulnerable que ha sido integrada en el imaginario nacional principalmente a partir de su aporte cultural (música y danza, en especial), mientras que las personas son cotidianamente violentadas con expresiones y prácticas racistas que limitan su desarrollo individual y colectivo. Ser una mujer afrodescendiente implica sumar la violencia étnico racial a la violencia de género, más aún cuando ambas son identidades que se leen y adscriben sobre los cuerpos. En efecto, la racialización de los cuerpos de las afrodescendientes configura un sujeto cuya experiencia de vida debe ser leída desde la interseccionalidad de opresiones que le afectan, para comprender la estructura de dominación en la cual se desarrollan y las capacidades de agencia para disputar el reconocimiento de derechos. Una mujer afroperuana enfrenta la discriminación de manera sistemática: la escuela, la comunidad, el trabajo, las redes sociales, pueden ser espacios violentos donde ser mujer y negra puede generar rechazo, burla, prejuicios e insultos. Dicha situación puede ser mucho más compleja si se le suman otras identidades relacionadas, por ejemplo, con la clase o la orientación sexual.

La población afroperuana en tiempos de democracia

La población afroperuana vive principal e históricamente en la costa del país, de Tumbes a Tacna. Como hemos indicado, a la fecha no contamos con los resultados del último censo realizado en octubre de 2017. Sin embargo, en una encuesta nacional urbano-rural realizada del 1 al 3 de noviembre de 2017 por IPSOS Perú y publicada en *El Comercio*, se indica que, de las 1254 personas encuestadas, el 7% se autoidentificó con la categoría negro, moreno, zambo, mulato, afroperuano o afrodescendiente. Esta encuesta, por cierto, se efectuó luego del censo de población y vivienda de 2017. Asimismo, según el mapa geoétnico de población afroperuana,[1] las regiones donde se concentra esta población son Tumbes, Piura, Lambayeque, Áncash, Lima Metropolitana, Lima provincias, Callao, Ica, Arequipa y Tacna.

Algo que es necesario mencionar son los escasos estudios sobre mujeres afroperuanas que den cuenta de sus condiciones de vida, un tema sin duda pendiente. Sin embargo, en el 2015, el Ministerio de Cultura y el Grupo de Análisis para el Desarrollo (Grade) realizaron el *Estudio especializado sobre población afroperuana* (EEPA, Benavides et ál. 2015), que ha permitido contar con información actualizada sobre las mujeres afroperuanas. Un 52,3% de la muestra de este estudio —compuesta por un total de 3101 hogares de siete regiones de la costa del país—[2] son mujeres que se desempeñan como jefas de hogar. Por otro lado, se menciona

1. "Mapa geo étnico de presencia concentrada de población afroperuana en el territorio nacional", publicado por el Ministerio de Cultura, por resolución ministerial 162-2016-MC.

2. Lima, Áncash, Lambayeque, Piura, Tumbes, Ica y Tacna.

que la situación económica de la población afroperuana ha empeorado entre los años 2004 y 2014. La proporción de hogares a escala nacional que cuentan con alguna necesidad básica insatisfecha es de 14,4%; mientras que en el caso específico de la población afroperuana, este porcentaje alcanza el 23,1%. En cuanto al desempleo, el EEPA resalta que, según la Enaho 2004, la población afroperuana tiene la tasa más alta (2,99%), en comparación con la población indígena (1,32%) y el porcentaje nacional (1,26%). Al respecto, el estudio señala la existencia de prejuicios y estereotipos que condicionan y/o determinan las actividades laborales de los hombres y mujeres afroperuanos.

En cuanto a la tenencia de vivienda, aún si un 75% de la población afroperuana tiene vivienda propia, una tasa mayor que la de escala nacional (70%), existe un alto índice de hacinamiento y de hogares con necesidades básicas insatisfechas. Los afroperuanos presentan las peores condiciones de hacinamiento en el Perú.

Por otro lado, siempre según el EEPA, el 49% de los jefes y jefas de hogar afroperuanos ha alcanzado el nivel secundario, y un 29,7% ha culminado la primaria. Así, la mayoría de los hogares afroperuanos están a cargo de personas que no han alcanzado ningún nivel de educación superior, lo que limita sus posibilidades de incorporarse en un espacio laboral calificado y repercute en el ingreso económico del hogar. Un 40,8% de los hogares afroperuanos tiene un ingreso promedio de entre 750 y 1500 soles mensuales. Ello da cuenta de una población que accede principalmente a trabajos cuyos salarios son bajos. Por otro lado, de la PEA ocupada afroperuana, el 29,9% trabaja en empleos no calificados, el 19,9% en servicios, y el 13,6% como oficiales, operarios y artesanos.

Ante este precario contexto socioeconómico, hay que resaltar las fuertes expectativas que existen en los hogares afroperuanos para las generaciones más jóvenes. Esto se traduce en padres y madres que desean que sus hijos e hijas superen el nivel educativo alcanzado tradicionalmente en la familia. Así, un 77,4% de los jefes y jefas de hogar quiere que sus hijos accedan a la universidad, y un 10,8% espera que culminen una carrera técnica. Además, un 9,1% desea que sus hijos cursen un posgrado.

Sin embargo, las expectativas familiares no son una garantía para la movilidad educativa de la población afroperuana. En el EEPA se recoge que cuando se compara la movilidad educativa afroperuana con la nacional, solo un 48,5% de los y las afroperuanas que tienen un padre o una madre que han accedido a la educación superior, lograrán alcanzar ese nivel educativo, un porcentaje muy por debajo del nacional (75%).

Con estas cifras se puede plantear que existe, en el caso de los afroperuanos, un limitante real, constante, que les impide colmar las expectativas en materia de educación, aun cuando existe entre ellos un discurso y una práctica que se inclinan por mejorar la situación educativa. Esto puede relacionarse con la pobreza. Por otro lado, incluso con un nivel educativo adecuado, la inserción en el mundo del trabajo de los afroperuanos es menor que la de los mestizos o blancos, algo que puede deberse a una discriminación laboral. Será fundamental contar con estudios que puedan explorar dichas hipótesis, identificando además qué acciones del Estado se dirigen a acortar las brechas de desigualdad que afectan a los afroperuanos, en especial a las mujeres.

La educación entre las mujeres afroperuanas

Como ya dijimos, es importante analizar el pasado para realizar una mejor lectura del presente y poder entender, en este caso específico, las consecuencias de la esclavitud en las mujeres afrodescendientes. Uno de los problemas más sentidos de dichas mujeres es el de la discriminación, que conlleva a una serie de limitaciones en el ejercicio de sus derechos como ciudadanas, así como en el reconocimiento de derechos colectivos que permitan generar espacios de participación y decisión sobre el desarrollo de la colectividad.

La discriminación contra las afroperuanas afecta su educación, su desarrollo socioeconómico y laboral. Según la encuesta realizada en el 2013 por la Universidad ESAN por encargo del Ministerio de Justicia y Derechos Humanos (2013), uno de los derechos que menos se respeta de las y los afroperuanos es el derecho a no ser discriminado (64%), seguido del derecho al trabajo y a la identidad cultural (40%).

La vulnerabilidad en lo que respecta al derecho a la identidad cultural se encuentra estrechamente vinculada a las experiencias de discriminación constantes y cotidianas, a través de las cuales los afroperuanos, tanto individual como colectivamente, han vivido procesos de rechazo y negación, buscando alejarse de los prejuicios, imaginarios y representaciones que violentan su identidad y su vida. Por otro lado, en el caso de la población afroperuana, la vulnerabilidad respecto al derecho al trabajo también se vincula con los prejuicios, imaginarios y representaciones que descalifican a las mujeres impidiéndolas trabajar en oficios que no sean los que tradicionalmente han ejercido a lo largo de la historia. Hay que recordar que en el país experimentamos un contexto en el cual se normaliza y naturaliza el insulto y la discriminación, lo que obstaculiza su denuncia y problematización.

La discriminación en el espacio laboral puede darse desde el proceso de selección y mantenerse luego en forma de bromas, comentarios, tratos y actitudes inadecuados, que a veces llegan al hostigamiento. Además de las experiencias de discriminación étnico racial, es necesario pensar en las agresiones y subvaloraciones que recaen en los cuerpos femeninos en estos espacios de trabajo y socialización. Como consecuencia, las afroperuanas experimentan grandes dificultades para lograr un empleo de calidad que les ayude a superar las brechas de desigualdad. Además, los estereotipos se vuelven condicionantes para la percepción y valoración de estas mujeres.

En un estudio realizado por Liuba Kogan (2014) sobre los problemas de las profesionales afroperuanas para acceder al mercado laboral, se halló que la última persona a quien se considera llamar para una entrevista de trabajo es a la postulante afroperuana. El orden de prioridades es el siguiente: blanca, asiática, mestiza y, en último lugar, afroperuana. Las razones que se esgrimieron fueron que las afroperuanas no inspiran confianza, no encajan en la cultura organizacional, carecen de las competencias y capacidades analíticas necesarias para el puesto de trabajo, no tienen roce social, no son líderes y no pueden dirigir un grupo. Estas percepciones profundamente estereotipadas dan cuenta de las representaciones que se tiene de la población afroperuana en general y de la gran limitación que esto representa para su acceso al mercado laboral y para su derecho al trabajo. Por otro lado, estas percepciones también ponen en evidencia los grandes vacíos que existen en la actuación del Estado en lo que respecta a garantizar la igualdad de todos los ciudadanos y la no discriminación.

En el caso de las afroperuanas, la discriminación que sufren requiere ser analizada con un enfoque interseccional, reconociendo su multicausalidad y el proceso sociohistórico que ha condicionado sus experiencias de vida. Un cuerpo femenino, afrodescendiente, oscuro, racializado, es interpretado cotidianamente como el cuerpo de alguien pobre. Desde esta interseccionalidad se experimentan limitaciones, discriminación, una exclusión social constante, reflejo de un sistema heteropatriarcal, machista y sexista. Así, las desvaloraciones transitan entre la animalización y la exacerbación de una feminidad sexuada de las afroperuanas, vistas como personas que carecen de racionalidad, capacidades y conocimientos formales.

Por otro lado, es necesario insistir en la invisibilidad estadística y en cómo ella se convierte en un limitante para el ejercicio de los derechos y el desarrollo de la población afroperuana. Si bien el Estado ha hecho algunos avances, la carencia de información estadística que rescate la autoidentificación étnica, por ejemplo, en los registros administrativos, constituye un vacío que impide la construcción de ciudadanías interculturales en contextos de diversidad étnico cultural.

En el caso concreto de los afroperuanos, la invisibilidad estadística tiene como consecuencia que no se formulen y apliquen políticas públicas específicas para esta población, que permitan igualar las oportunidades de tener una vida digna. Solo sabiendo el número, ubicación, condiciones de vida y acceso a la educación de las mujeres afroperuanas, el Estado peruano podrá mejorar sus condiciones y garantizar el ejercicio de sus derechos. Sumado a ello, es fundamental crear una conciencia en los ámbitos institucional y estatal sobre la importancia de intervenir en esta población.

En julio de 2016 se aprobó el *Plan Nacional de Desarrollo para la Población Afroperuana* (Plandepa),[3] en cuyo objetivo tercero se plantea la acción estratégica de fomentar "[...] que los programas de promoción del empleo incluyan el enfoque intercultural" (Ministerio de Cultura 2016: 63) y "[...] acciones afirmativas para asegurar la igualdad de oportunidades en el acceso, permanencia y culminación de mujeres y hombres afroperuanos en instituciones de educación en todas sus formas, modalidades y etapas" (Ministerio de Cultura 2016: 63). A la fecha, sin embargo, aún no se han emprendido acciones ni políticas que contribuyan a promover el acceso a la educación superior de las afroperuanas.

Incorporar la variable étnica o racial en los registros administrativos y estadísticos es fundamental para mejorar las condiciones educativas de las niñas y adolescentes afroperuanas. Con esta información y, evidentemente, a través de la propuesta curricular, se podrá trabajar en las aulas en el fortalecimiento de la identidad étnica y generar herramientas de acción y respuesta ante posibles situaciones de discriminación étnico racial en los espacios educativos.

Tal como se mencionó anteriormente, es importante no perder de vista cómo influye la discriminación en la vida de las niñas, adolescentes y mujeres afroperuanas. Según el EEPA, un 43,3% de los afroperuanos ha sufrido discriminación o maltrato, con una mayor incidencia en Lima (54,6%) y en general en las zonas urbanas (48,3%), en comparación con las zonas rurales (28,5%). La escuela no siempre es un lugar grato para la infancia y adolescencia afroperuana: puede ser un espacio agresivo, tal como se desprende del estudio *¡Aquí estamos! Niñas, niños y adolescentes afroperuanos* (Unicef 2013). Según este informe, el 22,1% de los adolescentes afroperuanos ha vivido alguna experiencia de discriminación en la escuela, una proporción mayor que la registrada para los adolescentes no afros (16%). Cuando se indagó sobre las situaciones específicas de discriminación, el 50% hizo referencia a apodos que aludían a su fenotipo (color de la piel o raza), mientras que un 17% señaló que las burlas apuntaban al fenotipo de algún familiar. De el modo, la escuela —un espacio de formación y convivencia— resulta más hostil para las niñas, niños y adolescentes afroperuanos que para el

3. Aprobado mediante Decreto Supremo n.° 003-2016-MC.

resto. Según el EEPA, un 13,8% ha sufrido discriminación en su centro de estudios, siendo de nuevo Lima el lugar de mayor incidencia (17,3%).

Por otro lado, en el estudio *¡Aquí estamos!* (Unicef 2013) se señala que, a pesar de estar informados de los actos de discriminación, los docentes no actúan en contra de esas situaciones. En uno de los grupos focales realizados con madres del distrito limeño de Villa María del Triunfo, una madre comentó lo siguiente: "Lo más indignante creo que es para los niños, que no se sienten apoyados por los profesores, el profesor le festeja al niño que insultó al otro, se hacen los de la vista gorda o quieren que uno se lo pase por alto, que no nos quejemos". En otros grupos focales se recogieron experiencias similares. Por su lado, en los grupos focales con docentes de Villa María del Triunfo se escuchó decir: "Yo a un alumno le dije: 'No digas eso', pero no sé qué más hacer". De este modo, la escuela se convierte en un ambiente adverso para los niños, niñas y adolescentes afroperuanos, con un personal docente que tiene pocos recursos para combatir la discriminación étnico racial, incluso en las zonas con fuerte presencia de afroperuanos.

Si bien la población afroperuana ya no tiene dificultades para acceder a la educación primaria, culminar la educación secundaria y acceder a la superior siguen siendo obstáculos difíciles de sortear. De acuerdo con el estudio *¡Aquí estamos!* (Unicef 2013), la asistencia a la educación primaria de los niños y niñas afroperuanos es de 92,9%, en comparación con el 91% de la población indígena y el 93,3% de otros grupos, lo que demuestra que la primaria es una prioridad para las familias peruanas en general. En contraste, la asistencia a la educación secundaria sí presenta diferencias considerables entre los grupos mencionados: el 61% de los afroperuanos cursa ese nivel educativo, en comparación con el 56,3% de la población indígena y el 69,5% de otros grupos. Es en este nivel educativo dónde los afroperuanos e indígenas marcan una considerable diferencia con el promedio nacional. Como se afirma en el estudio, es importante tener en cuenta que la ubicación de las escuelas secundarias puede dificultar el acceso de los adolescentes a esos establecimientos. Por otro lado, el EEPA indica que un 49,0% de los jefes y jefas de hogar afroperuanos ha alcanzado el nivel secundario.

Así, nos acercamos a una de las problemáticas principales de los niños, niñas y adolescentes afroperuanos: la permanencia en la escuela. Según la encuesta realizada por la Fundación Van Leer y Grade, mencionada en el estudio *¡Aquí estamos!* (Unicef 2013), el 29% no permanece en la escuela por motivos económicos, un porcentaje mayor que el de los no afroperuanos (24%); y un 22% porque no les gusta, en comparación con el 12,1% de los no afroperuanos que aluden a ese motivo. Un hecho relevante para la deserción escolar entre las adolescentes afroperuanas es el embarazo: el 11,9% abandonó la escuela por esa causa, una proporción —al igual que en los casos anteriores— considerablemente mayor que la de los grupos de no afroperuanos (6,1%). En lo que atañe al alejamiento de la escuela, se requiere ahondar en los resultados que se han obtenido, considerando las diferentes experiencias, según la zona de residencia, y principalmente el autorreconocimiento étnico racial y de género.

Por otro lado, el EEPA menciona que los niños y niñas afroperuanos de entre 3 y 5 años presentan una tasa de inasistencia a la escuela del 71,2%, la mayor entre los escolares. Los motivos son, en primer lugar, que no tienen la edad requerida para ingresar a la escuela (78,9%), y en segundo lugar, la falta de dinero (10,7%). Entre los jóvenes de 11 a 17 años, la principal causa de inasistencia es haber culminado ya los estudios secundarios (50,8%), seguida de quienes se están preparando en una academia preuniversitaria (14,7%) y de un 11,4% que indica que no le gusta estudiar. Es evidente que es necesario realizar más estudios que permitan identificar las experiencias de discriminación que afectan la escolaridad de los afroperuanos y sus expectativas en materia de educación.

Por otro lado, en el estudio sobre la situación socioeconómica de las poblaciones afroperuana y afrocostarricense en comparación con las poblaciones afrocolombiana y afroecuatoriana (PNUD 2012), se señala que tradicionalmente se completa la educación primaria entre los 12 y 14 años de edad. Los mestizos constituyen el grupo que en mayor porcentaje ha concluido la primaria en ese rango de edad (84%), seguido por los indígenas (79%) y, en último lugar, por los afrodescendientes (68%). Según dicho estudio, si se considera la edad esperada para completar el ciclo de la educación primaria, se comprueba que existe una brecha de 16% entre la tasa de compleción de los afrodescendientes y la de los mestizos.

Con respecto a la culminación de la educación secundaria, en el 2010, un 61% de los jóvenes mestizos la había concluido, en comparación con un 57% de los indígenas y un 46% de los afrodescendientes. Por otro lado, según el EEPA, el nivel educativo de los afroperuanos ha aumentado sobre todo en la costa norte y sur del país. En la costa norte, el porcentaje de población afroperuana que accede a la educación secundaria ha pasado de ser un 28,5% en el 2004 a un 42,3% en el 2014, mientras que a escala nacional no hubo casi diferencia entre ambos años.

Es importante tener en cuenta que el 57,7% de la población afroperuana encuestada en el EEPA considera a la discriminación como una causa importante de pobreza. Es evidente que la discriminación, y en particular la étnico racial, tiene un impacto en la vida y experiencia de las afroperuanas. En tal contexto, sus posibilidades de desarrollo y sus expectativas de superar el nivel educativo y de obtener mejores puestos de trabajo que sus padres, están marcadas por las limitaciones económicas de las familias para solventar la educación de las hijas.

Sobre la educación superior

Según el EEPA, un 33,1% de los afroperuanos de entre 18 y 26 años de edad accedieron a la educación superior en el 2015, lo que representa un avance en comparación con el 25,7% que lo hizo en el 2004. Por otro lado, al comparar los resultados de los afroperuanos con los de los jóvenes en ese rango de edad a escala nacional, se registra una diferencia del 10% (un 43,4% accede a la educación superior en el ámbito nacional). Así, si bien hay una mejoría entre la población afroperuana, el contexto sigue siendo desalentador en lo que respecta a su acceso a la educación superior.

Asimismo, un estudio realizado por la organización afroperuana Ashanti Perú (2015), revela que un 12,5% de sus entrevistados completó la educación universitaria; un 12,2%, la superior técnica; un 11,4% tiene una educación universitaria incompleta; y un 1,6% cursa estudios de posgrado. Según dicha investigación, son las mujeres quienes han alcanzado los niveles más altos de formación superior. Sin embargo, son más los hombres que han concluido el nivel secundario: un 17,3% en comparación con el 15% de mujeres.

De este modo, queda claro que el acceso y culminación de la educación superior son todavía un problema entre la población afroperuana. Por otro lado, según refiere el EEPA, en el grupo de jóvenes que estudian, un 32,2% trabaja y estudia una carrera técnica, mientras que un 21,8% se encuentra trabajando y estudiando en la universidad. Asimismo, de los jóvenes que trabajan, la proporción es mayor entre los hombres (62,6%) que entre las mujeres (37,4%). Si nos centramos en los jóvenes que han accedido a la educación superior, observamos que el 45,9% son hombres y el 54,1% son mujeres. Respecto a los jóvenes que no trabajan ni estudian, el 34,38% son hombres y el 65,62% son mujeres. Así, a pesar de que las mujeres son quienes más acceden a la educación superior, son las que menos trabajan y, de otro lado, representan la mayor proporción de quienes no trabajan ni estudian. Este dato podría estar revelando las limitaciones y dificultades que encuentran las afroperuanas para desarrollarse en el ámbito académico y acceder al mercado laboral.

De toda esta información se desprende que las niñas, adolescentes y mujeres afroperuanas enfrentan diferentes barreras a lo largo de su vida: problemas económicos; experiencias de discriminación y violencia tanto en la calle como en la escuela; embarazo adolescente; falta de apoyo familiar o externo para prepararse, ingresar y mantenerse en la educación superior; y escasas oportunidades para acceder al mercado laboral. En este punto es pertinente tener en cuenta que la experiencia educativa de las afroperuanas es una carrera cuesta abajo, en la que las limitaciones externas se encuentran constantemente proyectadas sobre sus corporalidades, adscribiéndose discursos que las desvalorizan.

El sistema educativo nacional

Una de las demandas sistemáticas de las organizaciones y de las mujeres afroperuanas ha sido que se incorpore en la currícula educativa nacional, tanto el enfoque étnico racial e intercultural, como los aportes de la población afroperuana. Asimismo, que se establezcan medidas que garanticen el acceso a la educación de los afroperuanos. En ese contexto, es importante resaltar que el tercer objetivo estratégico del Plandepa señala tres acciones estratégicas a cargo de diferentes entidades: "(i) El Diseño Curricular Nacional y los Diseños Curriculares Regionales incorporan aprendizajes sobre la población afroperuana en sus diversos aspectos civiles, políticos, económicos, sociales y culturales; (ii) Se adoptan medidas para asegurar la culminación de la Educación Básica Regular de la población afroperuana; (iii) Se fomentan acciones afirmativas para asegurar la igualdad de oportunidades en el acceso, permanencia y culminación de mujeres y hombres afroperuanos en instituciones de educación en todas sus formas, modalidades y etapas" (Ministerio de Educación 2016: 63).

Es evidente que el objetivo del sector educación respecto de lograr la visibilidad de la población afroperuana es todavía una tarea pendiente, aun si ha habido unas pocas iniciativas en tal dirección. Es importante señalar que en la nueva estructura del Ministerio de Educación (Minedu) no hay ninguna instancia que se ocupe específicamente de la población afroperuana, y que no hay políticas públicas ni medidas afirmativas que se orienten a promover el acceso a la educación —principalmente a la superior— de los afroperuanos. A pesar de lo avanzado (sobre todo con los pueblos indígenas), para mejorar la formación y el desarrollo integral de nuestros niños y niñas, se requiere trabajar de manera más eficaz en la transversalización del enfoque intercultural y en el desarrollo de competencias interculturales en docentes y servidores públicos.

Finalmente, nos parece importante considerar que aunque el panorama de vida de las afroperuanas es desalentador, el EEPA da cuenta de que el 99,4% de los entrevistados que se consideran negros, morenos o zambos, se encuentra orgullosos de serlo, y el 99,5% indica sentir orgullo de ser afrodescendiente. Es evidente que la discriminación constituye un obstáculo para fortalecer la identidad y construir mecanismos de autovaloración y reconocimiento; asimismo, puede ser un condicionante de las expectativas y percepciones. Sin embargo, es evidente también la enorme capacidad de resistencia y resiliencia de los afroperuanos.

Resulta fundamental reconocer los dispositivos que esta población ha desarrollado y reinventado para vivir en un sistema complejo de intersecciones que excluyen, subalternan e invisibilizan.

Algunas conclusiones

Tanto la permanencia en el sistema educativo de las niñas y adolescentes afroperuanas, como la culminación de sus estudios, son asuntos que deben preocupar a los actores competentes, porque limitan sus posibilidades de acceder al mercado laboral.

El modelo de educación nacional carece de herramientas y enfoques de trabajo para valorar la diversidad y fortalecer las ciudadanías interculturales en los espacios educativos. Por otro lado, no hay evidencias de un proceso reflexivo y de acción contra el racismo naturalizado en nuestra sociedad, así como de reivindicación y valoración de las identidades étnicas para el ejercicio de los derechos ciudadanos.

El racismo, el sexismo y la discriminación son experiencias constantes que violentan los cuerpos y vidas de las niñas, adolescentes y mujeres afroperuanas, deslegitimando su proceso de aprendizaje en los ámbitos educativo y laboral. Son estos ejes específicos los que invisibilizan y deslegitiman la participación de las mujeres afroperuanas en la sociedad, como parte de una población activa que contribuye al desarrollo económico, social, cultural y político del país.

No reconocer los aportes de la población afroperuana y de sus personalidades al desarrollo del país debilita la construcción de expectativas de vida de las niñas, adolescentes y mujeres afroperuanas. Esta ausencia histórica también mengua el ejercicio de la ciudadanía de las mujeres afroperuanas, como agentes activas y conquistadoras de derechos.

Se requiere trabajar en la transversalización del enfoque étnico racial e intercultural y en el desarrollo de competencias interculturales en docentes y en todo el sistema educativo nacional. Por ello, resulta fundamental adecuar y fortalecer la institucionalidad para garantizar en la estructura del Estado, y en especial en el sector educación, instancias de atención a la población afroperuana.

El mestizaje y su inserción en el imaginario nacional han limitado los procesos de autoidentificación étnico racial. Además, el mestizaje, así como los discursos y prácticas promestizos, han buscado desracializar las problemáticas particulares de los pueblos, homogeneizando, limitando y desvalorando la agencia de las comunidades afrodescendientes e indígenas en la reivindicación de derechos colectivos e individuales. Este contexto ha desvalorizado la autoidentificación étnica de las personas en los registros oficiales de información estadística y, con ello, se ha dado la espalda a la población afrodescendiente en el país.

Emprender investigaciones que ahonden en los diversos temas que afectan a las mujeres afroperuanas, y a las niñas en particular, a fin de lograr que su calidad de vida mejore, es una tarea urgente. También lo es crear un plan nacional de desarrollo para la población afroperuana y fortalecer a las instituciones del Estado para que atiendan a esta población. El Estado debe emprender, asimismo, una lucha frontal contra la discriminación y el racismo; para ello, se requiere que esto sea una política de Estado. Finalmente, el sector educación necesita desarrollar políticas públicas específicas y acciones afirmativas para la población afroperuana, considerando la participación de sus organizaciones en todo el proceso de gestión pública. Por tal motivo, incorporar a servidores públicos con experiencia de trabajo con estas poblaciones será fundamental.

Bibliografía

Arrelucea Maribel y Jesús A. Cosamalón

2015 *La presencia afrodescendiente en el Perú. Siglos XVI-XX*. Lima: Ministerio de Cultura.

Ashanti Perú

2015 *Juventud afroperuana. Derechos humanos, participación ciudadana e incidencia política: 10 años de Ashanti Perú*. Lima: Ashanti Perú.

Benavides, Martín et ál.

2015 *Estudio especializado sobre población afroperuana (EEPA)*. Lima: Grupo de Análisis para el Desarrollo y Ministerio de Cultura.

Díaz, Ramón y Óscar Madalengoitia

2012 *Análisis de la situación socioeconómica de la población afroperuana y de la población afrocostarricense y su comparación con la situación de las poblaciones afrocolombiana y afroecuatoriana*. Lima: Programa de Naciones Unidas para el Desarrollo.

Kogan, Liuba

2014 *Profesionales afroperuan@s en Lima: un drama anunciado*. Lima: Universidad del Pacífico.

MINISTERIO DE CULTURA

2016 *Plan Nacional de Desarrollo para la Población Afroperuana 2016-2021.* Lima: Ministerio de Cultura.

PNUD – PROGRAMA DE LAS NACIONES UNIDAS PARA EL DESARROLLO

2012 *Análisis de la situación socioeconómica de la población afroperuana y de la población afrocostarricense y su comparación con la situación de las poblaciones afrocolombiana y afroecuatoriana.* Lima: Programa de Naciones Unidas para el Desarrollo.

UNICEF – FONDO DE LAS NACIONES UNIDAS PARA LA INFANCIA

2013 *¡Aquí estamos! Niñas, niños y adolescentes afroperuanos.* Lima: Unicef, Cedet, Plan Internacional.

UNIVERSIDAD ESAN Y MINISTERIO DE JUSTICIA Y DERECHOS HUMANOS

2013 *Encuesta para medir la opinión de la población peruana en relación con los derechos humanos.* Lima.

VALDIVIA, Néstor

2011 *El uso de las categorías étnico/raciales en censos y encuestas en el Perú: balance y aportes para una discusión.* Lima: Grupo de Análisis para el Desarrollo.

Las mujeres en el gobierno universitario peruano. Equidad de género en la educación superior

Sandra Carrillo

Introducción

Este artículo busca exponer la situación de las docentes universitarias peruanas en lo que respecta a ocupar cargos de poder en sus instituciones. Se pretende no solo identificar y describir cómo se distribuyen los docentes hombres y mujeres en las universidades del país, sino también evidenciar la diferenciación y jerarquización entre los sexos —relaciones de dominación masculina y subordinación femenina (Scott 1990, 2011)—, para cuestionar las relaciones de poder asimétricas en dichas instituciones. Se parte del supuesto de que, si bien hubo una expansión en la cobertura de este nivel educativo, de la cual las mujeres han sido las principales beneficiarias, en el espacio académico aún persisten grandes desigualdades con relación a los hombres, en especial en lo que atañe a las oportunidades para ocupar cargos directivos y/o estar representadas en los puestos que componen el gobierno universitario.

En efecto, diversos estudios demuestran que a pesar de que el acceso a la enseñanza superior en muchos países sigue siendo problemático,[2] en los últimos

1. Agradezco de manera especial a Víctor Salazar, por su colaboración en el procesamiento estadístico de la información, y a Julio Cáceda, por su contribución con la revisión bibliográfica. A ambos les agradezco, asimismo, por su participación en los primeros análisis.

2. Si bien las mujeres acceden de manera más equitativa a la educación superior en las regiones más desarrolladas —conforman el 52% de los estudiantes de ese nivel—, su participación en la educación terciaria en las regiones menos desarrolladas es menor y oscila entre el 33% en China y el 49% en América Latina y el Caribe (Unesco 2002).

cuatro decenios se ha dado una gran expansión de los estudios superiores en todas las regiones del mundo (Iesalc 2006, OECD 2008, Unesco 2012). Con ello, la matrícula femenina ha aumentado a casi el doble de velocidad que la masculina, debido a la influencia de factores tales como la movilidad social, las crecientes posibilidades económicas o la presión internacional en pro de una menor disparidad entre los sexos (Unesco 2012).

En el Perú también se han dado estos avances. La tasa de crecimiento anual para el periodo 2006-2010 fue de un 6,2% para alumnos de pregrado, distribuido en 3,1% en universidades públicas y 9,3% en universidades privadas (INEI 2011). Asimismo, en una década (2004-2014), el acceso de las peruanas a la educación superior se ha incrementado en 11,6 puntos porcentuales en el caso de la educación universitaria, y en 1,1 puntos en el caso de la superior no universitaria, lo que hace que en la actualidad el 28,5% de las peruanas de 22 años o menos estén matriculadas en una universidad y el 14,4% en un instituto superior no universitario (INEI 2014).

Sin embargo, si bien el proceso de feminización de la matrícula en el nivel terciario, especialmente en la educación universitaria —con su consecuente repercusión en el aumento de mujeres con grado académico— ha derivado en la ampliación paulatina de su incorporación al mercado laboral formal, ello no se ha evidenciado, en la misma proporción, en los puestos gerenciales y de dirección. A escala mundial, las mujeres que ocupan puestos superiores se sitúan entre el 3% y 13%, a pesar de que el porcentaje de empleo de tiempo completo para las mujeres fluctúa entre 18% y 49% (Unifem 2012), lo que significa que la proporción es de una mujer por cada nueve hombres en puestos gerenciales superiores.

En el Perú, el 37,8% de las mujeres ocupadas son asalariadas, mientras que los hombres en esta condición representan el 53,1%. El 2,9% son empleadoras, dirigen empresas más pequeñas y están concentradas en sectores de menor rentabilidad, mientras que el 6,5% de los hombres son empleadores (INEI 2014). Dicha desigualdad —denominada *segregación ocupacional vertical de género* por la OIT (2014)— resulta notoriamente más marcada entre las mujeres que no tienen escolaridad y disminuye conforme las mujeres logran transitar por el sistema educativo.

El mundo académico laboral universitario no es ajeno a este contexto. Si bien se exige más credenciales formativas para ingresar en él (De Garay 2013) —y a pesar de que en algunas instituciones se han hecho esfuerzos racionales por remontar esa lógica naturalizada por la que se reparten privilegios, oportunidades, ventajas, posiciones y recursos de manera desigual, según el sexo de las personas (Palomar 2005)—, las desigualdades en los niveles de poder persisten. Diversos estudios comprueban que solo una pequeña proporción de mujeres logra romper el "techo de cristal", por lo que su representación en los cargos de responsabilidad institucional es menor que la que les correspondería (Buquet et ál. 2013, De Garay 2013, Gaete-Quezada 2015, García 2004, López-Bonilla et ál. 2014, Ovando 2007, Tomás y Guillamón 2009).

El problema de la menor participación de las mujeres en la medida en que avanzan en el sistema de educación superior se explica a partir de tres perspectivas que se relacionan entre sí. La primera, *centrada en las personas*, destaca que la escasez de mujeres en los altos cargos administrativos se atribuye a los atributos sicosociales, incluidas las características de personalidad, las actitudes y las habilidades conductuales de las propias mujeres. La segunda perspectiva, *centrada en la estructura*, se refiere a que la posición de desventaja que tienen las mujeres en las estructuras organizativas, es la que moldea y define su comportamiento. La tercera, *centrada en la cultura,* tiene que ver con los roles sociales basados en el género, que, a pesar de ser irrelevantes para el espacio laboral, son una parte sustancial del mismo (Unesco 2002).

Estos tres enfoques complementarios se han utilizado para explicar el por qué existe un limitado número de mujeres ocupando cargos de alta responsabilidad en la universidad. El "techo de cristal" (Wirth 2001) o el "suelo pegajoso" (Heward 1996) al que se enfrentan hace alusión a los mecanismos o modalidades que obstaculizan o limitan su desarrollo profesional, porque les marca un tope difícil de sobrepasar para ocupar cargos de dirección en las organizaciones empresariales y de gobierno, en las universidades o instituciones de educación superior, en los órganos de representación popular, en los sindicatos, entre otros (De Garay 2013).

Conocer la problemática de las mujeres en las estructuras de poder de las universidades nos obliga a no perder de vista las dos caras de una misma moneda: el espacio académico y el laboral. Sobre esta problemática, el Grupo Sofía[3] viene impulsando investigaciones y espacios de debate para reflexionar sobre estos temas.[4]

Se evidencia así que si bien la situación actual es más favorable para las mujeres —principalmente si son letradas—, el sistema universitario aún conserva elementos que en la práctica impiden su plena participación en los diferentes

3. Mayor información en: <http://www.gruposofia.org.pe/>.

4. Al respecto, en el seminario "Oportunidades y barreras de las mujeres profesionales en el Perú" (Lima, agosto de 2016), se presentó la investigación de Patricia Ruiz Bravo, profesora de la Pontificia Universidad Católica del Perú: "La universidad no es un lugar meritocrático: techo de cristal, cultura huésped, mujeres intrusas, síndrome de la mala madre".

espacios de decisión, vinculados con su trayectoria profesional y con la promoción y canalización de sus intereses científicos en relación con los diferentes ámbitos del saber (Solà 2012). El hecho de que las docentes universitarias aspiren a desarrollarse en una situación de igualdad con los hombres, fracasa porque en realidad se siguen produciendo tensiones relacionadas con los estereotipos de género y con otros sesgos sexistas poco visibles que llenan de impedimentos el camino de muchas mujeres en su proyecto académico o en su carrera investigadora (Solà 2012). Diversos estudios evidencian que las causas de las inequidades de género en estas instituciones son múltiples y complejas, y que están vinculadas a numerosos factores, tanto internos como estructurales y de contexto (Buquet et ál. 2013, De Garay 2013, Gaete-Quezada 2015, García 2004, López-Bonilla et ál. 2014, Ovando 2007, Tomás y Guillamón 2009).

Frente a dicha situación, el propósito de este artículo es identificar y analizar los factores que estarían limitando la participación femenina en los espacios de poder de las universidades. Así, por ejemplo, si bien hay un mayor acceso de las mujeres a la educación superior, ¿ello ha significado una mayor presencia en la docencia universitaria?, ¿se concentra esta presencia en algunas disciplinas específicas? Por otro lado, ¿se evidencia diferencias en la formación académica (grados y títulos), así como en la condición laboral, categoría docente y régimen de dedicación, según el sexo? Finalmente, ¿qué porcentaje de mujeres ocupan otros cargos, además de la docencia, y qué tipo de cargos son, a diferencia de sus pares varones? Para desarrollar tal análisis, se tomó la información del Censo Nacional Universitario (Cenau)[5] de 2010 y se realizó un análisis descriptivo de los datos a través de tablas de contingencia y diferencia de medias, principalmente, con el objetivo de comparar las diferencias entre hombres y mujeres según las variables del cuestionario.

La evidencia señala que existen condiciones estructurales y culturales en el sistema universitario peruano que hacen que, a pesar de que formalmente las mujeres letradas tienen más oportunidades en la educación superior y el desarrollo de una vida académica, existen actitudes y comportamientos discriminatorios sutiles que afectan el avance de las profesionales en este nivel y que, normalmente, no son premeditados ni percibidos por la mayoría de hombres y mujeres involucrados en esta dinámica.

Al respecto, Bourdieu (2000) sostiene que estas desigualdades están tan naturalizadas en el mundo social que forman parte de las estructuras mentales y de todo proceso de significación, de manera prácticamente inadvertida, por lo

5. Disponible en: <http://censos.inei.gob.pe/cenaun/redatam_inei/>.

que operan de modo velado, garantizándose así su eficacia. Para Scott (1990), las relaciones asimétricas entre mujeres y hombres son parte constitutiva de los sistemas de género y comprenden cuatro elementos que se interrelacionan entre sí en el entramado social: i) símbolos que evocan representaciones de lo masculino y lo femenino; ii) conceptos normativos que se manifiestan en las leyes, doctrinas y bases legales que van a precisar el significado de lo que es masculino y lo que es femenino; iii) instituciones y organizaciones, reglas de juego que se definen en la familia, la escuela, la comunidad y el trabajo; y iv) la identidad de género y la identidad subjetiva. De este modo, desde la perspectiva de género, en el presente artículo se trata de visibilizar y explicar situaciones de inequidad y desigualdad entre las y los docentes universitarios, que se asientan en relaciones de poder asimétricas entre los sexos, construidas socioculturalmente en el proceso de socialización de género.

Si bien este es un estudio de nivel exploratorio y el uso de fuentes secundarias presenta ciertas limitaciones, el propósito es evidenciar aspectos sobre un tema que no se agota en el problema de igualdad de oportunidades en el acceso a la educación superior, ni en los temas de calidad y pertinencia del contenido educativo. La problemática de las mujeres en el entorno académico se relaciona también con los sistemas de participación en la toma de decisiones, en la formulación e implementación de reformas, en la carrera académica y en el gobierno de las instituciones (Rodríguez 1999). Existen múltiples evidencias sobre estas inequidades que afectan el desempeño de las docentes en la educación superior, tales como la ausencia de condiciones laborales propicias; políticas de contratación, escalas salariales y beneficios adicionales discriminatorios; diferencias en la productividad de las publicaciones, segregaciones culturales y estructurales, así como el clima hostil para ellas en estas instancias (Unesco 2002). Ello debido a que, tanto dentro como fuera del sistema educativo y sus instituciones, se han continuado reproduciendo actitudes y prácticas cargadas de sexismo (Flecha 2014) que conllevan a la discriminación entre hombres y mujeres en los espacios letrados.

Caracterización de las y los docentes universitarios

En esta primera sección se desarrolla una caracterización de los docentes universitarios, identificando las diferencias entre hombres y mujeres. Se describe la presencia y distribución de las docentes universitarias según áreas académicas, así como su situación en cuanto formación académica y condiciones laborales, categoría docente y tiempo de dedicación a la docencia.

Presencia de las mujeres en la docencia universitaria y su distribución según áreas de conocimiento

Con la expansión del sistema universitario a inicios del 2000, el incremento de la matrícula generó un natural aumento del profesorado. Así, por ejemplo, dado que el número de universidades privadas se multiplicó, la tasa de crecimiento anual de docentes universitarios para el periodo 2006-2010 fue de 5,2% (1,4% en públicas y 9,1% en privadas), lo que evidenció que el 63,7% de los docentes censados en el 2010 sean de las 65 universidades privadas y el 36,3% de las 35 públicas (INEI 2011).

No obstante, a pesar de que la presencia femenina se ha incrementado significativamente en las universidades, el ingreso y permanencia de las mujeres en sus aulas ha sido principalmente como alumnas (48,9% en pregrado y 51,8% en posgrado), más que como docentes (INEI 2011), como lo demuestran los datos del Censo de 2010: de los 60.000 docentes universitarios encuestados, el 68% son hombres y el 32% mujeres (véase tabla 1).

Se identifica así que, tanto en las universidades públicas como en las privadas, la proporción de hombres y mujeres sigue una distribución similar a la de la población docente universitaria en general, la cual es eminentemente masculina (74% y 65%, respectivamente). Sin embargo, cabe resaltar que estas diferencias son mayores en las universidades públicas, donde las mujeres representan únicamente el 26,1% de su población.

Por otro lado, en el gráfico 1 se identifica que la quinta parte de los docentes universitarios peruanos (21,9%) tienen más horas lectivas en ciencias de la salud, seguido de ingeniería y tecnologías (17,4%) y economía, empresariales y afines (15,8%).

TABLA 1

DOCENTES UNIVERSITARIOS SEGÚN SEXO Y TIPO DE UNIVERSIDAD, 2010

Sexo	Tipo de universidad				Total	
	Pública		Privada			
	N	%	N	%	N	%
Hombre	15.835	73,9	24.408	64,8	40.243	68,2
Mujer	5599	26,1	13.243	35,2	18.842	31,8
Total	21.434	100,0	37.651	100,0	59.085	100,0

Fuente: Perú, II Censo Nacional Universitario 2010.

GRÁFICO 1

= PORCENTAJE DE ÁREAS DE CONOCIMIENTO CON MÁS HORAS LECTIVAS, SEGÚN SEXO, 2010 =

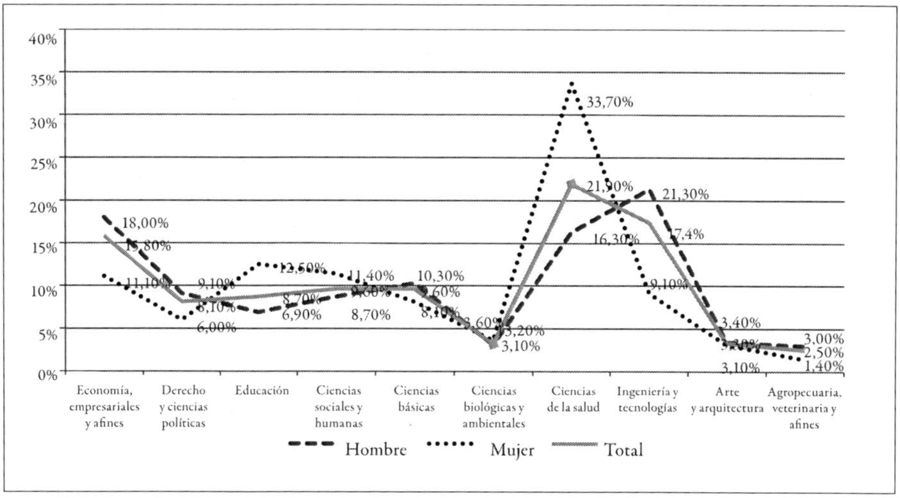

Fuente: Perú, II Censo Nacional Universitario 2010.

En cuanto al sexo, se observa que la tercera parte de las mujeres tienen más horas lectivas en el área de ciencias de la salud (34%), seguido de educación (12,5%), economía, empresariales y afines, así como ciencias sociales y humanas (11% aproximadamente en cada una de estas dos áreas). En el caso de los hombres, la quinta parte dedica más horas lectivas a ingeniería y tecnología (21,3%); economía, empresariado y afines (18%); ciencias de la salud (16%) y ciencias básicas (10%). Las diferencias más marcadas entre hombres y mujeres se encuentran en las áreas de ciencias de la salud, en donde se concentra casi la tercera parte de las docentes universitarias del país, y de ciencias e ingeniería, donde el porcentaje de hombres supera enormemente al de las mujeres.

Estos datos corroboran lo señalado por la Unesco (2012, 2002) y la OCDE (2008) sobre que a escala mundial, hay una mayor participación de las mujeres en el nivel terciario, aunque estas se agrupan en las áreas consideradas tradicionalmente "femeninas", como las artes, humanidades, lenguas, educación, enfermería y medicina, teniendo una débil representación en la ciencia y tecnología.

La formación académica (grados y títulos) de las docentes universitarias

La ley universitaria n.° 23733 establecía los requisitos y procesos generales para la carrera docente, a partir de los cuales se podía llegar a ser una autoridad universitaria.[6] Además, bajo los parámetros de esta ley y con el Decreto Legislativo n.° 882-ED, las universidades privadas contaban con autonomía para fijar en su estatuto los criterios, así como el procedimiento para ingresar a la carrera docente y acceder a cada ámbito de la misma.

En todo caso, para el ejercicio de la docencia en la universidad era obligatorio poseer un título profesional otorgado por alguna de las universidades del país o revalidado según la ley. El grado de bachiller, que con la ley en mención se obtenía de manera automática al acabar los estudios de pregrado, resultaba válido en casos de excepción y era suficiente para ser jefe de práctica.

Los datos del censo muestran que la distribución de docentes universitarios según grados y títulos resulta bastante homogénea (véase tabla 2): el 89% de ellos son titulados de pregrado (el 88% de las mujeres y el 89% de los hombres), y el porcentaje es ligeramente mayor en las universidades públicas (93%) que en las privadas (87%).

Ahora bien, los grados obtenidos, posteriores al bachillerato automático y la titulación, son importantes para el ejercicio de la docencia porque definen las contrataciones y nombramientos de los docentes en los diferentes concursos, así como el número de horas y tareas asignadas.

Al respecto, en la tabla 3 se observa una distribución similar a la anterior en cuanto a los estudios de posgrado realizados por los docentes en ambos sexos. Se identifica que el 70,6% de los docentes hombres (N = 28.396) cuenta con estudios de posgrado concluidos, frente al 69,7% de mujeres (N = 13.132).

Sin embargo, en el caso del segundo posgrado se observan ligeras diferencias entre docentes mujeres y hombres. Según sexo, un 4% más de docentes hombres cuenta con doctorado (44% hombres versus 40% mujeres), y un 3% más de hombres tiene una maestría como segundo posgrado (39% hombres versus 36%

6. Actualmente el país cuenta con la nueva ley universitaria n.° 30220, promulgada en el 2014. Sin embargo, para efectos de este artículo se tomará en cuenta la normativa vigente al 2010 (Ley n.° 23733 y Decreto Legislativo n.° 882-ED), dado que corresponde al periodo del II Censo Nacional Universitario al que se hace referencia.

TABLA 2

DOCENTES UNIVERSITARIOS SEGÚN GRADO O TÍTULO ALCANZADO EN EL PRIMER PREGRADO, 2010

Sexo	Grado o título alcanzado en el primer pregrado	Tipo de universidad				Total	
		Pública		Privada			
		N	%	N	%	N	%
Hombre	Bachiller	1051	6,6	2628	10,8	3679	9,1
	Titulado	14.706	92,9	21.291	87,3	35.997	89,5
	Ninguno	78	0,5	483	2,0	561	1,4
Mujer	Bachiller	400	7,1	1453	11,0	1853	9,8
	Titulado	5174	92,4	11.441	86,4	16.615	88,2
	Ninguno	25	0,4	345	2,6	370	2,0
Total	Bachiller	1451	6,8	4081	10,8	5532	9,4
	Titulado	19.880	92,7	32.732	87,0	52.612	89,1
	Ninguno	103	0,5	828	2,2	931	1,6
NSA: 10							

Fuente: Perú, II Censo Nacional Universitario 2010.

mujeres). Seis por ciento más de docentes mujeres cuenta con estudios de segunda especialización como segundo posgrado (24% mujeres versus 18% hombres), como muestra la tabla 3.

Si bien los datos del censo no son tan contundentes en estas diferencias, corroboran las estadísticas internacionales que muestran que las mujeres obtienen más títulos que sus colegas varones, pero no necesariamente a nivel de doctorado (OCDE 2008, Unesco 2012). En todo caso, es importante mencionar que la oferta privada de posgrados en el país se incrementó exponencialmente a raíz del Decreto Legislativo n.° 882-ED mencionado líneas arriba, que en el marco de la ley vigente se trata de regular.

Tabla 3

Docentes universitarios según grado o título alcanzado en el primer posgrado, 2010

		Universidad pública				Universidad privada				Total			
		Primer posgrado		Segundo posgrado		Primer posgrado		Segundo posgrado		Primer posgrado		Segundo posgrado	
		N	%	N	%	N	%	N	%	N	%	N	%
Hombre	II Especialización	1907	15,5	704	12,1	3462	21,5	1604	22,4	5369	19	2308	18
	Maestría	9675	78,5	2191	37,5	11.758	73,1	2828	39,4	21.433	75	5019	39
	Doctorado	735	6,0	2944	50,4	859	5,3	2742	38,2	1594	6	5686	44
Mujer	II Especialización	717	15,9	417	17,6	1966	22,8	1063	27,5	2683	20	1480	24
	Maestría	3561	79,1	795	33,6	6339	73,5	1440	37,3	9900	75	2235	36
	Doctorado	226	5,0	1151	48,7	323	3,7	1362	35,2	549	4	2513	40
Total	II Especialización	2624	16,0	1121	14,0	5426	22,0	2667	24,0	8052	19	3788	20
	Maestría	13.236	79,0	2986	36,0	18.097	73,0	4268	39,9	31333	75	7254	38
	Doctorado	961	6,0	4095	50,0	1182	5,0	4104	37,0	2143	5	8199	43
NSA primer posgrado: 17.557													

Fuente: Perú, II Censo Nacional Universitario 2010.

Condición laboral, categoría docente y régimen de dedicación de las docentes universitarias[7]

Según la ley,[8] la condición laboral de los docentes universitarios se divide en tres categorías: contratados, extraordinarios y ordinarios o nombrados. Un *docente contratado* es profesor por un tiempo determinado (máximo tres años) y tiene una relación con la universidad según contrato; luego de ese plazo, el contrato puede renovarse. Un *docente extraordinario* es un profesor emérito, honorario, investigador o visitante. En cambio, un *docente ordinario o nombrado* es un profesor que mediante concurso y evaluación pasa a formar parte de la misma comunidad universitaria (obtiene una plaza) y, como tal, adquiere determinados derechos y deberes, como poder formar parte de los órganos de decisión de la universidad.

Según los datos del censo, la condición laboral más frecuente es la de profesor contratado (62,3%), frente al profesor ordinario (37,1%) y extraordinario (0,7%), siendo los docentes contratados la modalidad más común en las universidades privadas y los ordinarios en las universidades públicas. Además, la mitad de hombres y mujeres son docentes contratados (59,2% y 69,2%, respectivamente), y la mayor proporción de docentes ordinarios se da entre los profesores hombres (40,1%), como se aprecia en la tabla 4.

Ahora bien, entre los requisitos formales para ingresar a la docencia ordinaria en el 2010 se tomaba en cuenta como mínimo el título profesional. El grado de magíster o doctor ayudaba con los puntajes en la evaluación. Asimismo, en algunos casos se valoraba la experiencia en la docencia (como jefe de práctica, asistente de docencia o profesor contratado), y en otros casos, dependiendo del área de especialización, se priorizaba contar con alguna experiencia en investigación (por ejemplo, haber sido parte de un equipo de investigación o contar con una publicación). Se postulaba a través de un concurso público, por lo que los requisitos tenían cierto puntaje y la evaluación se hacía sobre la base de los criterios establecidos en la ley vigente.

---

7. En esta sección se usa el genérico del masculino para designar a todos los individuos sin distinción de sexo.

8. Se reitera que estas condiciones se refieren a lo establecido en la Ley n.° 23733 y el Decreto Legislativo n.° 882-ED, vigentes en el 2010 (periodo del II Censo Nacional Universitario al que se hace referencia). Actualmente se cuenta con la nueva ley universitaria n.° 30220, promulgada en el 2014, que establece criterios más exigentes para la carrera docente, así como una mayor regulación para las universidades privadas.

TABLA 4

CONDICIÓN LABORAL DE LOS DOCENTES, SEGÚN SEXO, 2010

Sexo	¿Cuál es su condición laboral?	Tipo de universidad				Total	
		Pública		Privada			
		N	%	N	%	N	%
Hombre	Profesor ordinario (nombrado)	12.002	79,4	3356	14,5	15.358	40,1
	Profesor extraordinario	50	0,3	205	0,9	255	0,7
	Profesor contratado	3055	20,2	19.598	84,6	22.653	59,2
Mujer	Profesor ordinario (nombrado)	3724	73,0	1404	11,8	5128	30,1
	Profesor extraordinario	18	0,4	95	0,8	113	0,7
	Profesor contratado	1362	26,7	10.407	87,4	11.769	69,2
Total	Profesor ordinario (nombrado)	15.726	77,8	4760	13,6	20.486	37,1
	Profesor extraordinario	68	0,3	300	0,9	368	0,7
	Profesor contratado	4417	21,9	30.005	85,6	34.422	62,3

Fuente: Perú, II Censo Nacional Universitario 2010.

Una vez que el profesor gana el concurso, es "nombrado" como profesor ordinario y obtiene una plaza. En esta condición laboral puede avanzar en tres niveles o categorías de la carrera que son ascendentes: auxiliar, asociado y principal. Los docentes que se ubican en la categoría más alta son los que pueden acceder a los cargos de autoridad en las universidades.

El proceso de ascenso o promoción para las universidades públicas se realiza mediante una evaluación personal, con citación y audiencia con el profesor. En el proceso participan las facultades y los departamentos académicos de profesores, y quien ratifica la decisión es el consejo universitario. Como se ha mencionado líneas arriba, para el caso de las universidades privadas, los requisitos y la explicación de este proceso de promoción se definen en sus estatutos.

El nivel básico de la categoría docente es el de profesor *auxiliar*, y se espera un mínimo de tres años en esta categoría para aplicar por concurso al siguiente nivel, el de *asociado*, en el que se debe permanecer al menos cinco años para postular al tercer y último nivel, el de profesor *principal*. Si bien en cada nivel se debe permanecer como mínimo un determinado número de años, ello no significa que de manera inmediata se pueda pasar al siguiente nivel. Eso depende de que haya vacantes disponibles, así como de que se aprueben todos los requisitos establecidos en el proceso de promoción. En principio, según se vaya avanzando en la carrera, los requisitos se incrementan, y como es una convocatoria abierta, se obtiene más puntaje si se cuenta con grados y títulos, experiencia docente, investigaciones y publicaciones académicas, presentaciones en congresos o seminarios, experiencia en algún otro cargo en la universidad, entre otros.

Los profesores nombrados, según la categoría docente, son en un tercio auxiliares (33,2%, N = 18.235), le siguen los principales (21%, N = 11.514), y en menor porcentaje, los asociados (19,2%, N = 10.547), como se muestra en el gráfico 2.

GRÁFICO 2

PORCENTAJE DE CATEGORÍA DOCENTE SEGÚN SEXO, 2010

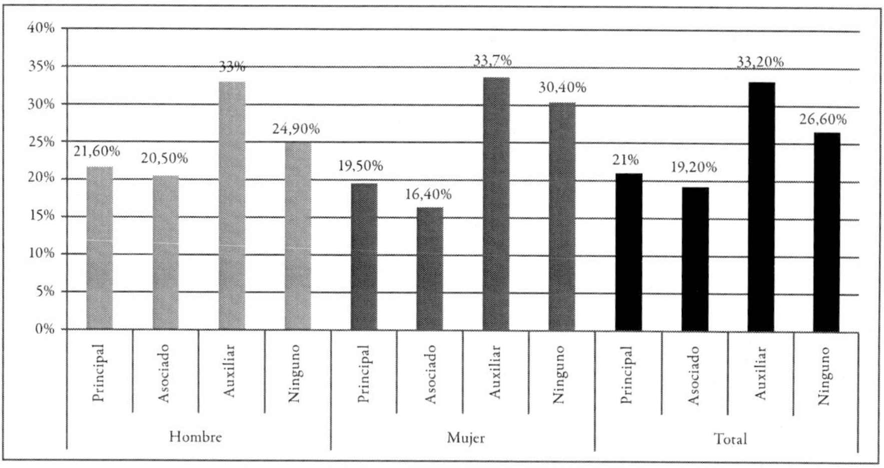

Fuente: Perú, II Censo Nacional Universitario 2010.

Se observa que estos porcentajes se mantienen más o menos homogéneos según sexo, sobre todo para los docentes auxiliares (33,7% mujeres, N = 5697 y 33%, N = 12.538 hombres), aunque con una ligera mayoría en los docentes hombres asociados (20,5%, N = 7774 hombres *versus* 16,4%, N = 2773 mujeres) y principales (21,6%, N = 8224 hombres *versus* 19,5%, N = 3290 mujeres).

Finalmente, la distribución según sexo en cuanto a la dedicación de los profesores a la docencia universitaria (exclusiva, a tiempo completo o a tiempo parcial) se presenta en la tabla 5.

TABLA 5

RÉGIMEN DE DEDICACIÓN A LA DOCENCIA, SEGÚN SEXO, 2010

	Hombre		Mujer		Total	
	N	%	N	%	N	%
Dedicación exclusiva	6572	16,3	2275	12,1	8847	15,0
Tiempo completo	8497	21,1	3475	18,4	11.972	20,3
Tiempo parcial	25.174	62,6	13.092	69,5	38.266	64,8

Fuente: Perú, II Censo Nacional Universitario 2010.

Se observa que más de la mitad de los docentes censados tienen un tiempo de dedicación parcial a la docencia universitaria (64,8%), siendo mayor este porcentaje en las docentes mujeres (69,5%) que en los hombres (62,6%). Un quinto de los docentes se dedica a tiempo completo (20,3%); en el caso de los hombres, este porcentaje es ligeramente superior al de las mujeres (21,1% versus 18,4%); lo mismo ocurre con la dedicación exclusiva (16,3% en hombres versus 12,1% en mujeres).

Los datos presentados en esta sección evidencian que hay más docentes hombres que mujeres y que se distribuyen en determinadas áreas de especialización. Tales distribuciones concuerdan con lo encontrado por otros estudios, en la medida en que existen disciplinas que se asumen como masculinas o femeninas de una manera tradicional (Buquet et ál. 2013, Ovando 2007). Por otro lado, si bien no existen grandes diferencias en los grados y títulos de los docentes en cuanto al sexo, sí se observan ligeras diferencias a favor de los hombres en cuanto a títulos a nivel de doctorado (Buquet et ál. 2013) y a los aspectos relacionados con la condición laboral, categoría docente y tiempo de dedicación a la docencia, lo que se acentúa conforme se va avanzando en la carrera docente (De Garay 2013, García 2004, López-Bonilla et ál. 2014, Ovando 2007, Tomás y Guillamón 2009).

Las docentes en el gobierno universitario y los puestos de poder

A partir de las evidencias presentadas, en esta segunda sección se muestra la distribución de los profesores en los cargos de poder de la universidad. El objetivo es identificar si esta distribución es más o menos homogénea y proporcional al número de docentes según sexo.

En la ley se establece que una vez nombrado el o la docente en la categoría principal, que es la última en el ascenso, debe permanecer por lo menos tres años en ese puesto para postularse a decano o esperar cinco años para poder ser elegible para un cargo en el rectorado. Sin embargo, algunos estudios señalan que para poder ser autoridad no necesariamente basta con cumplir con los requisitos establecidos formalmente, en cuanto a estudios y trayectoria docente, y que es recomendable asumir otros cargos en la institución, además de la docencia (De Garay 2013, García 2004).

En el Perú, según los datos del censo, el 22% de los docentes universitarios desempeñaban otro cargo en su universidad, además de la docencia, como se muestra en la tabla 6.

Tabla 6

Docentes que desempeñan otro cargo en su universidad, además de la docencia, según sexo, 2010*

Sexo	¿Desempeña algún otro cargo?	Tipo de universidad				Total	
		Pública		Privada			
		N	%	N	%	N	%
Hombre	Sí	6031	38,1	3469	14,2	9500	23,6
	No	9804	61,9	20.939	85,8	30.743	76,4
Mujer	Sí	1791	32,0	1720	13,0	3511	18,6
	No	3808	68,0	11.523	87,0	15.331	81,4
Total	Sí	7822	36,5	5189	13,8	13.011	22,0
	No	13.612	63,5	32.462	86,2	46.074	78,0

Fuente: Perú, II Censo Nacional Universitario 2010.

* Sobre una muestra de 21.434 docentes censados que respondieron a esta pregunta.

Se identifica que el porcentaje es mayor en los docentes hombres (23,6%) que en las mujeres (18,6%), y mayor en las universidades públicas que en las privadas. Sin embargo, el porcentaje de mujeres que desempeñan otro cargo, además de la docencia, es mayor en las universidades públicas, a pesar de tener una menor proporción de docentes mujeres.

En la tabla 7 se muestra la distribución de los docentes que desempeñan algún cargo en la universidad, además de la docencia, por sexo, según área de conocimiento.

TABLA 7

DISTRIBUCIÓN DE DOCENTES QUE DESEMPEÑAN ALGÚN CARGO EN LA UNIVERSIDAD SEGÚN ÁREA DE CONOCIMIENTO POR SEXO*

	Hombre		Mujer	
	N	%	N	%
Economía, empresariales y afines	803	13,1	170	7,4
Derecho y ciencias políticas	302	4,9	57	2,5
Educación	769	12,6	406	17,8
Ciencias sociales y humanidades	643	10,5	331	14,5
Ciencias básicas	439	7,2	126	5,5
Ciencias biológicas y ambientales	595	9,7	228	10,0
Ciencias de la salud y sicología	624	10,2	634	27,8
Ingeniería y tecnologías	1390	22,7	224	9,8
Arte y arquitectura	101	1,7	37	1,6
Agropecuaria, veterinaria y afines	441	7,2	69	3,0

Fuente: Perú, II Censo Nacional Universitario 2010.

* Sobre una muestra de 6107 docentes censados que respondieron a esta pregunta.

Los profesores hombres desempeñan otros cargos, además de la docencia, en las carreras de ingeniería y tecnologías (22,7%), economía, empresariales y afines (13,1%), y educación (12,6%). En el caso de las mujeres, casi la tercera parte se concentra en ciencias de la salud y sicología (27,8%), seguido de casi una quinta parte en educación (17,8%) y de otro tanto en ciencias sociales y humanidades (14,5%), manteniéndose la distribución de los docentes en las carreras tradicionales según sexo identificada en la sección anterior.

Algunos estudios demuestran que desempeñar otros cargos en la universidad es necesario para asumir cargos de poder (García 2004), porque además de acreditar más experiencia y un mayor conocimiento de cómo funciona la institución, se generan vínculos políticos y relaciones públicas que funcionan como redes de clientelismo necesarias para asumir los cargos de importancia. Ello se entiende porque las personas que ocupan los cargos de poder en las universidades son elegidas por el máximo órgano de gobierno de estas instituciones, que es la asamblea universitaria. La asamblea está compuesta por el rector, los vicerrectores, los decanos, los representantes de los profesores ordinarios (cada nivel tiene un número correspondiente de representantes), los estudiantes (que son como máximo la mitad del total de miembros de la asamblea) y algunos graduados.

Además, es probable que en la elección se compita con otros colegas, lo que tiene sus matices según el área y la carrera de donde provienen. Así, ser autoridad en la universidad no va a depender solo del esfuerzo personal para ser elegido, sino de cómo se distribuye el poder y se organizan las fuerzas para evaluar y seleccionar de manera "objetiva" a las personas que postulan a dichos cargos.

Los cargos que desempeñan los docentes son mayormente los de director de escuela (10%) y director o jefe administrativo (10%), seguidos de los de decano, jefe de centro de producción y director de instituto de investigación (4% para cada cargo). (Véase tabla 8).

TABLA 8

DOCENTES QUE DESEMPEÑAN OTRO CARGO, ADEMÁS DE LA DOCENCIA, SEGÚN SEXO, 2010*

	Hombre		Mujer		Total	
	N	%	N	%	N	%
Rector	52	89,7	6	10,3	58	100,0
Vicerrector	92	82,9	19	17,1	111	100,0
Secretario general	68	81,9	15	18,1	83	100,0
Decano	462	82,4	99	17,6	561	100,0
Director de escuela	958	74,7	324	25,3	1282	100,0
Director o jefe administrativo	1035	76,4	320	23,6	1355	100,0
Jefe de centro de producción	432	82,8	90	17,2	522	100,0
Director de instituto de investigación	360	78,4	99	21,6	459	100,0
Director de posgrado	196	81,7	44	18,3	240	100,0

Fuente: Perú, II Censo Nacional Universitario 2010.

* Sobre una muestra de 58 universidades censadas que contaban con rectores y vicerrectores.

En todos los casos, la mayoría de los cargos, principalmente los de primera línea, como rector (89,7%), vicerrector (82,9%) y decano (82,4%), son desempeñados por hombres. Las mujeres ocupan, sobre todo, puestos de segunda línea, como directora de escuela (25,3%) y directora de instituto de investigación (21,6%), o con más carga administrativa, como directora o jefe administrativa (23,6%).

Estos datos corroboran lo encontrado por Gaete-Quezada (2015) en Chile, respecto de que existe una desigualdad en la representación de hombres y mujeres en los puestos que componen el gobierno universitario, especialmente en el ámbito de rectores, secretario general y, en menor medida, vicerrector y decanos. Asimismo, en México, De Garay (2013) y García (2004) demostraron cómo los concursos para formar parte del cuerpo directivo universitario implican una serie de mecanismos estructurales informales, relacionados con el poder masculino, que gobierna la organización universitaria.

Se identifica así que casi un cuarto de los docentes hombres desempeñan otros cargos, además de la docencia, mientras que entre las mujeres la proporción resulta menor (la quinta parte), a pesar de tener las mismas credenciales formativas que sus pares. Con respecto a las áreas de conocimiento, la distribución es coherente con la carga lectiva y se explica a través de las carreras consideradas femeninas y masculinas tradicionalmente. Finalmente, en cuanto a la mayoría de los cargos, sobre todo los de primer nivel que implican un mayor poder, son ocupados principalmente por los docentes varones, lo que corrobora lo encontrado en los estudios revisados (Buquet et ál. 2013, De Garay 2013, Gaete-Quezada 2015, García 2004, López-Bonilla et ál. 2014, Ovando 2007, Tomás y Guillamón 2009).

¿Equidad de género en la educación superior?

El presente artículo ha puesto en evidencia las características del profesorado universitario y las desigualdades en las estructuras de poder institucional, a pesar de que los y las docentes no presentan diferencias significativas en sus credenciales formativas.

Un primer hallazgo se relaciona con la representación numérica de las docentes universitarias frente a sus pares varones. En general, el 68,1% de los académicos son hombres, y el 31,9% son mujeres. Dichas diferencias se agudizan principalmente en dos aspectos: en primer lugar, en las universidades públicas, donde el 73,9% de docentes son hombres y el 26,1% son mujeres y, en segundo lugar, en la representatividad de las mujeres en los respectivos órganos de gobierno universitario, debido a que constituyen una minoría en comparación con los hombres: de los 20.000 profesores ordinarios —que son los que eligen a los representantes en estos órganos—, un aproximado de 15.000 son hombres; en otras palabras, por cada profesora ordinaria, hay tres profesores de esa misma categoría.

Una mirada a la historia occidental nos hace ver que las universidades nacieron como instituciones masculinas y que así permanecieron durante más de siete siglos (Buquet et ál. 2013). En los inicios del siglo XX, era un riesgo que una mujer pretendiera ingresar a la universidad, dado que este era un "[...] lugar dedicado a los eminentes varones, quienes, con su talento y luces, se encargarían de sostener las grandes verdades de la ciencia" (Valladares 2011).

La integración de las mujeres a la vida universitaria ha sido un proceso lento y accidentado en todo el mundo. Asimismo, el trayecto recorrido por la población femenina en los itinerarios formativos en los dos últimos siglos no ha sido ni es igual en los diferentes países, grupos sociales y culturas, debido a la diversidad de mentalidades, los proyectos nacionales y los recursos económicos (Flecha 2014). En el Perú, Valladares (2001) señala que la recuperación de la derrota de la Guerra del Pacífico (fines del siglo XIX) coincide con una gran actividad de las mujeres a favor de la educación secundaria femenina, lo que propició la fundación de numerosas escuelas y colegios femeninos laicos, así como la aparición de una crítica cultural y de publicaciones periódicas orientadas a difundir la importancia que tenía para el país y para las mujeres la expansión de la escolaridad. Si bien la escolarización de las mujeres apuntaba a la ilusión de una igualdad de oportunidades, el proceso del ingreso de la mujer a la universidad se dio en un clima de debate sobre la capacidad intelectual que esta tenía para el conocimiento y el rol que debía cumplir en la sociedad (Valladares 2011). Fue recién en el año 1908 cuando se promulgó la Ley n.° 801 que permitió el acceso a los grados académicos a las mujeres.[9]

Por otro lado, diversos estudios (Buquet et ál. 2013; De Garay 2013; OCDE 2008; Ovando 2007; Unesco 2002, 2012) explican que la evolución numérica no significa que existan condiciones de igualdad. Para Buquet et ál. (2013), si bien las objeciones para la incorporación de mujeres a las universidades —y los mecanismos de exclusión que funcionaron durante 800 años— parecieran haberse quedado atrás, la situación de las mujeres en la educación superior todavía dista de la igualdad, en la medida en que una tradición tan larga de exclusión social conduce a una distribución segregada en actividades consideradas estereotípicamente "femeninas" o "masculinas".

Para estas investigadoras, el pensamiento aristotélico, que hasta hace un siglo tenía plena vigencia, naturalizó la división sexual de las profesiones o trabajos. En dicha visión las mujeres eran concebidas como seres inferiores e "irracionales" y, por tanto, debían dedicarse al ámbito privado (las tareas de cuidado y la domesticidad en el espacio del hogar), mientras que los hombres se encargaban de

9. Sobre este tema, se recomienda revisar los artículos de Fanni Muñoz y María Emma Mannarelli incluidos en la presente publicación.

los asuntos públicos, creándose así un espacio de exclusividad masculina para el desarrollo de las aptitudes intelectuales. Esta idea de las "diferencias substanciales" se basó en el sentido común de que existirían diferencias biológicas claras, "[...] las cuales determinan el distinto desempeño intelectual o profesional de hombres y mujeres" (Buquet et ál. 2013: 38). De este modo, las autoras sostienen que el mundo académico no está exento de esta forma de organización social, dado que "[...] aunque se elevaron las tasas de escolaridad para todos los sectores sociales, la división sexual de las profesiones se consolidó junto con la idea de que hay 'actividades apropiadas' para un sexo y no para el otro" (Buquet et ál. 2013: 30).

Sobre este punto, Corona (2002) señala que el acceso de las mujeres a la docencia universitaria y su distribución en las áreas de conocimiento evidencia que las expresiones del género en las instituciones son múltiples, diversas, a veces obvias, a veces sutiles, con frecuencia asumidas como "dadas", como la manera "natural" de hacer las cosas, y por ello no se problematizan ni se cuestionan. De este modo, la autora indica que la dimensión de género no es algo que se busque "adicionar" a la vida de las instituciones, sino que estas están siempre constituidas por factores de género que contribuyen a su configuración, la cual se expresa en todos los niveles de funcionamiento: en su cultura, en su estructura, en sus procesos y procedimientos, sistemas, infraestructura, en las creencias, en las prácticas y comportamientos individuales y colectivos.

Un segundo hallazgo está relacionado con la formación académica y la condición laboral, la categoría docente y el régimen de dedicación. Se observa que si bien hay condiciones de base homogéneas —grados y títulos—, las condiciones laborales varían a favor de los hombres conforme se va avanzando en la especialización y en la carrera docente, por lo que en los cargos de poder las docentes están subrepresentadas.

Al respecto, uno de los factores que señalan Buquet et ál. (2013) y De Garay (2013) para explicar dichas diferencias es la administración, uso y concepción del tiempo. Para los investigadores, este constituye uno de los fenómenos que mejor caracterizan el orden de género en estas instituciones.

De Garay (2013) sostiene que los hombres invierten mucho tiempo en participar en la dinámica universitaria, porque asumen la vida profesional de manera unidimensional. En cambio, las académicas no están dispuestas a hacerlo por su escasez de tiempo y practicidad para atender otros asuntos, además de apreciar otros intereses, dado que su universo valorativo distingue entre la vida pública y la privada. Por ello, las mujeres ven comprometidos sus plazos ante los ordenamientos de género: en lugar de dedicar el mismo tiempo que sus colegas a atender las obligaciones del espacio doméstico, ellas invierten un mayor número de horas en estas tareas, lo que conlleva a que tengan menos tiempo disponible que los hombres, sin importar las diferencias de edad, clase, disciplina, origen o escolaridad (Buquet et ál. 2013).

Por su parte, si bien hay evidencias relacionadas con los tiempos profesionales de las mujeres y la etapa de la maternidad, Buquet et ál. (2013) demuestran que las mujeres, cuando son igual de productivas en investigaciones que los hombres, reciben menos calificaciones que sus pares, y ello se traduce, por ejemplo, en un menor financiamiento para sus investigaciones, lo que perjudica su trayectoria académica e influye en su presentación para postular a cargos de mayor responsabilidad en la universidad. Tomás y Guillamón (2009) indican que muchas académicas han podido acceder a cargos cuando han disminuido las exigencias familiares, es decir, cuando los hijos han llegado a una cierta edad o cuando se han independizado, y siempre contando con el apoyo de la pareja.

Para los investigadores, las diferencias encontradas en la carrera académica de los y las docentes, especialmente en los puestos de poder y gobierno universitario, pueden ser explicadas por la división sexual del trabajo, que condiciona las cuestiones estructurales básicas. En otras palabras, para las mujeres, el conflicto familia-trabajo implica, por un lado, el orden cultural relacionado con la carga simbólica femenina que tienen el espacio doméstico y la crianza, y por otro, lo estructural, porque impacta negativamente en las instituciones de educación superior, ya que la energía y el tiempo que tienen que dedicar a resolver las diversas necesidades del ámbito familiar, es tiempo que le restan a su productividad y creatividad intelectual (Buquet et ál. 2013). Es decir, a las docentes les supone un esfuerzo considerable las exigencias de dedicación derivadas de un cargo de gestión, sumadas a las demandas familiares (Tomás y Guillamón 2009). De este modo, De Garay (2013) señala que los puestos de dirección se han estructurado para adaptarse a las personas que cuentan con un sistema de apoyo familiar que las respalda desde el hogar, alguien que se encargue de todo lo que está fuera del trabajo profesional. En otras palabras, para las mujeres significa una carga de trabajo adicional ser madres y ser pareja, mientras que para los hombres esto se traduce en la posibilidad de seguir carreras exitosas (Buquet et ál. 2013, De Garay 2013, Tomás y Guillamón 2009).

A ello se suma la discriminación de género prevaleciente en diversas áreas de la vida académica, y dentro de los departamentos académicos, en donde se menosprecia —de manera velada o directamente abierta— el papel de las mujeres, no solo por considerarlas incapaces de dirigir el destino del grupo, sino incluso de realizar actividades docentes y/o de investigación (De Garay 2013, Tomás y Guillamón 2009). Asimismo, contribuye a ello la propia autovaloración de determinados sectores de académicas que consideran, sin reconocerlo explícitamente, que los hombres tienen mejores habilidades y competencias profesionales para dirigir a sus comunidades, lo que tiene que ver con patrones culturales arraigados e imperantes en las familias y en la educación básica (De Garay 2013, Tomás y Guillamón 2009). Pese a que no hay evidencia científica sobre las diferencias de capacidades entre hombres y mujeres, existe un discurso sumamente interiorizado que se mantiene en el espacio académico, más allá de que el perfil académico de hombres y mujeres sea similar.

Estos factores ocasionan que las mujeres se autoexcluyan o sean excluidas de facto de participar en los procesos de designación de autoridades, que son los espacios privilegiados en donde se deciden las políticas y los presupuestos, los cambios institucionales, en donde se otorgan los reconocimientos más importantes y en donde se designa a las autoridades que dirigen la institución (Buquet et ál. 2013, De Garay 2013, Gaete-Quezada 2015, García 2004, López-Bonilla et ál. 2014, Ovando 2007, Tomás y Guillamón 2009), entre otros asuntos.

En esa línea, como tercer hallazgo, este estudio ha demostrado que en el Perú las académicas representan un porcentaje muy bajo en cargos de poder de primer nivel (rectoras, vicerrectoras y decanas), y que si bien el número de participación de las mujeres en cargos de segundo nivel (directora de escuela, directora o jefe administrativa, directora de investigación) es un poco mayor, sigue siendo poco representativo y está relacionado con tareas con mayor carga administrativa, lo que confirma lo encontrado por Gaete-Quezada (2015) y García (2004).

Esta desigualdad se observa desde los procesos de evaluación para ingresar a la docencia ordinaria, principalmente porque dichos procesos se hacen por pares académicos de la misma universidad (ya sea a través de una unidad central encargada de la docencia o en los consejos de los mismos departamentos), donde por proporción la mayoría es hombre. Efectivamente, para que una docente universitaria peruana pueda ser autoridad, tiene que ser elegida en un universo académico donde casi tres cuartas partes de los docentes son hombres, lo que estructura un espacio que normaliza ciertas prácticas y universaliza ciertas condiciones (Bourdieu 2000). Algunas investigaciones señalan que, además, ello depende del tipo de carreras, ya que algunas —al ser tradicionalmente masculinas— limitan estos espacios de participación de manera simbólica (Buquet et ál. 2013, Ovando 2007).

De Garay (2013) demuestra que hay un sesgo de género, y que este es desfavorable para las mujeres, en los procesos de selección de profesores para ocupar puestos de poder. En su investigación evidencia que el "techo de cristal" es un fenómeno común en la universidad, desde el momento en que se registren oficialmente los y las aspirantes a ocupar el cargo, hasta la designación final por parte de los respectivos órganos de gobierno colegiados de la institución.

Al respecto, García (2004) señala la importancia de la experiencia profesional —que resulta ser más densa en el caso de los hombres— y, sobre todo, de las redes de clientelismo que mediatizan el ascenso en la organización, lo que muestra la existencia de un sistema de redes de poder claramente masculino: "La autoridad en la academia, así como la dinámica de las relaciones informales de poder, circuitos y códigos políticos al interior de la universidad sigue siendo patrimonio de los varones" (De Garay 2013: 326).

Un indicio de cómo funcionan estas reglas informales y redes de clientelismo —que debiera ser mejor analizado—, es la proporción de mujeres en los cargos de poder en las universidades privadas del país. Si bien en dichas universidades existen más mujeres docentes que en las públicas, en los nombramientos y, por ende, en los cargos de poder, esta proporción se invierte. Ello puede explicarse, en parte, por la libertad en la organización y en la forma de gobierno de las universidades privadas, establecida en el Decreto Legislativo n.° 882-ED, dado que dicha norma deja a discreción de los propios dueños y autoridades universitarias las prácticas discriminatorias que despliegan la jerarquía masculina (obstáculos, barreras y actitudes). Es decir, las normas y reglas formales e informales, los procesos de negociación, la relación con la autoridad administrativa o disciplinaria, entre otros, son elementos claves para entender cómo se organizan estas universidades y las relaciones de poder que en ellas se generan (García 2004), y que en el caso de las universidades privadas, no estaban necesariamente reguladas por ley.

Por otro lado, vemos que si bien se abrieron las puertas de la participación a las académicas, muchos de los puestos que ellas ocupan tienen una alta carga administrativa, evidenciando una línea de poder menor que la masculina (Gaete-Quezada 2015, García 2004).

Para García (2004), las viejas prácticas de clientelismo conviven con una nueva agenda que trae al género escrito entre líneas en el marco de la modernización y reestructuración organizacional, lo que evidencia que:

> El género persiste como criterio diferenciador de poder en las universidades. Las razones pueden ser muchas, la realidad es indiscutible. La presencia de mujeres tiende a reducirse según se asciende de nivel, de categoría y de prestigio en la universidad. (Tomás y Guillamón 2009: 256)

Al respecto, Corona (2002) argumenta que las instituciones de por sí son sistemas complejos creados para el logro de determinados propósitos y cuentan con los medios necesarios para hacer efectivos los principios sociales ordenadores. En las instituciones operan tensiones entre lo individual y lo colectivo, lo interno y lo externo, lo formal y lo informal, y entre sus subsistemas internos. En esa línea, Palomar (2005) sostiene que las instituciones de educación superior producen y reproducen su propia cultura específica. Así, el género y las relaciones de poder que implica, como parte de la cultura, se expresa en todos los niveles de su funcionamiento, convirtiéndose en un elemento consustancial de la cultura de las instituciones con efectos claros y específicos ligados a la naturaleza de estas.

¿Qué desafíos nos plantean estos hallazgos?

Se ha comprobado que uno de los retos que enfrentan la mayoría de las mujeres es la singular lentitud con que acceden a los puestos de alta dirección en las organizaciones, lo que sugiere que la discriminación aumenta cuanto mayor sea el poder ejercido (Wirth 2001). Ello resulta más complejo en el campo de las instituciones de educación superior, dado que ahí las desigualdades cobran formas sofisticadas y encubiertas que no son tan fácilmente reconocibles a primera vista. El mundo académico no puede comprenderse solamente a partir de la distribución de recursos y bienes materiales o económicos, sino que es necesario visualizar una dimensión simbólica que produce un tipo específico de capital, que es el que les da su particularidad a las relaciones de poder en este contexto y a los efectos de dichas relaciones en las personas e instituciones (Bourdieu 2008).

Las mujeres en estas instituciones participan como docentes, como investigadoras e incluso en algunos puestos de decisión, pero el lugar que ocupan genera todavía tensiones porque en la mayoría de los casos no se ha construido con su participación ni se ha configurado con su perspectiva, sus aspiraciones y sus necesidades específicas (Solà 2012). Evidentemente, esto es problemático para la trayectoria personal de las propias docentes, que encuentran dificultades para acceder a los máximos cargos de la carrera académica, cargos que no solo brindan más ingresos, sino que también tienen un capital simbólico importante. Pero no se trata solo de un problema en el ámbito individual, sino también de la universidad misma, lo que conlleva a una serie de consecuencias negativas para la propia institución, que reproduce un conjunto de prácticas que no pueden ser abordadas por los hombres, porque no necesariamente perciben esa problemática en el día a día.

Cambiar la relación entre discurso y poder que atraviesa el régimen institucional universitario como espacio de producción de verdad (Foucault 1992), se logra desde los mismos espacios de poder, tales como los órganos de gobierno, donde se podrían establecer una serie de políticas destinadas a desterrar dicha distinción desde las prácticas y los discursos institucionales. Sin la participación de las mujeres en esos órganos es menor la probabilidad de cambiar dicho discurso, por lo que resulta necesario que ellas se involucren, en la medida que, dadas sus funciones, pueden cambiar los marcos institucionales que a la vez condicionan las prácticas diarias. Asimismo, siguiendo a Foucault, cabe precisar que la cuestión del poder no solo se ve concentrada en los órganos de gobierno, sino en todas las relaciones e interacciones sociales, por lo que si se quiere cambiar el discurso, también tiene que trabajarse desde las relaciones de micropoder, que son las de la cotidianidad (Foucault 1992).

En esa línea, la dirección eficaz de organizaciones e instituciones depende hoy de que se asegure una mezcla equilibrada de los denominados atributos "masculinos" y "femeninos" y, por ello, cada vez son más las organizaciones que están adoptando medidas para atraer y retener a las mujeres y beneficiarse de sus calificaciones y talento en un medio competitivo (Wirth 2001). El acceso de las mujeres a cargos de poder en los órganos de gobierno termina siendo para Nussbaum un "funcionamiento fértil" (2012), una práctica que, al poder realizarse, impactaría positivamente en las capacidades de las mujeres, como la de control sobre su entorno, la de integridad física (contra la violencia de género y el acoso sexual), la de afiliación (mediante relaciones en igualdad), la del juego y razón práctica (mediante políticas que busquen combatir la problemática de la doble jornada). En cambio, las dificultades para poder acceder a tales cargos terminan convirtiéndose en "desventajas corrosivas" (Nussbaum 2012), pues reproducen y asientan las inequidades de género, y fortalecen ideas como la de que "las mujeres no acceden a cargos de gobierno porque no son lo suficientemente capaces", cuando el problema no es de capacidad ni de falta de motivación, sino de oportunidades y estructuras institucionales, lo que lo convierte en una problemática institucional.

De este modo, se ha pretendido evidenciar que la presencia de mujeres en la vida pública en este siglo obliga a las instituciones a replantear su cultura organizativa y sus políticas, sobre la base de una gestión de la diversidad, para optimizar el aprovechamiento de los recursos y del potencial, dado que esta división del trabajo condiciona significativamente el acceso de las mujeres a puestos de poder y restringe, por tanto, sus posibilidades de desempeñar cargos directivos y de mejorar la competitividad de las organizaciones (López-Bonilla et ál. 2014). En esa línea, las universidades, al igual que cualquier otra institución creada por la sociedad, deben asumir ciertos desafíos inherentes al contexto global existente en el siglo XXI, caracterizado por un sistema social más diverso, inclusivo y en permanente cambio (Gaete-Quezada 2015).

Por ello, la inequidad de género en los cargos de poder no es solamente un problema ético y de justicia, sino que afecta la capacidad de las instituciones de educación superior de aprovechar al máximo sus talentos y la fuerte inversión de tiempo y recursos que han requerido las académicas para su formación y especialización: "Tener mujeres altamente calificadas y con educación costosa concentradas en los niveles más bajos constituye un mal manejo de recursos con considerable desperdicio de capacidades" (Morley 1999: 350)

Se hace necesario, entonces, reconocer que en el sistema universitario no basta con ampliar el acceso de las mujeres a mejores niveles de educación (más grados y títulos) para romper el "techo de cristal" en la carrera académica universitaria. En la búsqueda de igualdad, se trata de asumir una postura antiesencialista para deconstruir las diferencias "naturalizadas" entre hombres y mujeres, con el fin de poner en evidencia el proceso mismo donde se construyen (Fraser 1997). De este modo, la nueva ley universitaria n.° 30220, aprobada en el 2014, representa una oportunidad para que la institución en su conjunto tome en cuenta dicha realidad y visibilice esta problemática: cómo las mujeres se ubican en la carrera académica y cómo la cultura institucional masculina naturalizada supone barreras invisibles fuertemente arraigadas y normalizadas.

Por lo mismo, es importante y necesario que de manera consciente se abran los espacios de profesionalización, así como de participación, en las instancias de poder de las universidades a las docentes mujeres. Si bien la ley actual no lo establece, sí ha generado todo un debate en torno a la problemática universitaria, al que podría agregarse la dimensión de género, pues una gestión que considere la diversidad optimiza los recursos y aprovecha el potencial humano de esa "otra mitad de la población" actualmente invisibilizada.

Bibliografía

BOURDIEU, Pierre

2000 *La dominación masculina*. Barcelona: Anagrama.

2008 *Homus academicus*. Buenos Aires: Siglo XXI Editores.

BUQUET, Ana et ál.

2013 *Intrusas en la universidad*. Ciudad de México: Universidad Nacional Autónoma de México, Programa Universitario de Estudios de Género, Instituto de Investigaciones sobre la Universidad y la Educación.

CORONA, Mónica (coord.)

2002 *Cultura institucional y equidad de género en la administración pública*. Ciudad de México: Instituto Nacional de las Mujeres.

De Garay, Adrián

2013 "Igualdad de género en la Universidad Autónoma Metropolitana: un espejismo". *La Ventana*, 38: 277-330.

Flecha, Consuelo

2014 "Desequilibrios de género en educación en la España contemporánea: causas, indicadores y consecuencias". *Revista Internacional de Ciencias Sociales*, 33: 49-60.

Foucault, Michel

1992 *Microfísica del poder.* Madrid: La Piqueta.

Fraser, Nancy

1997 *Iustitia interrupta: reflexiones críticas desde la posición "post-socialista"*. Bogotá: Siglo del Hombre Editores.

Gaete-Quezada, Ricardo

2015 "El techo de cristal en las universidades estatales chilenas. Un análisis exploratorio". *Revista Iberoamericana de Educación Superior*, 17 (6): 3-20.

García, Patricia

2004 *Mujeres académicas. El caso de una universidad estatal mexicana.* Ciudad de México: Universidad de Guadalajara y Plaza y Valdés.

Heward, Christine

1996 "Women and careers in higher education. What is the problem?". En Louise Morley y Val Walsh (eds.). *Breaking boundaries: Women in higher education.* Bristol: Taylor y Francis.

IESALC – Instituto Internacional de la Unesco para la Educación Superior en América Latina y el Caribe

2006 *Informe sobre la educación superior en América Latina y el Caribe 2000-2005. La metamorfosis de la educación superior.* Caracas: Iesalc.

INEI – Instituto Nacional de Estadística e Informática

2011 *II Censo Nacional Universitario.* Disponible en: <http://censos.inei.gob.pe/cenaun/redatam_inei/#>.

2014 *Perú: brechas de género 2001-2013. Avances hacia la igualdad de mujeres y hombres.* Lima: Instituto Nacional de Estadística e Informática, Manuela Ramos y ONU Mujeres.

LÓPEZ-BONILLA, Jesús Manuel, María del Rocío MARTÍNEZ-TORRES y María del Carmen DÍAZ-FERNÁNDEZ

2014 "Diferencias de género en las universidades españolas y en sus órganos gerenciales". *Revista Venezolana de Gerencia*, 19 (66): 250-266.

MORLEY, Louise

1999 "Techos de cristal o jaula de hierro: las mujeres en el medio académico del Reino Unido". En Marisa Belausteguigoitia y Araceli Mingo (coords.). *Géneros prófugos. Feminismo y educación*. Ciudad de México: Universidad Nacional Autónoma de México.

NUSSBAUM, Martha

2012 *Crear capacidades. Propuesta para el desarrollo humano*. Barcelona: Paidós.

OCDE – ORGANIZACIÓN PARA LA COOPERACIÓN Y EL DESARROLLO ECONÓMICOS

2008 *Higher education to 2030*. Volumen 1: *Demography*. París: Organización para la Cooperación y el Desarrollo Económicos.

OIT – ORGANIZACIÓN INTERNACIONAL DEL TRABAJO

2004 *Romper el techo de cristal. Las mujeres en puestos de dirección*. Ginebra: Organización Internacional de Trabajo.

OVANDO, Cristina

2007 "Género y educación superior. Mujeres en la docencia y administración en las instituciones de educación superior". En Francisco López Segrera (ed.). *Escenarios mundiales de la educación superior. Análisis global y estudios de casos*. Buenos Aires: Clacso.

PALOMAR, Cristina

2005 "La política de género en la educación superior". *La Ventana*, 21: 7-43.

RODRÍGUEZ, Roberto

1999 "Género y políticas de educación superior en México". *La Ventana*, 10: 124-159.

SCOTT, Joan

1990 "El género: una categoría útil para el análisis histórico". En James Amelang y Marie Nash (eds.). *Historia y género, las mujeres en la Europa moderna y contemporánea*. Valencia: Ediciones Alfons El Magnanim e Instituto Valenciano de Estudios e Investigación.

2011 "El género, todavía una categoría útil para el análisis histórico". *La Manzana de la Discordia*, 6 (1): 95-101.

SOLÀ, Anna

2012 "Las mujeres en las universidades: un cambio de modelo". En Consell Interuniversitari de Catalunya (ed.). *Doctas, doctoras y catedráticas. Cien años de acceso libre de la mujer a la universidad.* Barcelona: Generalitat de Catalunya, Institut Català de les Dones y Santander Universidades.

TOMÁS, Marina y Cristina GUILLAMÓN

2009 "Las barreras y los obstáculos en el acceso de las profesoras universitarias a los cargos de gestión académica". *Revista de Educación*, 350: 253-275.

UNESCO – ORGANIZACIÓN DE LAS NACIONES UNIDAS PARA LA EDUCACIÓN, LA CIENCIA Y LA CULTURA

2002 *Women and management in higher education. A good practice handbook.* París: Unesco.

2012 *Atlas mundial de la igualdad de género en la educación.* París: Unesco.

UNIFEM – FONDO DE DESARROLLO DE LAS NACIONES UNIDAS PARA LA MUJER

2012 *Justicia de género: claves para alcanzar los Objetivos de Desarrollo del Milenio.* Nueva York: Unifem.

VALLADARES, Odalis

2011 "Cien años de mujeres universitarias en el Perú". Texto preparado para la exposición realizada en la Biblioteca Central de la Universidad Nacional Mayor de San Marcos. Programa de Estudios de Género, Lima, 10-28 de noviembre 2008. Disponible en: <https://odalisdelima.wordpress.com/2011/07/27/cien-anos-de-mujeres-universitarias-en-el-peru-1908-2008-3/>.

WIRTH, Linda

2001 *Romper el techo de cristal. La mujer en puestos de dirección.* Sumario del libro publicado en inglés *Breaking through the glass ceiling Women in management.* Ginebra: Organización Internacional de Trabajo, Oficina para la Igualdad de Género.

Trayectorias desiguales

La educación de las mujeres indígenas en el Perú[1]

Ricardo Cuenca y Luciana Reátegui

Introducción

En el Perú, las mujeres acceden hoy al sistema educativo como nunca antes en la historia del país. Incluso lo hacen las mujeres indígenas —en específico las que viven en zonas rurales—, a quienes tradicionalmente les ha sido más difícil incorporarse y permanecer en el sistema educativo. Las estadísticas oficiales de los últimos años muestran que la brecha en el acceso a la educación entre hombres y mujeres se ha venido cerrando,[2] y diversos estudios señalan que la educación es uno de los pilares más importantes sobre los que se sostiene la transformación de la vida de las mujeres.

Por otro lado, la situación de la mujer en la sociedad y la equidad e igualdad de género constituyen temas que hoy forman parte del debate cotidiano de las políticas públicas en el Perú. Independientemente de su efectividad, esta discusión es el resultado de una tendencia internacional que tuvo en el país como principal promotor al movimiento feminista, de la mano con organizaciones de base y ONG, durante los años ochenta.

---

1. Queremos agradecer a Andrea García por la ayuda en la revisión bibliográfica y en las primeras versiones del artículo. También agradecemos a Carlos Urrutia por el trabajo estadístico. El intercambio de ideas con Jorge Aragón y Marisa Remy fue fundamental para darle forma al argumento. Los comentarios de Fanni Muñoz a versiones iniciales del texto fueron, asimismo, muy valiosos. Las omisiones son, por supuesto, nuestras.

2. Al respecto, puede revisarse: <http://escale.minedu.gob.pe/>.

El campo educativo ha sido uno de los sectores más activos en la búsqueda de estrategias mediante la cuales incorporar el enfoque de equidad de género en sus políticas y prácticas. Stromquist (2006), en un breve balance de cómo se ha tratado el género en las políticas educativas, sostiene que el mayor énfasis se ha puesto en el acceso universal a la educación básica, por sobre el contenido y la vivencia de los estudiantes en el sistema educativo. Dichas políticas no abordaron, por ejemplo, el trato igualitario a hombres y mujeres, y menos aún cuestionaron la dominación basada en el género. De este modo, la autora constata una amplia brecha entre la declaración de políticas de equidad de género y su ejecución efectiva.

En el Perú, recién hacia finales de la década de 1990 —cuando en Estados Unidos se consolidaba el debate en torno a las "políticas de la diferencia" (Fraser 1997)—, algunas feministas y organizaciones interesadas en el enfoque de género empezaron a desplegar esfuerzos para impulsar políticas públicas que consideraran a las mujeres indígenas. Una de las iniciativas más importantes en el ámbito educativo fue la Ley de Fomento de la Educación de las Niñas y Adolescentes Rurales, promulgada en el año 2001.[3] A través de esta norma se puso en evidencia la importancia de la universalización del acceso a la educación de las niñas y adolescentes indígenas.

No obstante, la incorporación y permanencia en el sistema educativo siguen siendo desiguales entre las mujeres. Diversos factores, tales como la clase social, la etnicidad y el lugar de residencia, influyen directamente en esta situación. Tal como sostiene Carmen Montero (2006), a pesar de que el acceso de las mujeres a los distintos niveles educativos se ha incrementado enormemente, persisten aún inequidades que estarían afectando a unas más que a otras: principalmente, a las mujeres indígenas, pobres y rurales.

En esta misma línea, en un estudio realizado por Oliart en el 2004, se encontró que las brechas educativas entre las mujeres urbanas e indígenas son persistentes e incluso aumentan, debido principalmente a dos razones: en primer lugar, las niñas y adolescentes indígenas reemplazan a la madre en las tareas domésticas, y en segundo lugar, contribuyen con la familia en las faenas agrícolas (Oliart 2004). Por su parte, Cuenca y Patiño (2014) analizaron las trayectorias educativas de mujeres indígenas en el Perú que habían culminado la educación superior, que son una clara minoría: en el año 2012, solo el 4,6% de este grupo de mujeres había logrado hacerlo. Uno de los hallazgos más interesantes que surgió al entrevistarlas, fue que para todas, su vida profesional es también un ejercicio político-reivindicativo; es decir, haber alcanzado la educación superior

3. Para los antecedentes, véase Montero y Tovar (1999).

constituye, en parte, una lucha por la justicia social. Asimismo, todas aseguraron que, a pesar de las dificultades, haber terminado sus estudios había representado un cambio positivo en sus vidas (Cuenca y Patiño 2014).

Nos preguntamos, entonces, por las características de las trayectorias educativas de las mujeres indígenas y no indígenas, así como por los principales factores que inciden en la brecha que existe entre estos dos grupos. Partimos de dos ideas. Por un lado, la de que aún existen diferencias significativas entre las trayectorias de las mujeres indígenas y no indígenas, y de que, por lo general, estas últimas deben sortear más obstáculos para acceder a los distintos niveles educativos y enfrentan situaciones más desafiantes al pasar por cada uno de ellos. Por otro lado, la idea de que dichas diferencias tienen que ver con las características socioeconómicas. Desde un evidente enfoque interseccional, tales trayectorias desiguales marcan sus experiencias y condicionan su desempeño en el sistema educativo.

Nuestro interés principal es exponer las desigualdades entre las mujeres indígenas y no indígenas en su paso por el sistema educativo. Asimismo, buscamos resaltar que son varias las brechas de desigualdad que afectan a las mujeres indígenas (y no solo una), y que estas a su vez van redefiniéndose —adquieren pesos relativos distintos— a través de las diversas etapas de su trayectoria educativa.

El enfoque que sirve de marco de referencia a este estudio es el de las desigualdades horizontales. En efecto, la falta de representación y de debido reconocimiento que perjudica a ciertos grupos históricamente excluidos de una sociedad, puede resultar en lo que Stewart (2008) llama *desigualdades horizontales*. Es decir, desigualdades entre grupos culturalmente definidos, a diferencia de las desigualdades verticales, que son las que se dan entre individuos en una sociedad. Dichas desigualdades son multidimensionales y están conformadas por aspectos políticos, culturales, sociales y económicos.

Por otro lado, las desigualdades horizontales son formas más complejas y persistentes de desigualdad. Aun cuando se corre el riesgo de caer en una tautología sobre pobreza y etnicidad (Huber 2011), este enfoque constituye una buena aproximación para comprender la persistencia de desigualdades (Thorp y Paredes 2011), particularmente en un país como el Perú, donde la pertenencia a determinados grupos culturales implica tener una cierta posición social.

En lo que respecta al análisis cuantitativo, se utilizó el módulo de educación y las sumarias de la Encuesta Nacional de Hogares (Enaho) de 2015, así como los factores de expansión del Censo 2007. Se tomó como variables los años de educación, la etnicidad, la condición de pobreza y el estrato geográfico de las mujeres mayores de tres años. Las regresiones incluyeron al grupo de mujeres de 18 a 25 años, para las cuales se tomó como variable dependiente los años de educación, y como variables independientes, la etnicidad, la pobreza y el estrato.[4] A través de esto, no solo documentaremos las brechas existentes, sino que buscaremos identificar los factores que las explican.

Tal como indica María Emma Mannarelli (2013), la educación de las mujeres ha repercutido en las relaciones jerárquicas en las familias y ha contribuido de manera protagónica a consolidar la ciudadanía femenina. Quizás por ello, privar del acceso a la educación (particularmente a la superior) refuerza la condición de subordinación y "alimenta la cultura de poder y sumisión en términos más extensivos" (Mannarelli 2013: 64). En adelante exploraremos si esto es aún más cierto en el caso de las mujeres indígenas.

Las mujeres indígenas en el Perú

Conceptualizar a la población indígena en el Perú es un asunto complejo debido a las distintas relaciones que ha sostenido esta población con el Estado a lo largo de la historia y a la propia heterogeneidad de los grupos étnicos que la conforman (Remy 2014). Pero también son conocidas las dificultades que existen en el país para identificar el origen étnico racial de las personas. La variable étnica se mide de diversas maneras y, en algunos casos, la selección de alguna de estas formas solo responde a los objetivos que se quieren lograr con tal información (Valdivia 2011). Por ello, resulta importante evaluar cuidadosamente los datos y conocer qué criterios se están utilizando (Trivelli 2005), para evitar subestimar a una población que requiere ser atendida por políticas públicas específicas (Castro, Yamada y Asmat 2011) .

En este artículo consideraremos la identidad indígena a partir del criterio de lengua materna determinado por la Enaho. Aun cuando la lengua no siempre tiene una correspondencia directa con la cultura o la etnia, en el Perú constituye el indicador más utilizado en las encuestas y censos para dar cuenta de la etnicidad (Kudó 2004). Hay que señalar, sin embargo, que esta opción excluye a los hogares en los cuales el castellano ha reemplazado a la lengua indígena, así como a los indicadores de autoadscripción, con lo cual la población indígena podría no estar del todo representada (Castro, Yamada y Asmat 2011; Trivelli 2005).

Bajo el criterio de lengua materna, en el Perú, un poco más de 5 millones de habitantes (17% de la población total) viven en hogares en los cuales el jefe de

4. El tamaño de la muestra asciende a 6232 mujeres y en los resultados se utilizaron los factores de expansión de 2007.

familia o su cónyuge hablan un idioma materno distinto al castellano (Enaho 2015). El principal grupo étnico y lingüístico es el quechua, con 77% de hogares indígenas, seguido por el aymara, con 11% y, finalmente, por "otros" que representan el 3,3%.

Según la Enaho del año 2015, hay 2.728.847 de mujeres indígenas en el Perú, lo que representa un 53% de toda la población indígena del país. Si observamos cómo se distribuye dicha población, notamos que existe casi igual cantidad de hombres que de mujeres indígenas en los diferentes rangos de edad. Sin embargo, es en el grupo de mayores de 65 años donde el número de mujeres representa un 2% más que el de hombres, a diferencia de la población no indígena, donde las cohortes de mayor edad son las menos numerosas.

Por otro lado, frente a la idea común de que la mayoría de las mujeres indígenas vive en zonas rurales, los datos nos demuestran que actualmente un 54% reside en zonas urbanas, mientras que un 45,6% lo hace en el campo.

Notamos también que es entre los 18 y 25 años cuando la distribución de las mujeres indígenas por zonas geográficas cambia. A partir de ese momento, se podría hablar de una tendencia a la "desfeminización" de las áreas rurales como resultado de ciertas dinámicas sociales y económicas, que comentaremos más adelante, y que estarían expulsando a las mujeres indígenas del campo (Asensio 2012). No solo se trata, por cierto, de un fenómeno de migración a las ciudades, sino también de un proceso de urbanización que se viene desarrollando desde algunas décadas y que ha terminado por articular muchos poblados rurales a los centros urbanos más cercanos.

La mayoría de las mujeres indígenas de las cohortes más jóvenes sabe leer y escribir. Asimismo, como veremos más adelante, los años de estudio en el caso de las mujeres indígenas se han incrementado. Casi todas han cursado la primaria y acceden cada vez más a los siguientes niveles de educación. Mientras que el 43,2% de las mujeres indígenas mayores de 65 años son analfabetas, solo un 6% de las que tienen entre 18 y 25 años no sabe leer ni escribir. Si las comparamos con las mujeres no indígenas, notamos que mientras que el grupo de mujeres indígenas mayores de 65 años tiene una diferencia al respecto de 27% con las no indígenas, las de la cohorte menor solo tienen una diferencia de 2%. Se puede afirmar, entonces, que la generación más joven de mujeres indígenas dispone de una mejor base para desarrollar un capital humano que las generaciones anteriores.

Las trayectorias educativas de las mujeres en el Perú

En las últimas décadas, la brecha en el acceso a la educación entre hombres y mujeres se ha acortado significativamente. Dicha situación no solo se ha dado en el ámbito urbano, sino también en el rural, así como en todos los niveles de educación básica y superior. Este cierre de brechas se ha debido, principalmente, a que desde la década de 1990 el enfoque de género se ha incorporado como un eje fundamental en las políticas de acceso al sistema educativo formal,[5] lo que ha supuesto un importante cambio en las trayectorias educativas de las mujeres en el país.

Del mismo modo, la integración de la perspectiva de género en los programas sociales ha logrado incentivar la participación de las mujeres en el ámbito educativo. Ames (2013) sostiene que en los últimos años ha surgido un "anhelo educativo" entre las mujeres, lo que se traduciría en un incentivo adicional —en comparación con los hombres— para continuar estudiando. Esto, como señala la autora, obedece especialmente a que la educación representa para ellas una forma de resistir y contrapesar las desigualdades de género.

Así, hoy en día, las brechas educativas entre hombres y mujeres son por lo general menores que las que existen entre los diferentes grupos de mujeres. La complejidad de las desigualdades entre mujeres se muestra, inicialmente, a partir de la brecha que hay entre las indígenas y las no indígenas. Sin embargo, al incorporar la perspectiva de interseccionalidad surgen otros factores, como la zona de residencia y el nivel de pobreza, para ilustrar mejor estas desigualdades.

Las trayectorias educativas de las mujeres indígenas

Como se observa en el gráfico 1, los años de educación de los hombres no indígenas son aún los más altos, seguido de los de las mujeres no indígenas. Si bien existen diferencias entre ambos grupos, las trayectorias son similares. Por otro lado, a pesar de contar con un número mínimo de años de estudio menor que el de los hombres y mujeres no indígenas, la trayectoria de los hombres indígenas también es semejante a la de esos dos grupos. Sin embargo, al observar el grupo de mujeres indígenas, la situación cambia.

---

5. Al respecto, debemos precisar que existe un debate, aún abierto, sobre la noción de equidad. Relacionar esta noción con la capacidad de las personas de adquirir los "bienes primarios" (Rawls 1995) provocó en Muñoz, Ruiz-Bravo y Rosales (2006) una genuina preocupación sobre si, efectivamente, dicha orientación está solucionando los problemas de desigualdad e injusticia entre hombres y mujeres.

Gráfico 1

Porcentaje de población por número mínimo de años de educación, etnia y sexo

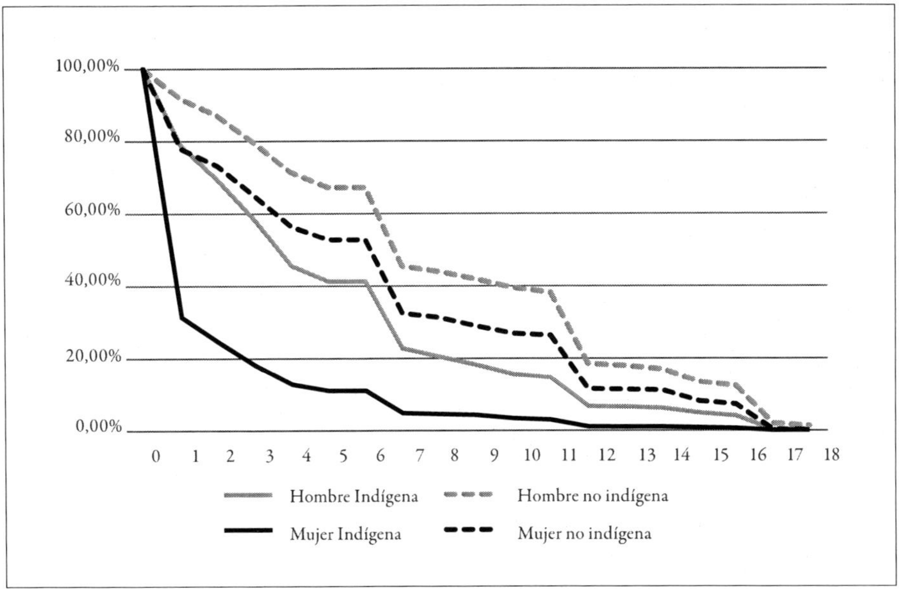

Fuente: Enaho 2015.

El gráfico 1 indica que solo el 11% de las mujeres indígenas cuenta con seis años mínimo de educación, frente al 41,3% de hombres indígenas, el 52,8% de mujeres no indígenas y el 67,2% de hombres no indígenas. La diferencia porcentual entre un hombre no indígena y una mujer indígena con seis años de educación a más es de 56,2%, mientras que para el mismo número de años, la diferencia entre mujeres no indígenas y hombres no indígenas es de 14,4%. Resulta interesante, además, comparar los años de educación de un hombre indígena con los de una mujer no indígena, porque, más allá de la diferencia de género, la mujer no indígena cuenta con más años de estudio.

De este modo, la trayectoria educativa de las mujeres indígenas —desde la educación básica hasta la superior— es bastante diferente no solo de la trayectoria de los hombres, sino también de la de las mujeres no indígenas. Mientras que el 31% de las mujeres indígenas cuenta con mínimo un año de educación, el 78% de las no indígenas lo hacen. Así, la diferencia en los años de escolaridad alcanzados entre las mujeres indígenas y las no indígenas resulta más significativa y prolongada, que aquella entre hombres y mujeres no indígenas.

En líneas generales, la educación en el caso de la población indígena, tanto femenina como masculina, pone en evidencia una serie de desigualdades si se la compara con la población no indígena. Si bien el número promedio de años de escolaridad ha aumentado, aún existe una variable relacionada con la calidad educativa que sostiene dichas brechas. Las pruebas de rendimiento de los estudiantes que se han realizado en el Perú, muestran que las niñas y niños indígenas obtienen porcentajes inferiores a los de sus pares no indígenas, y lo mismo sucede con los alumnos y alumnas que residen en zonas rurales en comparación con los que viven en zonas urbanas.[6] La Evaluación Censal de Estudiantes (ECE) muestra que los estudiantes de escuelas de educación intercultural bilingüe (EIB) tienen problemas en todas las áreas evaluadas. Por ejemplo, para el año 2016, el 43,7% de los alumnos de cuarto grado de primaria obtuvo el resultado más bajo de la prueba en comprensión de lectura en castellano.

Al respecto, es importante señalar que la implementación de la EIB en el nivel primario supuso un cambio radical en el modelo de enseñanza y aprendizaje para las poblaciones indígenas, ya que estableció que la lengua originaria tenga un peso igual o más importante que el castellano en la formación de los estudiantes. Sin embargo, a pesar del avance que esto representó, el cambio también acarreó nuevos problemas.

En lo que respecta a esto último, los problemas de calidad en las escuelas de EIB se atribuyen a diversos factores. Por un lado, como señalan Trapnell y Zavala (2011), estas escuelas bialfabetizan a los estudiantes. Es decir, los niños y niñas aprenden simultáneamente a leer y escribir, tanto en su lengua materna como en su segunda lengua, lo que confunde y dificulta poder aprender de manera óptima ambas lenguas. Por otro lado, a partir de tercero de primaria, la enseñanza se imparte en algunas escuelas únicamente en el idioma castellano. Esto puede deberse a que la EIB deja de ofrecerse en la secundaria, por lo que la prioridad es que los alumnos puedan desempeñarse bien luego de finalizar la primaria. De este modo, la EIB se presenta como un programa transicional, pues no tiene un correlato en la etapa escolar posterior (Trapnell y Zavala 2011).

Asimismo, respecto de la EIB, diversos estudios coinciden en señalar que existe una falta de pertinencia en los contenidos y de organización en la experiencia escolar (Bonfil 2004), relacionada con limitaciones propias del sistema, tales como docentes poco preparados, una hegemonía de métodos y técnicas de enseñanza ajenos a los contextos culturales (Burga 2004), y una incipiente peda-

6. Se puede consultar el Tercer Estudio Regional Comparativo y Explicativo (Terce) de la Unesco y Orealc, así como la Evaluación Censal de Estudiantes (ECE) del Ministerio de Educación.

gogía intercultural (Cuenca y Ramírez 2015). De acuerdo con el informe de la Unidad de Medición de la Calidad Educativa (UMC) de 2015, más de la mitad de los docentes de estas escuelas no había tenido una formación en EIB como parte de su programa regular de estudios, ni tampoco contaba con una especialización en alguna universidad. Es decir, son profesores que llegaron a enseñar en estas escuelas sin una formación previa. En esta línea, Trapnell y Zavala (2011) indican que los docentes suelen utilizar la lengua originaria como un mecanismo de traducción de los contenidos que deberían ser enseñados en castellano. Si bien este recurso ha facilitado el desarrollo pedagógico de los profesores en el aula, "[...] esto no favorece a la adquisición del castellano y al desenvolvimiento futuro de los estudiantes en esta lengua" (2011: 8).

Estos factores endógenos a la oferta educativa que reciben los estudiantes indígenas, pueden ser los causantes de la deserción escolar que se registra en este grupo. Es decir, los problemas en la calidad de la enseñanza identificados (bialfabetización, discontinuidad entre primaria y secundaria y profesores poco preparados) pueden ser atenuantes para que los alumnos abandonen los estudios.-

De este modo, las trayectorias educativas entre las poblaciones indígenas y las no indígenas son aún disímiles. No solo por los entornos familiares y comunitarios que se cimientan alrededor del espacio educativo, sino también porque el modelo educativo dirigido a atender a la población indígena es todavía precario. Como se ha visto, uno de los principales problemas es la falta de continuidad del sistema educativo que responde a la población indígena, considerando que la EIB solo se aplica en primaria.

Este desfase en la transición de la educación primaria a la secundaria se traduce en una mengua de la población indígena que accede a la educación secundaria (gráfico 1). A pesar de ello, el número de mujeres indígenas que terminan la secundaria se ha incrementado. Si bien la ampliación de la cobertura educativa es uno de los principales motivos de este aumento, Ames (2013) argumenta que también se debe a nuevos patrones socioculturales y discursivos alrededor de la educación.

Sin embargo, a pesar de esta aspiración de continuar estudiando más allá de la primaria, existen impedimentos que dificultan seguir ese camino. Como señalan Ames y Rojas (2011), muchos niños forman parte de la primera generación de hijos que cursa la educación secundaria y, sobre todo en las áreas rurales, esta transición puede implicar tener que cambiar de colegio y de comunidad. A esto se le suma el inicio de la adolescencia que, en muchas ocasiones, supone el comienzo de la vida adulta. Existen numerosas formas de experimentar la transición a la secundaria: "[...] mientras que un niño puede asistir a un colegio secundario cerca de su hogar y con antiguos compañeros de la escuela primaria, otro puede requerir migrar para estudiar, mudándose a otro hogar" (Ames y Rojas 2011: 11). Por tal motivo, esta experiencia también se ve mediada por el género, la etnicidad, el área de residencia y la pobreza.

Como se puede observar en el gráfico 2, el número mínimo de años de educación de las mujeres de 18 a 25 años indígenas y no indígenas es bastante variable. En el caso de las mujeres indígenas, se encuentra que a partir de los 11 a 12 años mínimo de educación, o al término de la secundaria, se produce un descenso considerable de 39%, obteniéndose un 26,2% de mujeres indígenas con 12 años a más de educación.

GRÁFICO 2

PORCENTAJE DE MUJERES DE 18 A 25 AÑOS POR NÚMERO MÍNIMO DE AÑOS DE EDUCACIÓN Y ETNIA

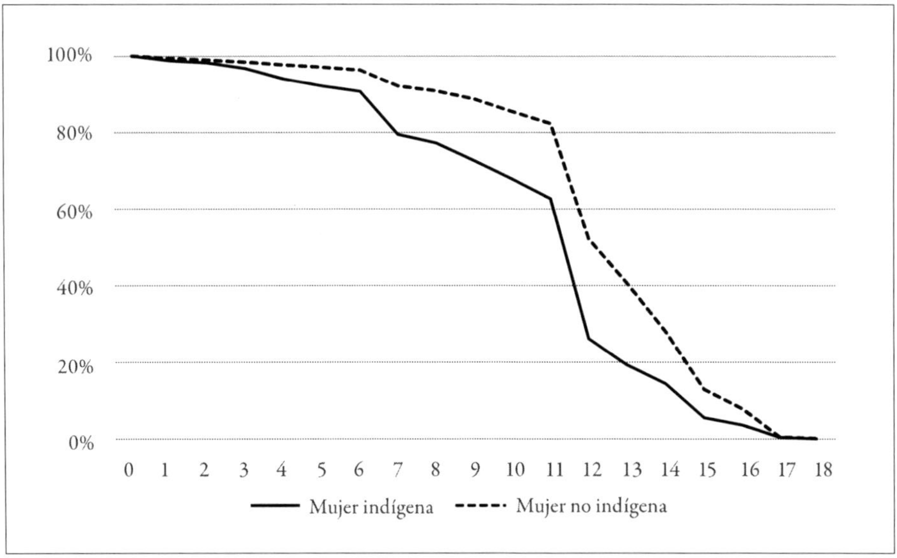

Fuente: Enaho 2015.

Así, la brecha no es tan grande mientras se cursa la educación primaria (de 6 a 12 años), pero se incrementa en la secundaria. Por otro lado, a pesar de que en la secundaria la diferencia entre mujeres indígenas y no indígenas es más significativa, se produce una caída importante en ambos grupos al terminar ese nivel educativo.

Cabe mencionar que los problemas de deserción a partir de la educación secundaria se inscriben en una problemática mayor, porque ese nivel educativo, hasta hace muy poco, no fue una prioridad en las políticas de educación. Hasta antes del gobierno de Ollanta Humala (2011-2016), las reformas en materia educativa se centraban en mejorar la educación primaria, logrando que muchos de los indicadores para ese nivel —sobre todo de cobertura educativa— mejoraran. Sin embargo, como acotan Ames y Rojas (2011), aún no existe un soporte institucional que apoye el proceso de transición de la primaria a la secundaria.

Por este motivo, los indicadores de cobertura y calidad muestran una gran diferencia entre el nivel primario y el secundario. Por un lado, si bien la tasa de matrícula de la secundaria tuvo un crecimiento promedio anual de 1,1% del 2002 al 2015, pasando del 70,8% de los niños de 12 a 16 años en el 2002 al 83,9% en el 2015, aún se encuentra por debajo de la tasa de primaria, que fue de 92,5% en el 2015. Por otro lado, en lo que respecta a la calidad, según un estudio realizado por la OCDE (2017), alrededor del 60% de los estudiantes de segundo de secundaria no ha logrado los aprendizajes esperados en comprensión lectora (con un 24% en el nivel previo al inicio y un 39% en el nivel inicial); en el caso de Matemática, la situación es parecida, pues en esta área un 78% de alumnos tampoco lo ha conseguido (OCDE 2017). Cabe señalar que la ECE se aplica al nivel primario desde el año 2007, y solo desde el 2015 a la secundaria. Tales datos sirven para ejemplificar el corte que se produce en el propio sistema educativo cuando nos referimos a nivel de formación (primaria y secundaria).

Así, se encuentra que las mujeres indígenas cuentan no solo con menos años de escolaridad que los hombres indígenas y no indígenas, sino también que las mujeres no indígenas. Al respecto, se han identificado factores endógenos al sistema educativo que afectan la permanencia de las mujeres indígenas en él, como la calidad de la enseñanza en las escuelas de EIB y el aún precario desarrollo del nivel secundario en el país. No obstante, existen también factores no relacionados con el sistema educativo, sino con las condiciones de vida de las mujeres, que contribuyen a las brechas que existen en sus trayectorias educativas.

Como demuestran los gráficos 1 y 2, el proceso de desfeminización de las áreas rurales sería más agudo en la cohorte de 18 a 25 años. Es en ese rango de edad cuando muchas mujeres indígenas que habitan en las áreas rurales culminan la secundaria, y cuando algunas pocas inician un complicado tránsito hacia la educación superior. Esto podría decirnos algo sobre la perspectiva de futuro de las jóvenes, ya que es en dicho periodo cuando pasan a ser mayores de edad y cuando la decisión de alejarse del entorno rural o de permanecer en él cobra más importancia.

Asensio (2012) indica que existe un "punto de quiebre" en las trayectorias personales de las mujeres de zonas rurales en lo que respecta a sus expectativas de culminar la secundaria, cursar estudios superiores y trabajar; es decir, ser a largo plazo independientes económicamente. En su caso, se encuentran generalmente con dificultades para desarrollar estrategias que les permitan tener una vida autónoma, en la que ellas sean las responsables de sus decisiones. Dichas dificultades obedecen, por un lado, a la persistencia de marcos institucionales con un sesgo de género negativo en los espacios rurales y, por otro, a los problemas de acceso para desarrollarse profesionalmente.

Las etapas de transición son momentos en los que se visibilizan situaciones críticas que median la continuidad de la trayectoria. Por ejemplo, al pasar del colegio a la educación superior, se presentan una serie de problemas que influyen en las expectativas que tienen estas jóvenes. Como señalan Grompone, Reátegui y Rentería (2017), las mujeres y hombres de zonas rurales aspiran a ser profesionales, pero en el camino se encuentran con una serie de obstáculos que les impiden lograr una trayectoria de "éxito". Ello se debe, en primer lugar, al desencuentro existente entre los conocimientos que se adquieren en la educación básica y lo que se solicita en la educación superior. Así, el ingreso a la universidad puede resultar difícil y, por ello, muchas jóvenes terminan optando por una universidad/ instituto de más fácil ingreso o por carreras que en un inicio no habían contemplado. A esto se le suma, en segundo lugar, la falta de orientación de sus padres y madres, cuyo conocimiento del sistema educativo suele ser escaso. La mayoría de los padres de jóvenes rurales no ha culminado la educación básica, y menos aún ha pasado por la educación superior. Esto ha supuesto, casi siempre, firmar "un cheque en blanco" respecto de lo que decidirán sus hijos en el ámbito profesional.

Estos momentos de quiebre en la vida de las mujeres jóvenes son un ejemplo de cómo actúan las desigualdades entrecruzadas. Como señalan Cuenca y Patiño (2014), es importante entender que las trayectorias no son lineales ni necesariamente progresivas, sino que "[...] son trayectorias con idas y venidas, con una multiplicidad de acontecimientos que dan forma a sus subjetividades, y en las cuales la condición étnica y de género atraviesa siempre sus experiencias" (2014: 97).

Las condiciones que se intersecan

Cuando en la década de 1980 Kimberlé Crenshaw acuñó el concepto de interseccionalidad, la posición de un determinado grupo en la sociedad empezó a ser comprendida a partir de la intersección de sistemas de exclusión, tales como los del género y la etnicidad (Collins 2015). El debate sobre la interseccionalidad se encuentra a la luz de dos perspectivas. Por un lado, una teórica-metodológica que enfatiza la interacción entre las distintas categorías o variables, como raza, género, edad, orientación sexual, entre otras (Hancock 2007). Por otro, la que la presenta como una exhortación a no olvidar que las dimensiones están relacionadas de forma compleja y que no se trata de una suma de desigualdades (Jelin 2014). A pesar de ello, no existe duda de que nos encontramos ante una evidente situación de ejercicios asimétricos de poder identificados como una "matriz de dominación" (Collins 2015) y como una forma de *colonialidad* del género (Lugones 2010).

Si bien existen importantes diferencias entre las mujeres indígenas y no indígenas, cuando se compara a las mujeres de zonas urbanas con las de zonas rurales, la distancia se acentúa aún más. Como vimos en la sección anterior, actualmente las mujeres indígenas residen en su mayoría en zonas urbanas, aun si un 45,6% aún lo hace en zonas rurales. La migración intergeneracional podría ser uno de los principales factores que explican estos porcentajes. Sin embargo, es importante prestar atención a los mecanismos que se han venido intersecando a lo largo del tiempo en las trayectorias de las mujeres indígenas.

Como se puede observar en el gráfico 3, las mujeres de zonas rurales de entre 18 y 25 años cuentan con un número mínimo de años de educación considerablemente menor que el de las mujeres urbanas. Por ejemplo, mientras que el 70% de las mujeres de zonas rurales tiene un promedio de siete años a más de escolarización, entre las mujeres urbanas este promedio es 25% más alto. Este número de años corresponde a la etapa de culminación de la primaria.

En cuanto a lo que corresponde al periodo de conclusión de la educación básica, se observa que el 21,3% de las mujeres de zonas rurales cuenta con 12 a más años de educación; en contraparte, entre las mujeres de zonas urbanas este porcentaje asciende a 54,8%. De este modo, la diferencia basada en el lugar de residencia es bastante acentuada y se mantiene en los distintos niveles de educación. La brecha entre mujeres de zonas rurales y mujeres de zonas urbanas es bastante pronunciada, y es más marcada que la que se observa en relación con la etnia.

Cabe mencionar que la brecha, en general, entre áreas urbanas y áreas rurales es un problema pendiente que en el ámbito educativo se manifiesta de diversas maneras. Por un lado, los resultados de las evaluaciones muestran una distancia importante, tanto en el área de comunicación como en la de matemática, a favor de los estudiantes de zonas urbanas. Por otro, los locales escolares en zonas rurales cuentan con un porcentaje bastante menor de servicios, tales como luz eléctrica, agua potable y desagüe (Escale 2016).

Gráfico 3

Porcentaje de mujeres de 18 a 25 años por número mínimo de años de educación y estrato

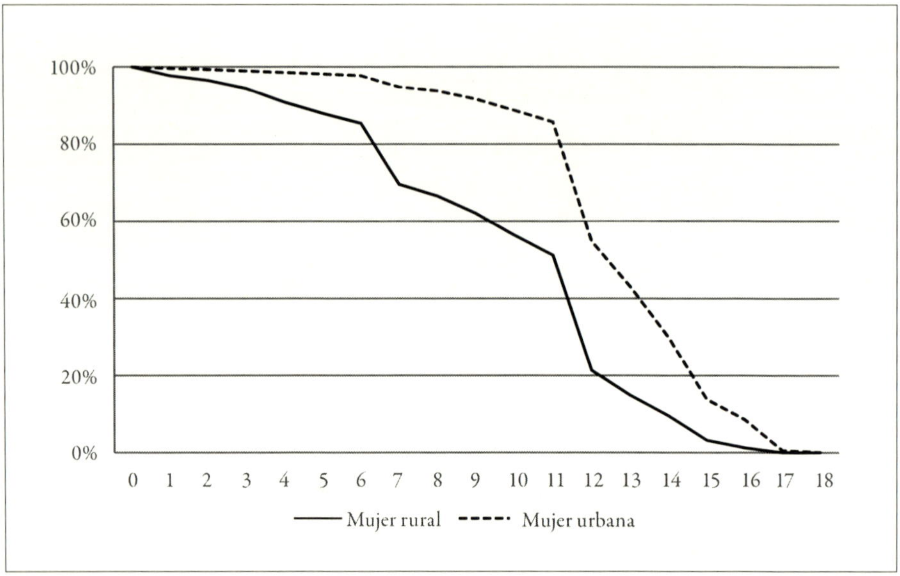

Fuente: Enaho 2015.

El entorno rural imprime situaciones de pobreza, lo cual se evidencia en sus altos porcentajes de incidencia de la pobreza en comparación con las zonas urbanas. En un lapso de diez años (2004-2015), la brecha de pobreza entre zonas urbanas y rurales se ha reducido en tan solo un 4,5%, lo que mantiene una brecha de pobreza entre áreas de residencia de 30,7% a favor de las zonas urbanas (Unesco 2017).

Otra variable importante para explicar las brechas educativas entre las mujeres es la condición económica. Como se puede ver en el gráfico 4, también existen diferencias entre el grupo de mujeres pobres y el de mujeres no pobres. En lo que corresponde al periodo de culminación de la primaria, se observa que el 73,2% de las mujeres pobres cuenta con un mínimo de siete años de educación, mientras que el 94,3% de las mujeres no pobres cuenta con siete años a más de educación.

Gráfico 4

Porcentaje de mujeres de 18 a 25 años por número mínimo de años de educación y situación de pobreza

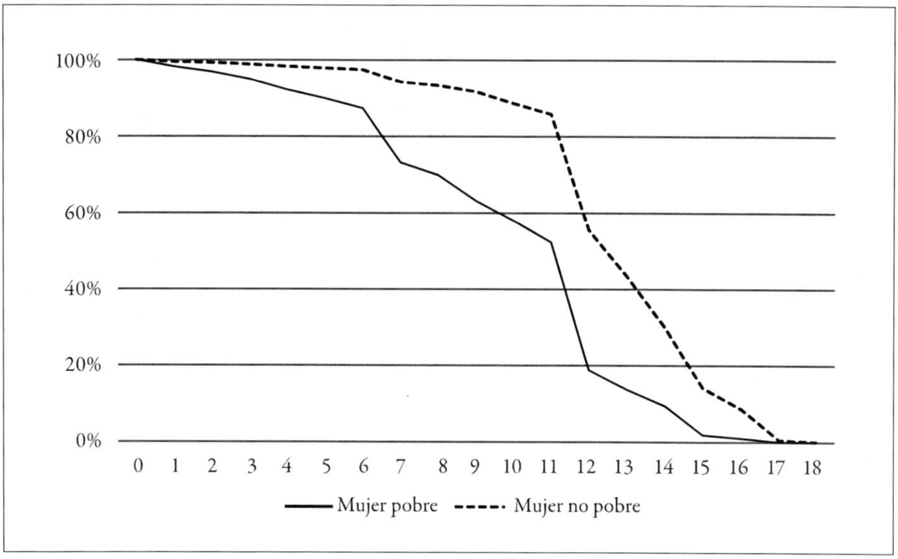

Fuente: Enaho 2015.

Asimismo, en lo que corresponde al periodo de culminación de la educación básica, se muestra que solo el 18,8% de las mujeres pobres cuenta con 12 a más años de educación, mientras que entre las mujeres no pobres la proporción se eleva a un 55,5%.

Así, la tendencia entre las mujeres no pobres y pobres, rurales y urbanas, e indígenas y no indígenas, es similar.

La situación de pobreza de las jóvenes rurales está muy asociada a la pobreza rural, es decir, a la de un ámbito donde el acceso a los servicios se ha incrementado; pero las brechas geográficas persisten y hay escasa inclusión financiera. Adriana Urrutia (2017) da cuenta de que mientras solo el 2% de los jóvenes urbanos no accede a ningún servicio básico, en el caso de los jóvenes rurales esa proporción se eleva a un 14%; asimismo, solo un 13% de los jóvenes rurales tiene una cuenta de ahorro, en comparación con el 24% de jóvenes urbanos que cuenta con dicho servicio.

Recapitulando, la información muestra que existen brechas entre las trayectorias educativas de las mujeres que se sustentan en la condición de pobreza, el área de residencia y las características étnicas.

No obstante, para nuestro análisis resultaba fundamental aclarar mejor estas brechas. Identificamos, tal como se observa en la tabla 1, que existe una relación significativa entre el número mínimo de años de educación y los tres factores señalados: pobreza, área de residencia y etnia.

TABLA 9

MUJERES DE 18 A 25 AÑOS POR NÚMERO DE AÑOS DE EDUCACIÓN Y SITUACIÓN DE POBREZA, ETNICIDAD Y RURALIDAD

	REG18_t	REG18_1	REG18_2	REG18_3	REG18_0
Variables	Años de educación	Años de educación	Años de educación	Años de educación	Años de educación
Pobreza	-2,118***			-2,564***	
	(0,128)			(0,132)	
Etnicidad	-0,369**		-0,996***		
	(0,154)		(0,147)		
Ruralidad	-2,178***	-2,705***			
	(0,121)	(0,118)			
Pobreza y etnicidad		-1,348***			
		(0,236)			
Pobreza y ruralidad			-3,845***		
			(0,171)		
Etnicidad y ruralidad				-1,899***	
				(0,172)	
Pobreza, etnicidad y ruralidad					-3,450***
					(0,231)
Constante	12,25***	11,99***	11,87***	12,05***	11,60***
	(0,0499)	(0,0492)	(0,0477)	(0,0480)	(0,0466)
Observaciones	6232	6232	6232	6232	6232
R-cuadrado	0,186	0,127	0,121	0,135	0,030

Error estándar robusto en paréntesis.

*** $p<0.01$; ** $p<0.05$; * $p<0.1$.

Fuente: Enaho 2015.

El modelo muestra que existen correlaciones robustas en todas las variables. Al relacionar pobreza, etnicidad y ruralidad con los años de educación, se observa que la relación es inversa y significativa. Es decir, a mayor grado de pobreza, etnicidad y ruralidad, menor será el número mínimo de años de educación.

De las tres variables estudiadas, la ruralidad es la que más explica las brechas en las trayectorias educativas entre las mujeres indígenas y no indígenas, seguida por la condición de pobreza. Estos hallazgos se ubican en la línea de los estudios de movilidad social en el Perú. Por ejemplo, Benavides y Etesse (2012) muestran, sobre la base de los factores que influyen en la movilidad educativa intergeneracional, que el ser hombre, de zona urbana y joven propicia una movilidad de tipo ascendente. Asimismo, son las mujeres que residen en zonas rurales las que continúan teniendo las tasas de movilidad más bajas. Tal como se aprecia en la tabla 1, en la combinación de ruralidad y pobreza es donde se encuentra la explicación más evidente de las brechas estudiadas.

Otro aspecto que hay que considerar es el promedio de años de estudio en las diferentes cohortes de edad. Sin duda alguna, la situación de las mujeres más jóvenes es sustantivamente mejor que la de las mayores. Solo considerando la variable ruralidad, resulta posible mostrar una mejora en el promedio de años de 6 años entre las mujeres mayores de 65 años y el grupo de 18 a 35. Esto es aún más evidente en el caso de las mujeres jóvenes pobres, indígenas y rurales. Ellas han ganado en promedio siete años de escolaridad, respecto a las mujeres mayores.

Tabla 10

Años promedio de estudios entre mujeres según rango de edad

Variables	Años promedio de estudios					
	18-25	25-35	35-45	45-55	55-65	65-más
Pobreza	10,1	9,2	8,7	7,6	5,7	4,0
Etnicidad	11,9	10,4	8,5	7,1	5,2	2,9
Ruralidad	10,1	8,6	7,4	6,2	5,5	3,9
Pobreza, etnicidad y ruralidad	8,2	5,4	3,6	2,1	1,2	0,3

Fuente: Enaho 2015.

La mayor propensión de las familias a que sus hijos estudien —y aunque en menor medida, también sus hijas—, ha sido registrada desde hace algunos años. Las familias siguen apostando por la educación como el principal vehículo de mejora (Ames 2002, Ansión 1989, Ansión et ál. 1998, Cuenca y Montero 2006,

Diez 1998, Montero y Cuenca 2008, Montoya 1990). Con ello, el "mito del progreso", esa actitud prospectiva de valoración del futuro a partir de la educación, sigue vigente (Degregori 1986).

Si bien antes se priorizaba la educación de los hombres, esta situación también ha ido cambiando. Como señalan Agüero y Barreto (2012), en el caso de las mujeres de zonas rurales se ha instaurado un fuerte discurso —tanto de parte de las madres como de las propias jóvenes— sobre que la educación no solo genera progreso sino también una mejor calidad de vida. A pesar de no ser un problema que atañe únicamente a las mujeres, esto se ve como una estrategia de abandono del entorno rural (Rojas y Portugal 2010).

El discurso del progreso a través de la educación ha producido, a su vez, un relato de superación intergeneracional. Las jóvenes madres le dan ahora mucha importancia a la educación de sus hijas, para que en futuro ellas sean capaces de tomar sus propias decisiones, tanto en el ámbito personal como profesional. Al respecto, Agüero y Barreto (2012) señalan que este discurso "[...] refleja, al mismo tiempo, que han tomado conciencia de la situación de exclusión, o en todo caso de desventaja, en la que se encuentran, pero también saben que hoy existen mayores oportunidades para revertir esta realidad, y que una muy importante es la educación" (2012: 15). En esta misma línea, pero para el caso de la educación superior, Cuenca y Patiño (2014) sostienen que entre las jóvenes indígenas que cursaron ese nivel educativo "[...] existe una narrativa muy potente [...] respecto de que sus hijas cursen estudios secundarios y superiores por representar esto el ideal de cambio y de progreso" (2014: 84).

Reflexiones finales

Este artículo surgió de la constatación de que, a pesar de los avances en el cierre de brechas de género en el ámbito educativo, existen desigualdades entre las mujeres. Una mirada general a las trayectorias educativas de las mujeres, muestra que existen desigualdades entre las mujeres indígenas y no indígenas, y que estas son incluso mayores que las que hay entre hombres y mujeres. Si bien las trayectorias educativas de las mujeres indígenas jóvenes han mejorado si se las compara con las trayectorias de las mayores, el número de años de estudio aún se encuentra por debajo del promedio, tanto de la escolaridad de las mujeres no indígenas como de la de los hombres. Dicha brecha se acrecienta cuando se llega a la secundaria, en donde se registra la primera y mayor caída en los años de estudio; la segunda caída ocurre, consecuentemente, en la educación superior.

Estas diferencias manifestadas a partir de la etnicidad se explican, en primer lugar, por el hecho de que las mujeres pertenezcan a zonas rurales y, en segundo lugar, por las condiciones de pobreza en las que viven.

No cabe duda de que en la actualidad las mujeres indígenas son otras, y aún más si son jóvenes. Dichas mujeres viven, también, en una ruralidad diferente, se relacionan con el Estado de manera distinta, participan más activamente en las economías regionales, y su vínculo con el mundo urbano supone cambios en su identidad y una ampliación de los roles femeninos. Raúl H. Asensio (2016) sostiene que la ruralidad peruana está experimentando cambios que modificarían el imaginario que se ha ido construyendo sobre "lo rural". Los procesos de reactivación económica y las renovadas dinámicas políticas estarían explicando estos cambios y nos colocan, a la vez, en un contexto pertinente para atender las desigualdades en las trayectorias educativas entre mujeres.

Las pistas que ayudan a explicar estas desigualdades pueden ser al mismo tiempo la posibilidad de solucionarlas. Nos referimos a incorporar de manera más evidente la condición étnica en los discursos feministas y de igualdad de género, a atender mejor la condición interseccional de las desigualdades que afectan a las mujeres indígenas, y a desarrollar políticas públicas diferenciadas, educativas en particular, para este sector de la población.

En efecto, hasta la década de 1990 —e incluso después—, el movimiento feminista ha luchado por superar su visión homogeneizadora de la mujer peruana y su falta de discurso sobre aquellas que no eran blancas o urbanas. Según Maruja Barrig (2001), el movimiento feminista construyó, especialmente en los años ochenta, un "no-discurso" en torno a las mujeres indígenas, reduciéndolas a su condición de campesinas, algo que, según esta autora, se debió a que quienes conformaban ese movimiento eran "de la clase media 'ilustrada' y blancas" (2001: 48). A su vez, esta tendencia fue compartida por los operadores de proyectos de desarrollo, que evitaron problematizar las relaciones de género en la población indígena y no hicieron ningún esfuerzo por comprender mejor a las mujeres que formaban parte de este grupo.

Por otro lado, en la coincidencia entre pobreza, etnicidad y género, tan significativa en el Perú, es muy pertinente el concepto de "desigualdades entrecruzadas" que, como señala Boesten (2010), constituyen desigualdades que se refuerzan entre sí y que dan lugar a múltiples jerarquizaciones siempre presentes en la vida de las personas a quienes afecta. Las diversas desventajas de las mujeres indígenas se plasmarían, entonces, en dificultades para acceder a todos los niveles educativos y, en última instancia, para desarrollar estrategias de vida autónoma. Tales vectores de desigualdad estarían también condicionando la construcción de sus identidades.

Finalmente, la ausencia de políticas públicas dirigidas específicamente a las mujeres indígenas —y no solo a las mujeres en general— estaría permitiendo que se perpetúen dinámicas de desigualdad culturales, económicas y políticas en el sistema educativo. Las políticas destinadas a las mujeres indígenas deberían focalizarse, por otro lado, en los niveles más altos de educación, que es donde está la brecha más grande. Asimismo, deberían evitar los diseños con tendencias homogeneizadoras, en los que se plasman estructuras jerárquicas y estrategias asimiladoras con un claro sesgo de género, y que en la práctica no guardan respeto por la diversidad cultural (Sichra 2004) o encuentran que la EIB es una forma de compensar "el problema" de los estudiantes vernáculo-hablantes en las zonas rurales (Trapnell y Zavala 2013).

En 1991, Marisol de la Cadena publicó "Las mujeres son más indias: etnicidad y género en una comunidad del Cusco". En dicho artículo comentó las asimétricas relaciones de poder entre hombres y mujeres, y entre indios y *mistis*, en la comunidad de Chitapampa a finales de los años ochenta. Como resultado de aquel "cruce" de jerarquías, las mujeres indígenas se ubicaban en el lugar más bajo de la estratificación social. Treinta años después, ¿no estamos acaso en la misma situación, aunque en un escenario diferente?

Bibliografía

AGÜERO, Aileen y Mariana BARRETO

2012 *El nuevo perfil de las mujeres rurales jóvenes en el Perú*. Documento de Trabajo n.° 177. Lima: Instituto de Estudios Peruanos.

AMES, Patricia

2002 *Para ser iguales, para ser distintos: educación, escritura y poder en el Perú*. Lima: Instituto de Estudios Peruanos.

2013 *¿Construyendo nuevas identidades? Género y educación en los proyectos de vida de las jóvenes rurales del Perú*. Documento de Trabajo n.° 192. Lima: Instituto de Estudios Peruanos.

AMES, Patricia y Vanessa ROJAS

2011 *Cambios y oportunidades: la transición de la escuela primaria a la secundaria en el Perú*. Documento de Trabajo n.° 63. Lima: Grupo de Análisis para el Desarrollo, Niños del Milenio.

Ansión, Juan

1989 *La escuela en la comunidad campesina.* Lima: Organización de la Naciones Unidas para la Alimentación y la Agricultura y Ministerio de Agricultura.

Ansión, Juan et ál.

1998 *Educación: la mejor herencia. Decisiones educativas y expectativas de los padres de familia. Una aproximación empírica.* Lima: Pontificia Universidad Católica del Perú.

Asensio, Raúl H.

2012 *Nuevas (y viejas) historias sobre las mujeres rurales jóvenes en América Latina. Resultados preliminares del Programa Nuevas Trenzas.* Documento de Trabajo n.° 176. Lima: Instituto de Estudios Peruanos.

2016 *Los nuevos incas: la economía política del desarrollo rural andino en Quispicanchi, 2000-2010.* Lima: Instituto de Estudios Peruanos.

Barreto, Mariana, Andrea García y Raúl H. Asensio

2013 *Control y transgresión. El uso e impacto de las TIC por las mujeres rurales jóvenes en el Perú.* Documento de Trabajo n.° 199. Lima: Instituto de Estudios Peruanos.

Barrig, Maruja

2001 *El mundo al revés: imágenes de la mujer indígena.* Buenos Aires: Clacso.

Benavides, Martin y Manuel Etesse

2012 "Movilidad educativa intergeneracional, educación superior y movilidad social en el Perú: evidencias recientes a partir de encuestas a hogares". En Ricardo Cuenca (ed.). *Educación superior. Movilidad social e identidad.* Lima: Instituto de Estudios Peruanos.

Boesten, Jelke

2010 *Intersecting inequalities women and social policy in Peru, 1990-2000.* Pensilvania: State University Press.

Bonfil, Paloma

2004 "Niñas e indígenas: desigualdad en los sistemas de educación en México". En Inge Sichra (comp.). *Género, etnicidad y educación en América Latina.* Madrid: Ediciones Morata.

Burga, Elena

2004 *Los procesos de aprendizaje en la formación docente: una mirada desde el Nuevo Enfoque Pedagógico y la interculturalidad.* Lima: Ministerio de Educación y Proeduca-GTZ.

Castro, Juan Francisco, Gustavo Yamada Fukusaki y Roberto Asmat

2011 *Diferencias étnicas y de sexo en el progreso educativo en Perú: ¿para quién y cuándo son los riesgos mayores?: Documento de Trabajo.* Lima: Centro de Investigación de la Universidad del Pacífico.

Collins H., Patricia

2015 "Intersectionality's definitional dilemmas". *The Annual Review of Sociology*, 41: 1-20.

Cuenca, Ricardo y Carmen Montero

2006 *Encuesta Nacional de Educación 2005.* Lima: Foro Educativo.

Cuenca, Ricardo y Alejandra Ramírez

2015 "¿Interculturalizar la universidad o universalizar la interculturalidad? Sistema universitario y población indígena". En Ricardo Cuenca (ed.). *La educación universitaria en el Perú: democracia, expansión y desigualdades.* Lima: Instituto de Estudios Peruanos.

Cuenca, Ricardo y Paola Patiño

2014 "Profesionalización femenina desde los márgenes. Trayectorias de mujeres indígenas hacia la educación superior". En Silvana Vargas (comp.). *Bajo el radar de Sofía. Oportunidades y barreras de las profesionales en el Perú.* Lima: Instituto de Estudios Peruanos.

De la Cadena, Marisol

1991 "Las mujeres son más indias: etnicidad y género en una comunidad del Cusco". *Revista Andina*, 9 (1): 7-29.

Degregori, Carlos Iván

1986 "Del mito de Inkarri al mito del progreso: poblaciones andinas, cultura e identidad nacional". *Socialismo y Participación*, 36: 46-55.

Diez, Alejandro

1998 "Creación de escuelas, mitos y cambios culturales en la sierra de Piura". *Revista Anthropologica*, XVI (16): 134-148.

Fraser, Nancy

1997 *Iustitia interrupta. Reflexiones críticas sobre la condición "postsocialista".* Bogotá: Siglo del Hombre Editores y Universidad de los Andes.

Grompone, Álvaro, Luciana Reátegui y Mauricio Rentería

2017 *Desencuentros entre los jóvenes rurales y la educación superior.* Seminario Permanente de Investigación Agraria XVII. Cajamarca: Sepia.

Hancock, Ange-Marie

2007 "When multiplication doesn't equal quick addition: Examining intersectionality as a research paradigm". *Perspectives on Politics*, 5 (1): 63-79.

Huber, Ludwig

2011 "Desigualdad, diferencia y 'políticas de la identidad'". En Julio Cotler y Ricardo Cuenca (eds.). *Las desigualdades en el Perú: balances críticos*. Lima: Instituto de Estudios Peruanos.

Jelin, Elisabeth

2014 *Desigualdades de clase, género y etnicidad/raza. Realidades históricas, aproximaciones analíticas*. Working Paper Serie 73. Berlín: International Research Network on Interdependent Inequalities in Latin America.

Kudó, Inés

2004 "La educación indígena en el Perú. Cuando la oportunidad habla una sola lengua". En Donald R. Winkler y Marcos Cueto (eds.). *Etnicidad, raza, género y educación en América Latina*. Washington: Preal.

Lugones, María

2010 "Hacia un feminismo descolonial". *Hypatia*, vol. 25, n.° 4. Disponible en: <http://anthropostudio.com/wp-content/uploads/2015/04/Mar%C3%ADa-Lugones.-Hacia-un-feminismo-descolonial.pdf>.

Mannarelli, María Emma

2013 *Las mujeres y sus propuestas educativas, 1870-1930*. Lima: Derrama Magisterial.

Montero, Carmen

2006 "La exclusión educativa de las niñas del campo: ¿pasado o presente?". En Patricia Ames (ed.). *Las brechas invisibles. Desafíos para una equidad de género en la educación*. Lima: Instituto de Estudios Peruanos y Universidad Peruana Cayetano Heredia.

Montero, Carmen y Ricardo Cuenca

2008 *Sobre notas y aprendizajes escolares: opiniones y demandas de la población del Perú: Segunda Encuesta Nacional de Educación*. Lima: Foro Educativo.

Montero, Carmen y Teresa Tovar

1999 *Agenda abierta para la educación de las niñas rurales*. Documento de Trabajo n.° 106. Lima: Instituto de Estudios Peruanos.

MONTOYA, Rodrigo

1990 *Por una educación bilingüe en el Perú: reflexiones sobre cultura y socialismo.* Lima: Mosca Azul y Centro Peruano de Estudios Sociales.

MUÑOZ, Fanni, Patricia RUIZ-BRAVO y José Luis ROSALES

2006 "El género y las políticas educativas en el Perú: 1990-2003". En Patricia Ames (ed.). *Las brechas invisibles. Desafíos para una equidad de género en la educación*. Lima: Instituto de Estudios Peruanos y Universidad Peruana Cayetano Heredia.

OECD – ORGANIZACIÓN PARA LA COOPERACIÓN Y EL DESARROLLO ECONÓMICOS

2017 *Estudio de bienestar y políticas de juventud en el Perú*. París: Organización para la Cooperación y el Desarrollo Económicos.

OLIART, Patricia

2004 "¿Para qué estudiar? La problemática educativa de niñas y mujeres en áreas rurales del Perú". En Inge Sichra (comp.). *Género, etnicidad y educación en América Latina*. Madrid: Ediciones Morata.

RAWLS, John

1995 *Teoría de la justicia*. Ciudad de México: Fondo de Cultura Económica.

REMY, María Isabel

2014 "Población indígena y construcción de la democracia en el Perú". En Ricardo Cuenca (ed.). *Etnicidades en construcción. Identidad y acción social en contextos de desigualdad*. Lima: Instituto de Estudios Peruanos.

ROJAS, Vanessa y Tamia PORTUGAL

2010 "¿Educación para el desarrollo rural o para dejar de ser rural? Percepciones y proyectos de pobladores rurales andinos y amazónicos". En Patricia Ames y Víctor Caballero (eds.). *Perú: el problema agrario en debate*. SEPIA XIII. Lima: Sepia.

SICHRA, Inge (comp.)

2004 *Género, etnicidad y educación en América Latina*. Madrid: Ediciones Morata.

STEWART, Frances

2008 "Horizontal inequalities and conflict: An introduction and some hypotheses". En Frances Stewart (ed.). *Horizontal inequalities and conflict: Understanding group violence in multiethnic societies*. Oxford: Centre for Research on Inequality, Human Security and Ethnicity.

Stromquist, Nelly

2006 "La dimensión de género en las políticas educativas". En Patricia Ames (ed.). *Las brechas invisibles. Desafíos para una equidad de género en la educación*. Lima: Instituto de Estudios Peruanos y Universidad Peruana Cayetano Heredia.

Thorp, Rosemary y Maritza Paredes

2011 *La etnicidad y la persistencia de la desigualdad. El caso peruano*. Lima: Instituto de Estudios Peruanos.

Trapnell, Lucy y Virginia Zavala

2011 "Adaptación de los indicadores de gestión educativa para la autoevaluación de instituciones educativas de educación intercultural bilingüe". Informe de consultoría para el Ipeba. Manuscrito.

2013 *Dilemas educativos ante la diversidad: siglos XX y XXI*. Lima: Derrama Magisterial.

Trivelli, Carolina

2005 *Los hogares indígenas y la pobreza en el Perú. Una mirada a partir de la información cuantitativa*. Documento de Trabajo n.° 141. Serie Economía, 41. Lima: Instituto de Estudios Peruanos.

Unesco – Organización de las Naciones Unidas para la Educación, la Ciencia y la Cultura

2017 *Revisión de las políticas educativas 2000-2015. Continuidades en las políticas públicas en educación en Perú: aprendizajes, docentes y gestión descentralizada*. Lima: Unesco y Consejo Nacional de Educación.

Urrutia, Adriana

2017 "Una presencia invisible. ¿Qué sabemos de los jóvenes rurales en el Perú hoy?". Documento preparado para el Grupo de Diálogo Rural en el Perú (GDR) convocado por RIMISP, FIDA y el Instituto de Estudios Peruanos. Manuscrito.

Valdivia, Néstor

2011 *El uso de categorías étnico/raciales en censos y encuestas en el Perú: balance y aportes para una discusión*. Lima: Grupo de Análisis para el Desarrollo.

Sobre los autores

Jorge Aragón

Doctor en Ciencia Política por la Universidad de Florida, con especialización en política comparada y métodos de investigación; ha sido director de la revista *Argumentos*, que publica el IEP, entre los años 2012 y 2015; director de la Escuela Profesional de Ciencia Política de la Universidad Antonio Ruiz de Montoya entre el 2008 y el 2010; y profesor visitante en la Universidad de Saint Louis (EE. UU.) y en el Programa de Maestría de Ciencias Políticas de Flacso-Ecuador. Actualmente es director de Investigaciones e investigador principal del IEP, así como profesor asociado del Departamento de Ciencias Sociales de la Pontificia Universidad Católica del Perú.

Sandra Carrillo

Magíster en Políticas públicas y sociales por la Universidad Pompeu Fabra (España) y en políticas educativas por la Universidad Alberto Hurtado (Chile), y licenciada en Psicología educacional por la Pontificia Universidad Católica del Perú (PUCP). Sus temas de investigación son las políticas educativas, la ciudadanía y la democracia, el género, las desigualdades sociales y la segregación educativa. Miembro de la Sociedad de Investigación Educativa Peruana (SIEP), actualmente se desempeña como docente del Departamento de Psicología de la PUCP y como especialista en educación en la oficina de la Unesco en Lima. Está cursando, asimismo, el doctorado en Educación en la Universidad Autónoma de Madrid. Entre sus publicaciones figuran: *La calidad y equidad de la educación secundaria en el Perú* (2017); "Mirando al Estado desde la intersectorialidad y la intergubernamentalidad: el caso de la iniciativa Aprende Saludable" (2016) y "Desencuentros con la formación docente para la justicia social. Currículos y actitudes sobre democracia y ciudadanía" (2016).

Ricardo Cuenca

Doctor en Educación por la Universidad Autónoma de Madrid, ha sido miembro del Consejo Nacional de Educación y presidente de la Sociedad de Investigación Educativa Peruana (SIEP). Actualmente es investigador principal del IEP, director general de ese centro de investigación y profesor principal del Departamento de Educación de la Universidad Peruana Cayetano Heredia. Entre sus últimas publicaciones sobre desigualdades figuran: *La (incumplida) promesa universitaria en el Perú*, en coautoría con Luciana Reátegui (2016); "¿Interculturalizar la universidad o universalizar la interculturalidad? Sistema universitario y población indígena", en coautoría con Alejandra Ramírez (2015); "Profesionalización femenina desde los márgenes. Trayectorias de mujeres indígenas hacia la educación superior", en coautoría con Paola Patiño (2014); e "Historias, trayectorias y contextos: la formación de profesionales indígenas en Bolivia y Perú" (2014).

Natalia González

Historiadora por la Universidad Nacional de San Cristóbal de Huamanga y diplomada en estudios de género por la Pontificia Universidad Católica del Perú, es miembro de la Sociedad de Investigación Educativa Peruana (SIEP). Sus temas de investigación son las políticas públicas y la educación, el sector educativo y sus reformas, así como la formación y capacitación docente. Actualmente es investigadora principal del IEP, y en ese mismo centro de investigación, directora de Actividades y Educación y coordinadora del proyecto "Leer es estar adelante" del BBVA.

María Emma Mannarelli

Doctora en Historia por la Universidad de Columbia, ha obtenido las becas Fulbright, John Simon Guggenheim Foundation, Edward Laroque Tinker y Tony Custer (del Centro David Rockefeller para Estudios Latinoamericanos de la Universidad de Harvard). Ha sido profesora visitante en varias universidades extranjeras, actualmente ejerce la docencia en la Universidad Nacional Mayor de San Marcos, y desde abril de 2018 dirige la Biblioteca Nacional del Perú. Entre sus publicaciones figuran: *Pecados públicos. La ilegitimidad en Lima siglo XVII* (1993); *Hechiceras beatas y expósitas. Mujeres y poder inquisitorial en Lima* (1998); *Limpias y modernas. Género, cultura e higiene en la Lima del Novecientos* (1999); y *Las mujeres y sus propuestas educativas (1870-1930)* (2013).

Magrith Mena

Investigadora social con énfasis en temas de educación, género e infancia, estudió Economía en la Pontificia Universidad Católica del Perú y es magíster en Ciencias Sociales orientadas a la Educación por Flacso-Argentina. Su experiencia laboral abarca la docencia universitaria, la investigación y la asistencia técnica a diferentes organizaciones vinculadas a la educación en el Perú. Actualmente cursa una maestría en estudios sociales de género en la Universidad de Lund (Suecia). Es autora de diversos artículos y coautora del libro *Repensar la desnutrición: infancia, alimentación y cultura en Ayacucho, Perú* (2012).

Fanni Muñoz

Doctora en Historia por El Colegio de México y licenciada en Sociología por la Pontificia Universidad Católica del Perú (PUCP); sus temas de investigación y de docencia son el género y la educación, las políticas educativas, la descentralización y la gestión educativa, el género y la violencia, así como temas vinculados a la historia social y cultural. Miembro fundadora de la Sociedad de Investigación Educativa Peruana (SIEP) y asociada al Foro Educativo, actualmente es profesora principal del departamento de Ciencias Sociales de la PUCP y directora de la maestría en Estudios de género de la misma institución. Entre sus publicaciones figuran: y "Discursos sobre el feminicidio en la prensa escrita: *El Comercio* (2012) y *Trome* (2013): entre la visibilización/invisibilización del fenómeno" (2016); "Una mirada a la gestión educativa local en el marco de la descentralización. El caso de dos municipalidades en Perú" (2013); y *Diversiones públicas en Lima, 1890-1920. La experiencia de la modernidad* (2001).

Rocío Muñoz

Afrofeminista, licenciada en Periodismo por la Escuela de Periodismo Jaime Bausate y Mesa, egresada del diplomado de orientadores en salud sexual y salud reproductiva por la Universidad Nacional Federico Villarreal – Inppares, y del diplomado de estudios de género de la Pontificia Universidad Católica del Perú (PUCP); es candidata a la maestría del mismo nombre en la PUCP. Tiene experiencia de trabajo en formación e investigación con población afrodescendiente, mujeres afroperuanas, interseccionalidad, discriminación y racismo. Ha colaborado con el viceministerio de Interculturalidad en temas como interculturalidad y población afroperuana, y actualmente es miembro de Presencia y Palabra: Mujeres Afroperuanas, una organización afrofeminista que impulsa el diálogo sobre el acceso y ejercicio de los derechos de las mujeres afroperuanas y la diáspora. Además, coordina la Campaña por la Convención de los Derechos Sexuales y Derechos Reproductivos, grupo focal Perú. Es autora de "Representaciones sociales de las mujeres afroperuanas" (2014).

Eliza Pflucker

Afrofeminista con formación en Antropología por la Universidad Nacional Mayor de San Marcos, tiene experiencia de trabajo en derechos colectivos, mujeres indígenas, discriminación y racismo. Como activista ha coordinado el Proyecto Educativo Iwa Pele, una iniciativa de desarrollo integral a través del arte con niños y niñas afrodescendientes. Actualmente es miembro de Presencia y Palabra: Mujeres Afroperuanas, una organización afrofeminista que impulsa el diálogo sobre el acceso y ejercicio de los derechos de las mujeres afroperuanas y la diáspora. Es coautora de *Free2choose, dilemas de libertad y guía metodológica para docentes. Enfrentando la discriminación y el racismo en las aulas* (2014) y de *Derechos a la tierra y el territorio de las mujeres indígenas* (2016).

Luciana Reátegui

Licenciada en Sociología por la Pontificia Universidad Católica del Perú, su principal tema de investigación es la educación, con énfasis en la docencia, la educación rural, las trayectorias educativas y la descentralización. Ha sido predocente en la Pontificia Universidad Católica del Perú y actualmente se desempeña como investigadora junior en el IEP. Entre sus publicaciones figuran: *Desencuentros entre los jóvenes rurales y la educación superior* (en coautoría; 2017); *La incumplida promesa universitaria en el Perú* (2016) y "Desencuentros con la formación docente para la justicia social. Currículos y actitudes sobre democracia y ciudadanía" (2016).

Made in United States
North Haven, CT
10 November 2026

22091523R00134